公共管理系列教材

中外政治思想史纲

吕书鹏　袁志东　编著

西安交通大学出版社
XI'AN JIAOTONG UNIVERSITY PRESS

国 家 一 级 出 版 社
全国百佳图书出版单位

内容简介

由于中国政治思想史和西方政治思想史属于完全不同的政治思想体系(当然这并不否认两者之间有一定的相通之处),全书在内容上分为中国政治思想史和西方政治思想史两部分。前者从先秦时期中国政治思想的滥觞到春秋战国时期的百家争鸣,从秦汉时期法家和儒家正统地位的确立,再到宋元明清的道统、理学、心学的产生与嬗变,最后是晚清整个政治思想体系在西学冲击下的反思和蜕变;后者则从古典时期的希腊三贤,到希腊化和罗马帝国时代的自然法与罗马法,从中世纪王权与教权的斗争到人文主义的石破天惊,最后是 18、19 世纪整个政治思想体系日趋成熟。本书有助于学生在全面、系统了解中西方政治思想体系的基础上,更加深刻地认识到马克思主义政治思想的伟大历史地位,从而树立起更为正确、坚定的政治观、价值观和历史观,为全面建成社会主义现代化强国而奋斗!

图书在版编目(CIP)数据

中外政治思想史纲 / 吕书鹏,袁志东编著.— 西安:西安交通大学
出版社,2021.11
ISBN 978 - 7 - 5693 - 2400 - 6

Ⅰ.①中… Ⅱ.①吕… ②袁… Ⅲ.①政治思想史-世界 Ⅳ.①D091

中国版本图书馆 CIP 数据核字(2021)第 236540 号

书　　名	中外政治思想史纲
	ZHONG - WAI ZHENGZHI SIXIANG SHIGANG
编　　著	吕书鹏　袁志东
责任编辑	史菲菲
责任校对	祝翠华
封面设计	任加盟
出版发行	西安交通大学出版社
	(西安市兴庆南路 1 号　邮政编码 710048)
网　　址	http://www.xjtupress.com
电　　话	(029)82668357　82667874(市场营销中心)
	(029)82668315(总编办)
传　　真	(029)82668280
印　　刷	西安日报社印务中心
开　　本	700 mm×1000 mm　1/16　印张 12.5　字数 204 千字
版次印次	2021 年 11 月第 1 版　2021 年 11 月第 1 次印刷
书　　号	ISBN 978 - 7 - 5693 - 2400 - 6
定　　价	39.80 元

如发现印装质量问题,请与本社市场营销中心联系、调换。
订购热线:(029)82665248　(029)82665249
投稿热线:(029)82665379
读者信箱:xj_rwjg@126.com

导　言

恩格斯认为："历史从哪里开始，思想进程也应当从哪里开始，而思想进程的进一步发展不过是历史过程在抽象的、理论上前后一贯的形式上的反映；这种反映是经过修正的，然而是按照现实的历史过程本身的规律修正的，这时，每一个要素可以在它完全成熟而具有典型性的发展点上加以考察。"①因此我们需要注意到，任何政治思想都是在"一定的历史范围之内的"。在学习中外政治思想史的过程中，需要坚持逻辑与历史相统一的原则，这也是本书在编写上遵循的准则之一。

2019 年 1 月 21 日，习近平总书记在省部级主要领导干部坚持底线思维着力防范化解重大风险专题研讨班开班式上发表重要讲话，就防范化解政治、意识形态、经济、科技、社会、外部环境、党的建设等领域重大风险作出深刻分析、提出明确要求。其中列在首位的便是政治和意识形态风险。

习近平总书记指出："意识形态工作是党的一项极端重要的工作，是为国家立心、为民族立魂的工作。""能否做好意识形态工作，事关党的前途命运，事关国家长治久安，事关民族凝聚力和向心力。"习近平总书记的这些重要论述让我们深刻意识到政治和意识形态领域工作的重要性。而要牢牢把握意识形态领域的主动权，讲好政治思想领域的中国故事和西方故事必不可少，本书的编写目的即是助力

---

① 马克思,恩格斯.马克思恩格斯选集:第二卷[M].中共中央马克思恩格斯列宁斯大林著作编译局,编译.北京,人民出版社,1995:43.

讲好这两个故事。

本书分上下两编,上编从第一章开始至第五章结束,讲述中国政治思想史,下编从第六章开始至第十一章结束,讲述西方政治思想史。在时间跨度上,中国政治思想史涉及从商周时期到明清时期的政治理论和政治主张等,西方政治思想史涉及从古希腊时期到19世纪末的政治理论和政治主张。这里的"西方"主要是指西欧和美国,两者是"西方"的核心区域,其他的西方文化的边缘和附属区域结合自身历史文化传统产生的政治思想"嫁接"、"变异"乃至"变种"不在讨论之列。

从广义上讲,政治思想是指人们在思考政治问题的过程中形成的观点、想法和见解的总称,这些政治思想既可能是系统的也可能是零散的,既可能属于思想家也可能属于普通人。不过倘若想对古今中外、各家各派所有人的政治思想进行逐一介绍,在实际操作上既无可能也无必要,所以本书所讲政治思想指的是狭义上的政治思想,即中国和西方在历史上不同时期,有代表性的思想家们的政治思想,他们对政治问题的思考、主张和见解往往较普通人更为深刻,在论述上也更为系统。本书旨在通过梳理和介绍他们的政治思想,使得读者对古今中外不同时期的人们对政治活动和政治问题的思考有一个初步的和轮廓性的了解,在此基础上,启发读者思考不同时期政治思想的发生和演变规律。另外,这些思想家或者政治人物本身为阐述己见所作的单个文章书籍可能都已超出本书全部内容,故而受篇幅所限,即便是对选取的有限的思想家,本书也只能介绍其最为重要和最为经典的主张和见解,难免挂一漏万。

政治思想是人们对实践中的各种政治现象进行观察和思考之后形成的思想成果,而政治现象又是人类社会发展到一定阶段的产物,所以政治思想的产生和发展与人类社会发展的阶段是紧密相关的。

无论在中国还是西方,"国家"的产生都是一件具有重要意义的事件,国家建立之后,人类开始进入阶级社会,出现了清晰且对立的两大阵营——统治者与被统治者,人们的政治实践进入一个新的发展阶段。随着政治活动的日益丰富,人们对相关政治问题的思考也逐渐广泛和深入,政治思想也就愈加发展和成熟起来了。

在中国,夏朝的建立标志着"国家"的产生,但夏无文字,一般认为商周是中国政治思想的发轫时期。由于处于政治思想产生的初期,商朝和西周的政治思想呈现出简单和粗糙的特点,真正意义上系统的政治思想理论体系的建立则是到了春秋与战国时期。这一时期,天子丧权,礼崩乐坏,动荡的现实反而更加激发了人们对政治问题的思考,推动了政治思想的繁荣。诸子百家"皆欲以其道易天下",他们对理想社会的探讨、对国家治理手段和治理方式的思考、对人性善恶的思辨等,是政治思想领域经久不衰的话题,各家各派的论述有时各有侧重、有时针锋相对,都试图建立一种理想的社会政治制度并为之提出具体方案(尽管各家各派对理想的社会政治制度本身的理解可能并不相同),他们为后世留下了宝贵的思想文化遗产。在某种意义上,自秦以至明清的政治思想都是春秋战国时期诸子百家思想的延伸和扩展,是一种量变性的积累,而真正的质变直到近代才发生。秦重法家,汉初重黄老,其后以儒家思想为官方正统,而到后世的名教治国、魏晋玄学、宋明理学等都是儒家在某种程度上的变体。

在西方,最早的国家形式是古希腊的城邦,其形成时间大致对应于我国的春秋战国时期。西方政治思想起源于古希腊,早期的立法家和改革家奠定了城邦基本的政治制度,为城邦的繁荣打好了基础。从宏观上看,西方政治思想的发展大致分为三个阶段,分别是古希腊罗马时期、西欧中世纪时期和自文艺复兴以来的近现代时期。古希腊罗马时期是欧洲政治思想的奠基时期,这一时期占主导地位的政治观是自然政治观，即把政治秩序和城邦的起源看作是自然进化的结果，人的本性也源于自然。是否符合自然和人的本性成为评价政治制度优劣的重要标准，追求自然、重视自然是这一时期的哲学家、政治思想家的普遍态度。与此相关，当时的政治思想家们在思考和看待政治问题之时，在思维上带有一种求得真知的特点，并自觉地从产生、目的和作用的角度去认识和理解政治现象，这种"理性"的特点推动了早期西方政治思想的极大繁荣。进入中世纪之后，一切学科都笼罩上了神权的色彩，政治思想领域也不例外，这一时期占主导地位的政治观是神学政治观。人们在思考政治问题时开始以神的理性代替人的理性，中世纪时知名的政治思想家托马斯·阿奎那本身就是一名神学家。基督教神权思想作为官方意识形态，在整个西欧的中世纪都具有难以撼动的地位。不过黑暗之中也孕育着光明的火种，文艺复兴运动于中世纪的后期开始兴起，中世纪结束之时，文艺复兴运动正走向全面的繁荣，人们开始重新以人的眼光而非神的眼光看待政治问题。从文艺复兴开始到 19 世纪末 20 世纪初，西方的政治思想进入一个新的阶段，这个阶段占主导地位的政治观是权利政治观。权利政治观的思想渊源可以追溯到斯多葛派的自然法思想，但是其真正得以形成并成为近现代西方世界占主导地位的政治观，从根本上来讲是适应了资产阶级兴起的需要。资产阶级启蒙思想家们借助自然法理论、社会契约理论等强调天赋人权，不断丰富自然权利的内容，进而阐述国家的目的、公共权力的边界和性质等内容，从而构建起整个资产阶级政治理论的大厦。

对比中国政治思想和西方政治思想，可以发现两者的产生和发展既呈现出一定的相似之处，同时又各具有各自的特点。

在相似之处上，两者都发轫于国家产生之初，于中国是夏商周，于西方则是古希腊，在产生的初期两者都呈现出简单和粗糙的特点，并且往往与"神意"密切关联。在走过初期的蒙昧之后,两者都快速达到一个繁荣的高峰。中国春秋战国时期的诸子百家,西方的希腊三贤,都是各自政治思想达到一个高峰的代表。高峰过后是短暂的平淡,接下来便是政治思想领域的大一统。中国走过秦、汉初,于汉武帝时期开始确立儒家的官方意识形态地位,而西方在城邦衰落之后,又走过希腊化时期、罗马共和国时期和西罗马帝国时期,在进入中世纪之后,基督教神学成为官方意识形态。最后是官方意识形态的逐渐解体,政治思想进入近现代时期。权利政治观虽然是一种与资本主义生产关系相适应的资产阶级政治观,但是近现代以来中国的历史受西方影响甚巨,伴随着西学东渐,西方的权利政治观也逐渐融入中国政治思想的发展历程当中。

在差异方面,两者的不同主要在发展的中间阶段和近现代时期。于中国,自汉董仲舒以降,诸子百家之一的儒家成为官方意识形态,之后虽王朝更迭,在个别时期有所式微,但总的来说基本维持了一尊的地位,中间不断融合吸收其他流派的思想,从而保持了较为旺盛的生命力。于西方,基督教神学思想不属于前期政治思想高峰中的任何流派,其宗教特性使其具有强烈的排他性。基督教在诞生和发展的早期,尚能吸收部分流派的政治思想,比如斯多葛派倡导的平等与博爱,但是随着理论体系的成熟,基督教的思想逐渐走向封闭和僵化,其内容难以吸收更多其他的思想以增强神学思想对时代发展的适应性,最终只能随着资本主义生产关系的发展,伴随着宗教改革、文艺复兴运动以及各国的资产阶级革命逐渐脱离时代的主流。在某种程度上可以说,正是由于神学思想更容易走向僵化,所以西方才更早地发生变化,西方的近代化也就走在了中国的前面;相比之下,中国的政治思想领域从未被某一宗教思想所把持,儒家本身就是诸子百家之一,而且在发展的过程中不断融合和吸收其他思想,因此中国政治思想领域缺乏"文艺复兴"的前提条件和复兴动机。

以上只是对中西方政治思想产生和发展趋势的简单对比，从其他的角度出发，肯定能挖掘出更多的相似性与差异性。前述比较的目的在于帮助读者更好地理解和把握中西方政治思想发展的大趋势，以便在接下来更为详细的内容介绍时读者头脑中始终可以有一个大而清晰的框架，进而更好地理解和把握不同时期中西方政治思想的内容。

习近平总书记在庆祝中国共产党成立95周年的大会上提出了"四个自信"的概念，即：道路自信、理论自信、制度自信、文化自信，其中文化自信是更基础、更广泛、更深厚的自信。坚持文化自信，要求不断激发人民对中华优秀传统文化的自豪感，而激发的前提便是深入的了解。

回溯中国的发展历史，中国的政治、经济、文化等在绝大多数时间内都处于世界领先的地位，但到了近代，却经历了一段百年屈辱史。1840年鸦片战争以后，中国逐步成为半殖民地半封建社会，国家蒙辱、人民蒙难、文明蒙尘，中华民族遭受了前所未有的劫难。十月革命一声炮响，给中国送来了马克思列宁主义。在中国人民和中华民族的伟大觉醒中，在马克思列宁主义同中国工人运动的紧密结合中，中国共产党应运而生。中国共产党带领着中国人民浴血奋战、百折不挠，经过北伐战争、土地革命战争、抗日战争、解放战争，以武装的革命反对武装的反革命，推翻帝国主义、封建主义、官僚资本主义三座大山，建立了人民当家作主的中华人民共和国，实现了民族独立、人民解放。然而"贫穷不是社会主义"，改革开放以来我国的生产力水平、综合国力和人民的生活水平不断提高，到2020年我们已经全面建成了小康社会，目前正在朝着下一个百年目标奋勇前进。这一切的一切说明了，只有共产党才能救中国，只有社会主义才能救中国,只有中国特色社会主义才能发展中国。

马克思主义的科学指导带给中国的繁荣发展,充分证明了政治思想对一国治乱兴衰发展的巨大影响。学史以明智,学习本书一方面可以有助于读者了解中国政治思想产生演变的发展脉络,找寻中国从强盛到衰败到再次复兴的过程中所蕴含的政治思想和文化逻辑,总结发展经验,避免悲惨历史重演;另一方面,也可以帮助读者做到知己知彼,了解西方政治思想、政治制度产生和发展的背景、过程。在两相对比之中,更加深刻地理解当下实行中国特色社会主义制度的合理性和必然性,从而坚定我们的道路自信、理论自信、制度自信和文化自信。

目　录

上编　中国政治思想史

第一章　先秦时期的政治思想(约前 1500—前 221 年) ………………………(002)

第一节　商朝和西周时期的政治思想 …………………………………(002)

第二节　春秋战国时期政治思想的主要流派 …………………………(004)

本章小结 ……………………………………………………………………(010)

思考题 ………………………………………………………………………(011)

第二章　秦汉魏晋南北朝时期的政治思想(前 221—589 年) …………(012)

第一节　秦朝时期的政治制度及政治思想 …………………………(012)

第二节　汉朝时期的政治思想 …………………………………………(013)

第三节　魏晋南北朝时期的政治思想 …………………………………(020)

本章小结 ……………………………………………………………………(022)

思考题 ………………………………………………………………………(023)

第三章　隋唐时期的政治思想(581—907 年) ………………………………(024)

第一节　王通及其政治思想 ……………………………………………(024)

第二节　韩愈的道统说和性三品说 ……………………………………(026)

第三节　柳宗元政治思想的主要内容 …………………………………(027)

本章小结 ……………………………………………………………………(030)

思考题 ………………………………………………………………………(031)

第四章　宋元时期的政治思想(960—1368 年) ………………………………(032)

第一节　两宋时期的政治思想 …………………………………………(032)

第二节　元朝时期的政治思想 …………………………………………(042)

本章小结 …………………………………………………………………………（044）

思考题 ……………………………………………………………………………（045）

第五章 明清时期的政治思想（1368—1840 年）……………………（046）

第一节 明朝时期的政治思想 ………………………………………………（047）

第二节 清朝时期的政治思想 ………………………………………………（053）

本章小结 …………………………………………………………………………（057）

思考题 ……………………………………………………………………………（058）

下编 西方政治思想史

第六章 西方政治思想的产生（约前 700—476 年）………………（060）

第一节 梭伦改革与来库古立法 ……………………………………………（060）

第二节 希腊三贤 ………………………………………………………………（061）

第三节 斯多葛学派及其政治思想 …………………………………………（069）

第四节 古罗马时期的政治思想 ……………………………………………（069）

本章小结 …………………………………………………………………………（073）

思考题 ……………………………………………………………………………（074）

第七章 西欧中世纪时期的政治思想（476—1453 年）……………（075）

第一节 阿奎那的政治思想 …………………………………………………（076）

第二节 异端派的政治思想 …………………………………………………（079）

本章小结 …………………………………………………………………………（083）

思考题 ……………………………………………………………………………（084）

第八章 16 世纪西欧的政治思想（1500—1599 年）…………………（085）

第一节 马基雅维利的政治思想 ……………………………………………（085）

第二节 宗教改革派的政治思想 ……………………………………………（088）

第三节 布丹的政治思想 ……………………………………………………（092）

第四节 早期空想社会主义思潮 ……………………………………………（094）

本章小结 …………………………………………………………………………（098）

思考题 ……………………………………………………………………………（099）

第九章　17世纪西欧的政治思想（1600—1699年） ……………………（101）

　第一节　霍布斯的政治思想 ………………………………………（101）

　第二节　洛克的政治思想 …………………………………………（106）

　本章小结 ……………………………………………………………（110）

　思考题 ………………………………………………………………（111）

第十章　18世纪西方的政治思想（1700—1799年） ………………………（112）

　第一节　孟德斯鸠的政治思想 ……………………………………（112）

　第二节　卢梭的政治思想 …………………………………………（118）

　第三节　杰斐逊的政治思想 ………………………………………（125）

　第四节　汉密尔顿的政治思想 ……………………………………（129）

　第五节　康德的政治思想 …………………………………………（132）

　第六节　洪堡的政治思想 …………………………………………（137）

　本章小结 ……………………………………………………………（140）

　思考题 ………………………………………………………………（141）

第十一章　19世纪西方的政治思想（1800—1899年） ……………………（142）

　第一节　黑格尔的政治思想 ………………………………………（142）

　第二节　空想社会主义 ……………………………………………（146）

　第三节　无政府主义 ………………………………………………（152）

　第四节　科学社会主义 ……………………………………………（158）

　第五节　19世纪的资本主义 ………………………………………（160）

　本章小结 ……………………………………………………………（181）

　思考题 ………………………………………………………………（182）

参考文献 ……………………………………………………………（183）

上编

中国政治思想史

第一章　先秦时期的政治思想
（约前 1500—前 221 年）

第一节　商朝和西周时期的政治思想

公元前 2070 年,禹建立夏朝,中国由氏族社会进入"国家"时期。夏朝存在了 470 余年,至公元前 16 世纪初为商所灭。商朝在盘庚迁都于殷之后,在政治上开始逐渐稳定下来,经济也日益发展。商朝前后延续了 550 余年,纣王即位时,社会矛盾本就日趋尖锐,纣王的统治又十分残暴,这个时候原本臣服于商的部族周趁势崛起,周武王率联军在牧野之战中击败商朝的军队,纣王自焚,商朝旋即灭亡。以周平王东迁洛邑为分界点,周朝分为西周和东周两个历史时期。

商朝是中国历史上第一个留下文字记载的朝代,无论是通过出土的大量甲骨文资料,还是通过西周时期的转述记载等,都可以对商朝时期人们的政治观念做一定研究,因此在中国政治思想史领域,人们一般将商朝作为开端。大体上,先秦时期(公元前 221 年以前)的政治思想可以分为两个部分:殷商及西周时期的政治思想和春秋战国时期的政治思想。其中殷商及西周时期的政治思想以西周的内容为主,兼及商朝。商周仍处于国家发展的初级阶段,这是中国政治思想的萌芽时期,政治思想显现出简单和粗糙的特点。到了春秋战国,中国政治思想进入繁荣发展时期,出现了百家争鸣的历史局面,儒家、道家、法家、墨家、兵家、阴阳家等各派之间的思想观念激烈交锋和碰撞,推动了政治思想的极大繁荣。

一、殷商时期的王权专制思想

商，又称殷商，王权专制是殷商时期政治思想的一个鲜明特点。商朝统治者根据当时人们的普遍观念，发展出了一整套的理论来论证王权专制思想的合法性。该理论的核心要点如下。

第一，对帝的崇拜。商朝人对神灵有很高的崇拜，其中"帝"，有时也称"上帝"或"天帝"，处于至尊的地位，掌管着天上和地下的一切。商朝统治者巧妙地将"帝"的权威与王联系在一起。他们宣称，"上帝"保护着整个商族，同时也是商王的保护神。商王的命令和意志都是来自"上帝"的，所以臣民只能无条件听从。商王以占卜的方式与"上帝"进行对话，包括汇报政务以及听从指示等。

第二，对祖先的崇拜。商朝时期，人们对祖先尤其是直系父祖也有着很高的崇拜，先祖具有崇高的权威。于是在商朝统治者的理论中，商王可以通过祖先间接请求"上帝"的保护。商朝统治者将对祖先的崇拜与王权专制联系在一起。他们宣称，自己手中的权力来源于先祖，商王生前统治人世，死后成为"鬼王"统治阴间，"鬼王"除直接命令臣民应该服从商王外，还命令其统治的"臣民"（也就是人世臣民的祖先）训诫其子孙服从商王的统治。到了商朝晚期，"鬼王"与"上帝"不再严格区分，也就是所谓的"帝祖合一"，这是商王权力进一步扩大的标志。

通过上帝崇拜与祖先崇拜，商王向其臣民宣示自己拥有当然的最高权力，一切不服从命令的行为都将受到严厉的惩罚。这种王权专制在商王的称谓上也可以体现出来。商王自称"余一人"，乃是将自己与天下臣民对立起来，商王自己受命于天，蓄养万民，独自承担治理整个国家的重任。从后世的"寡人""孤""天子"等称谓中，也都可以看到这种隐含于其中的独裁与至尊地位，这与"余一人"所传达出的意旨乃是相通的。

二、西周时期的政治思想

周，原本是臣服于商的一个小邦，但是最终却灭掉了实力强大的商朝。商王朝的衰亡引起了周朝统治者的深度思考，在周朝建立之初，理论与实际上更是有诸多的问题需要解决与回答。

（一）"天命靡常"的天命观

周人曾作为商朝的臣民，也对鬼神充满敬畏与崇拜。而根据商朝统治者的理论,"上帝"作为商王的保护神始终站在商王的一边,商王的意志是"上帝"意志的体现。如此,若仍然按照原来的天命观念,周灭商就有"反叛"的嫌疑,并且是对天意的违抗。

为了在理论上对周朝政权的合法性问题进行回答,周公对传统的天命观进行了修正,宣称"天命靡常"是周朝统治者对传统天命观做出的重要修正。周朝统治者宣称,天命并不固定地站在谁的那一边。夏桀昏庸无道,天命即在商不在夏,因而商汤革夏命取而代之,乃是顺应天意,同样的道理,纣王无道,天命即在周不在商,因而武王伐纣,革商命取而代之也是顺应天意之举。

除了修正传统天命恒常的观念外,"以德行求民主,以民情见天命"是对修正后天命观的另外两点重要补充。根据传统的天命观,天子的作用是"代天理民",天选天子以为民主。周朝根据统治需要对这一天命观进行了进一步细化,认为天以"德行"求民主。而谁有德行谁无德行是通过民情才知道的,即以民情见天命。

通过宣称"天命靡常"以及"以德行求民主,以民情见天命",周朝统治者完成了对传统天命观的修正,为新政权的合法性在理论上做了充分的阐述。

(二)周朝统治者的施政思想

周朝统治者的施政思想可以概括为"敬天保民"与"慎刑罚"两个词。

这两个指导思想与周朝统治者对商朝灭亡的反思是有密切关系的。如前所述,周朝统治者对传统天命观的修正顺利地解决了自身政权合法性的问题,但是新的天命观中蕴含了"革命"的种子,即如果不能够体察民情、按照统治者应有的德行去施政,那么天命就有可能发生转移,新的民主就有可能产生。因此在统治上,统治者就必须能够承担好"代天理民"的责任,时刻对天保持着敬畏之心。统治者不能耽于享乐、恣意妄为而加重人民的负担,而是要约束自身欲望,及时体察民情,唯有如此自己的统治才能够稳固和长久。

第二节　春秋战国时期政治思想的主要流派

自周平王迁都洛邑开始,中国进入了春秋战国时期。在这一时期里,先后出现了儒家、道家、墨家、法家、兵家、阴阳家等诸多思想流派,产生了著名的"百家争鸣"。各种思想流派相互交锋与碰撞,阐述自家对时代的洞见与思考，为后人留下了一笔宝贵的思想文化财富。本节选取影响力较大的儒家、道家、墨家和法家学派，分别做简要介绍。

一、儒家的政治思想

儒家的代表人物有孔子、孟子和荀子。孔子之前，已有"儒"之称呼，但是儒家自孔子而后发扬光大，乃是不争的事实。儒家思想对后世影响较大的有"礼""德治""仁""仁政"思想。

首先是有关"礼"的思想。想要理解有关"礼"的思想，不能脱离当时的时代背景。自周公制周礼开始，社会秩序、等级尊卑井然有序地维持了数百年的时间，但是进入东周之后，周天子式微，诸侯不再听从周天子的号令，整个社会秩序不断被瓦解，呈现出"礼崩乐坏"的局面，大动荡、大变革逐渐成为时代的主旋律。如何结束纷争，重建政治与社会秩序成为摆在众多思想家面前的首要问题。"克己复礼"就是孔子给出的答案。孔子生于鲁国，恰是周公之子的封地，孔子生于斯长于斯，深受礼乐教化的影响，对恢复周礼充满了期待与幻想。孔子认为，礼崩乐坏是当时社会动乱的根源，唯有"克己复礼，天下归仁"，社会才可能恢复到以前的那种充满和平与秩序的年代。儒家对尧舜汤武时期的"先王之道"充满敬仰与怀念，理解了这一点，就不难理解儒家有关"礼"的政治思想了。

其次是有关"德治"的思想。儒家主张对人民实行德治，刑罚只是起辅助的手段。《论语》中一段孔子的话，清晰明了地表明了这一思想：

> 道之以政，齐之以刑，民免而无耻；道之以德，齐之以礼，有耻且格。（《论语·为政》）

可以看到，孔子虽然认可刑罚在统治中的作用（至少可以达到"民免"的效果），但是显然更为推崇"德治"，认为通过"德治"和"礼"的作用，可以使民众心悦诚服，产生认同感与归顺之心。在具体的德治的实施上，就是使用道德规范、忠孝信义等准则来教化人民，而较少使用刑罚的惩治手段，概括起来为"先教后杀"，认为通过"庶富教"的一系列措施，就可以达到人民富裕、国家兴盛的目的了。

联系前面周朝统治者的施政思想，也是以"明德慎罚"为主要基调的，因而从某种意义上讲，孔子时期的儒家思想是对西周时期施政思想的传承与发扬。

最后是"仁"与"仁政"思想，《论语》一书中多次提到"仁"这个字。"仁"也是儒家思想的核心所在，孔子的毕生追求也就是在于"克己复礼，天下归仁"。孔子本人对"仁"有诸多的阐发，但是并没有给"仁"下一个明确而清晰的定义，因而给人虚无缥缈之感，相比之下孟子主张的仁政就清晰和具体得多。孟子从"性善论"、人之"四心"（"恻隐之心""羞恶之心""恭敬之心""是非之心"）出发，推导出只要经过适当的教化，"人皆可以为尧舜"，为仁政的实施奠定了哲学基础。在有关仁政的论述中，孟子思想的一个突出特点是十分重视民众的地位。他认为，"民为贵，社稷次之，君为轻"。所以仁政的核心原则就是民本与民贵的思想。统治者在治理国家时需要尊重民心、重视民意。在具体的政策主张上，孟子主张保民养民、轻徭薄赋、不违农时，他甚至建议恢复古代的井田制度，给予民众田产，令其自足。由"仁"这一思想出发，孟子反对国君进行大规模的兼并战争以及刑罚的过度使用。

无论是孔子的"克己复礼"，还是孟子的施行仁政，还是两人以及整个儒家共同的德治思想，其实都可以看到周朝时期政治思想上的影子：周礼本身就是西周初期周公所创，而孟子的仁政之中，将民众视为国家的根本以及君主和政权合法性的来源，其实也是周朝"天命观"思想的进一步延伸与拓展，也即"天视自我民视，天听自我民听"，民心向背关系到天命的转移，而保民养民思想也是"代天理民"思想的发扬传承。

二、道家的政治思想

道家也是一个在中国政治思想史上留下浓墨重彩一笔的学派，其对后世政治思想乃至政治文化的影响丝毫不弱于儒家，所谓"外儒内法，济之以道"。道家思想的突出特点是无为而治，代表人物为老子和庄子。道家在政治上的主张是与其对世界的哲学认知联系在一起的。道家认为：道是世界万物的起源，"道生一，一生二，二生三，三生万物"，"天下万物生于有，有生于无"。世界本身的起源是道、是无，而当时的人类社会恰恰背离了这一点，因为"有为"所以才会陷入动荡与不安之中。想要解决这些问题，最要紧的就是回归道的本质、世界的本质。因而，道家的政治主张是无为而治。

在老子的政治思想中，主张统治者清静无为，减少对人民生产生活的干预。老子用"烹小鲜"来比喻治国，认为若过多地干预反而会把事情变糟。除了要求统治者清静无为之外，道家的思想对民众也是做出了一定要求的。因为道家认为人民本身的贪欲、进取、智慧之心等，是造成社会上诸多纷争的根源。要想从根本上解决问题,除了减少统治者过多的干预之外,人民也应该回归自然之道,所以才会有"绝圣弃智,民利百倍"之说。统治者对待民众也应该"不尚贤,使民不争;不贵难得之货,使民不为盗;不见可欲,使民心不乱"。也正是因为道家的这种主张,有学者认为,老子这种理想状态的实现过程实质上是一种愚民政策。

相比于老子,庄子的想法更为激进与彻底。在庄子关于理想国家的设想中,人民过的是一种纯粹的回归自然的"天放"式生活。如果说,老子的"损之又损"是指管得越少的政府才是越好的政府。按照庄子的观点,纯任自然的状态才是最好的状态,人类社会只是大自然的一个构成部分而已,人类和其他生物之间并无太大的差别。人类为了保持基本的生存和发展可以保留耕织两项活动,除此之外,社会上不再需要任何仁义道德的规范约束,更不需要有统治者和国家的存在。

三、墨家的政治思想

墨家的代表人物是墨子。其代表性观点是"兼爱""非攻""尚同""尚贤"等,其中核心观点是兼爱部分,其他观点大多是由兼爱引申开来的。

"兼爱"观点的提出与墨家对国家、政权的起源与目标的思考是联系在一起的。按照墨家的观点,历史上存在着一个没有刑罚、没有政府的时期,但是人人只知自爱而不知兼爱,造成的结果是"天下之百姓,皆以水火毒药相亏害。至有余力,不能以相劳"的"若禽兽然"的境况。在这种情况下,人人各怀鬼胎,全都做着亏人利己的事情,子不爱父、弟不爱兄、臣不爱君,反过来父不慈子、兄不慈弟、君不慈臣,一句话,父子、兄弟、君臣全都在计算着自己的利益,天下一片混乱。于是公共权力就在这样的情况下产生了,对父子、兄弟、君臣的关系进行调节。墨家对这样一个历史时期的设想旨在说明,社会的混乱乃是由于人人自爱而不兼爱造成的,于是针对当时动乱的社会现实,墨家提出了自己的主张——兼爱。墨家认为,只有人人学会兼爱而不是只惦记着自己的利益,那么社会上的冲突和矛盾才能从根本上予以解决。

"非攻"的观点也是墨家的鲜明特色之一。但是究其逻辑,其实也是起源于兼爱的。墨家主张推己及人地对他人相爱,像对待自己的利益那样对待别人的利益,自然就反对无故发动战争。墨家把无故发动战争这种行为跟盗贼视为同一性质,即都是在做着亏人利己的事情。不仅如此,墨家还从冒犯鬼神的角度对发动战争的行为予以抨击,认为战争"灭鬼神之主,废灭先王,贼虐万民,百姓离散",剥夺了成千上万的百姓的生命权,这是在"刺杀天民",是对鬼神极大的不敬。

"尚同"和"尚贤"思想包含着墨家对理想政体的思考。如前所述,墨家提出曾存在着一个没有国家和政权的时期,由于人人自爱、一人一义,混乱和无序成为这个时期最鲜明的特征。而为了使得人人兼爱,就必须把各人的利益进行整合与统一,那么谁堪当此任呢?墨家给出的答案是"天子"。墨家认为,唯有天子可以承担起"一同天下之义"的重任,天子是最高统治者,作为最高之政长,为了最终能同天下之义,天子选拔三公、分封诸侯国君,诸侯国君选左右将军、大夫,如此层层选拔,直至乡长里长。在墨家设想的这一套政权机构里,天子、三公、诸侯、左右将军等这些必须能够担当起同天下之义、同一国之义以及相应的辅佐作用,这就必然导致了尚贤的要求,换句话说,尚贤是尚同政体能够正常运转的关键条件。墨家并未论述如何选拔贤人,如何保证选拔结果是贤人,其意义在于指出要任人唯贤。单这一点,在当时的历史条件下,已经实属不易。因为当时世卿世禄虽已动摇,但仍然有强大的影响力,很多人仍然凭借出身"无故而贵",墨家"尚贤"思想正是针对这一弊端而提出的。下面这段话是墨家对尚同、尚贤思想的深刻阐述:

> 明乎民之无正长以一同天下之义,而天下乱也,是故选择天下贤良、圣知、辩慧之人,立以为天子,使从事乎一同天下之义。天子既以立矣,以为唯其耳目之请,不能独一同天下之义,是故选择天下赞阅贤良、圣知、辩慧之人,置以为三公,与从事乎一同天下之义。天子三公既已立矣,以为天下博大,山林远土之民,不可得而一也。是故靡分天下,设以为万诸侯国君,使从事乎一同其国之义。国君既已立矣,又以为唯其耳目之请,不能一同其国之义,是故择其国之贤者,置以为左右将军大夫,以至乎乡里之长,与从事乎一同其国之义。(《墨子·尚同中》)

四、法家的政治思想

法家,因为崇尚法令,也被称为"刑名之学",其代表人物有慎到、商鞅、申不害和韩非。其中慎到和申不害是法家的早期人物,商鞅属于中期人物,战国末年的韩非则是法家的集大成者。在法家的政治思想体系中,"法"

"术""势"是重要的概念，以下分别进行介绍。

首先是"法治"思想。法家普遍相信法令的力量，坚信依靠法令可以使得国家统治更加长治久安。法家认为，治理天下没有可以万世不变的规矩和办法，应该因时因世制定符合当下的法令。商鞅将人类社会分为上世、中世、下世三个阶段，每个阶段有每个阶段的特点，上世"亲亲而爱私"，中世"上贤而说仁"，下世"贵贵而尊官"。社会由远及近，先从上世演化进入中世，再由中世演化进入下世，每个世代分别需要制定不同的法令制度以进行有效的统治，商鞅的这个理论为变法做好了理论铺垫。

法家认为，制定法令可以起到"定分尚公"的作用。"定分"就是明确每个人的行为界限，确立上下尊卑之关系，能够赏善罚恶。"尚公"就是人人都遵守法令，"塞私便"、谋"公利"，韩非所说的"立法令以废私也"就是这个意思。

法家认为法律面前人人平等，无论是卿相将军还是大夫庶人，如若"不从王令、犯国禁、乱上制者，罪死不赦"。在量刑方面，慎到主张罪刑相当，而商鞅主张"刑九赏一""以刑止刑，以刑去刑"达到"轻者不生，则重者无从至矣"的目的，韩非也有类似的观点。

应该来讲，法家本身是坚决反对人治的，并且认为法令需要"君臣共操"，一经公开，所有人都要遵守，掌握立法权的统治者也应该依法办事，受到法令的约束。"官不私亲，法不遗爱，上下无事，唯法所在"，所有人都以法令为唯一准绳，这种思想即便放在当下也是毫不过时的。但是，在当时的时代大背景下，哪怕制定了法令，也是不可能约束到最高统治者即君主本人的，最终法令也只能沦为统治者对人民进行统治的工具，最理想的状态也不过是实现了以法治国而非依法治国。

接下来是"术治"思想。术即权术的意思，法家的申不害是这方面的代表人物，他是术治思想最早的提出者。术治主要讲的是君主治理与控制百官、争夺权力的一些手段，因此术治对君主有着非比寻常的意义，又被称为"南面之术"，正是如此，韩非才会说"人主之大物，非法则术也"。术治隐秘而不公开，甚至包含着一些阴谋诡计一类的手段。在内容上，术治主要包括：第一，对群臣百官的选用尚能不尚贤，任能而授官，尚贤则容易威胁到君主的独尊地位，这一点是法家本身和统治者都不会允许的。第二，君主在决策上要兼听独断。法家是坚决主张君主专制的，这一点在法家的韩非身上体现得尤为明显。韩非认为，理想的状态是"事在四方，要在中央，圣人执要，四方来效"，做到君主一人"独制四海"。因此他主张，君主在听得进去不同意见的基础上，要牢牢把握最终决定权，强调"能独断者，故可以为天下主"。第三，在保障君权至上的同时，君主不能陷入繁杂的事务当中，君主应该"示天下无为"，但是大臣需要勤勤恳恳为国尽忠。君主要做的事情乃是任用和考核官吏。第四，君主可以使用阴谋诡计来试探大臣，保证大臣的忠诚，甚至使用暗杀等手段来剪除怀有异心的人。可以看到，以上术治的四点内容，都是围绕着保证君主集权、有效维护统治和治理国家来讲的。术治不同于法令"君臣共操"的特点，而是专门为君主、为领导者服务的。

"势"即权势，这是法家概念体系的另一个重要内容。不同于儒家对人性持积极的态度，法家眼里的民众，全都是自私自利的人，道德上不可靠，心智上则蒙昧无知，"以肠胃为本"，这些人"生则计利，死则虑名"，所以对待这些人需要用权势去压服而且能够压服。"民者固服于势，寡能怀于义"，法家不相信自私自利的民众会拥有道义这些品质，理想的方式是利用权势予以压服。对于盛传的尧舜禹时期的盛世，法家持怀疑态度，认为尧舜距当时之世已有数千年，难辨尧舜思想之真伪。对于势的作用，法家还有过这样一段精彩论述："故贤而屈于不肖者，权轻也；不肖而服于贤者，位尊也。尧为匹夫，不能使其邻家；至南面而王，则令行禁止。由此观之，贤不足以服不肖，而势位足以屈贤矣。"可以看出，法家是十分重视势的作用的。

本章小结

先秦是中国政治思想的萌芽时期。殷商时期的王权专制思想，虽然粗陋而不完善，但对稳固当时的统治而言，其意义不言而喻。当时政治思想中的专制成分为后世汲取，影响中国长达数千年。周朝政治思想内容更加精细和完善，从论证自身政权合法性以及稳固统治的需要出发，周朝对传统的天命观进行了修正，主要体现在宣称"天命靡常"，以及"以德行求民主"和"以民情见天命"方面，在施政方面，周朝统治者主张"明德慎罚"和"敬天保民"。

春秋战国时期是一个大动荡、大分裂的时期，但就政治思想方面而言，这段时期可谓群星璀璨、异彩纷呈。儒家、道家、法家、墨家、阴阳家、兵家等各个思想流派之间在理论上相互交锋，极大地推动了政治思想在深度和广度上的发展，形成了百家争鸣的历史局面。其中，儒家主张"法先王"，推崇三代盛世，主张"克己复礼"、实行德治，以求最终实现"天下归仁"；道家主张"法自然"，清静无为，纯任自然，只有如此才能从根源上消灭社会上的各种纷争；墨家主张"兼爱非攻"和"尚同尚贤"，其对"未有刑政"时期的设想、对公共权力起源的思考与英国政治思想家霍布斯关于自然状态的描述和国家起源的思考可谓不谋而合；法家崇尚法令，认为借助法令可以实现国家的长治久安，法治、术治、权势等论述影响了后世历代封建社会两千多年。

思考题

1.殷商时期政治思想的主要特点有哪些？

2.什么是"帝祖合一"？

3.周朝统治者对传统天命观进行了怎样的修正？为什么要做这样的修正？

4.春秋战国时期为什么能够产生"百家争鸣"的历史局面？

5.儒家政治思想的主要主张有哪些？代表人物都有谁？

6.道家所讲的"天放"式和纯任自然的生活是什么意思？

7.墨家政治思想的逻辑起点是什么？

8.法家宣称的法治与现代社会所讲的法治有什么区别和联系？

第二章　秦汉魏晋南北朝时期的政治思想(前 221—589 年)

第一节　秦朝时期的政治制度及政治思想

一、秦朝时期的政治制度

秦国灭亡山东六国之后,建立起了强大的中央集权国家。秦朝是中国两千多年封建社会的开端,在很多政治制度的建构方面都具有开创性的作用。最主要的有三项:皇帝制度、郡县制度和选官用官方面的三公九卿制。

皇帝制度自秦朝创立,此后"皇帝"成为封建社会历代最高统治者的称号。"皇帝"二字取自三皇与五帝,意在显示秦王居功至伟,超越三皇五帝,象征着一种极致的权威与尊荣。从这个称号可以看出君主专制在秦朝建立之后达到了全新的阶段。

如果说皇帝制度加强的是君主个人的集权,那么郡县制度加强的则是整个中央政府的集权。秦朝通过实行郡县制度,大大加强了对地方的控制能力。秦朝在地方上不再分封诸侯国,国中之国的现象不复存在。地方政长称县令、郡守等,全部由朝廷任命和撤换,这在极大程度上减少了周室分封所带来的诸侯混战、不听朝廷号令的风险。通过皇帝制度与郡县制度,秦朝几乎完美地实现了地方集权于中央、中央集权于皇帝的效果。

选官用官方面的三公九卿制度也是秦朝的一大创举。实行郡县制的目的在于加强中央集权,防止地方尾大不掉,不服号令,割据自治。在秦朝之前,与分封制度相对应的选官用官制度是世卿世禄制。但是在建立郡县制度之后,若仍然沿用此法,势必导致地方行政首长权力过大,且世袭罔替将导致中央在极为重要的人事任命方面失去对地方的制约，因而为了适应郡县制度，选官用官的制度变革势在必行。当时的秦朝统治者建立了一套较为完整的官僚体系，这套体系在中央以三公九卿为代表，在地方上以郡守、县令等为代表，地方行政长官的任命权归于中央。这样，通过选官用官制度的变革，中央集权与君主专制得到进一步的巩固。

二、秦朝时期的政治思想

秦国依靠法家起家，所以秦的统治者十分重视法家的作用。在秦朝建立之后，始皇帝任用李斯为相，但这位法家的代表人物却将法家之学带入极端的境地，以至于不少后世的学者认为"法家亡秦"。秦朝时期政治思想的特点主要如下。

第一，君主专制特点尤其强烈，自始皇帝至二世专制色彩有增无减。前文提到，秦朝实行郡县制度和三公九卿制度，这些措施大大加强了中央集权，而中央政府又集权于皇帝个人。法家本就尊君抑臣，强调"胜民""弱民"之术。至秦朝建立之后，君主本人的权力达到前所未有的高度。秦二世即位之后，欲纵情声色，李斯为避己祸，写《行督责书》媚上，进一步强调君主个人之专制权力，论证君主纵情声色、奴役臣民的合理性与必要性。

第二，迷信严刑峻法。法家尚法，众人皆知，商鞅当初变法，连太子犯罪也不能轻易饶恕，严格的法令制度使得朝廷威严尽显，也使得"利出一孔"，百姓勤于耕战，这些在帮助秦国夺取天下的过程中发挥了巨大的作用。正因如此，也导致统治者过于迷信严刑峻法的作用。当时天下初定，百姓迫切需要休养生息，严刑峻法已不再合乎社会发展的需要。但是秦朝建立之后，非但未改弦更张，反而变本加厉，继续推行严刑峻法以震慑和压迫人民，最终引起了农民起义，二世而亡。

第三，实行文化专制。在李斯的建议下，始皇帝依靠暴力与行政手段，把法家之外的其他学说通通认定为异端学说，把先秦诸子百家的文化典籍，除去法家、医术、占卜、农业外，一律焚毁，造成了中华文化史上的一大浩劫——"焚书坑儒"。

第二节　汉朝时期的政治思想

在轰轰烈烈的秦末农民大起义中，秦朝土崩瓦解，二世而亡。楚汉相争历时四年,至公元前 202 年,刘邦建立汉朝。汉朝前后绵延四百余年,分为西汉和东汉两个阶段。在不同的时期里,面对不同的政治环境与政治现实,涌现出了大量杰出的政治家以及政治思想家。本节将选取不同时期有代表性的人物,结合时代背景,对其政治思想进行阐述。

一、贾谊及其政治思想

贾谊(前 200—前 168 年)是西汉初期政治思想史上的代表人物之一,属儒家学派,主要著作有《过秦论》《治安策》《论积贮疏》。贾谊所做的重要贡献之一是对秦朝速亡的原因进行了较为深入透彻的分析,由此警示统治者重民爱民,对后世的政治思想产生了深远影响。

强盛一时的秦朝最终二世而亡,这引起了很多人的深思,同时这也是汉朝建立之后统治者不得不考虑的一个问题,即到底是什么导致了秦王朝的短命,如何维持汉王朝的长治久安。对这个问题,贾谊做出了很好的政治反思,给予了时人以及后世诸多的启发。

贾谊认为,秦之所以二世而亡,主要原因在于统一六国之后,仍然采用过去的政策治理国家,采用严刑酷法而非与民休息,暴政导致了人心背离,最终无可避免地走向灭亡。相较之下,贾谊主张采用更为温和的礼治方法。他认为,礼治能够对父子君臣、道德风俗起到很好的规范和指引作用,为社会提供一定的标准与秩序。相比于严苛的法令,"礼"可以在事前就起到较好的约束和规范作用,而非在事后进行惩罚。贾谊并未全盘否定法治在治理国家中的作用,但是对待礼治与法治两者的侧重点,他与法家的态度显然是不一样的。法家主张严刑峻法,虽是刑赏并用,但是刑多赏少,以刑为主。而贾谊看到了秦朝由于实行严刑酷法带来的弊端,所以主张刑赏并用,以赏为主。

重民思想也是贾谊政治思想中的重要内容。贾谊从秦朝实行暴政导致民心背离最终灭亡的历史事实中认识到了民心与民众的重要性,认为"与民为仇者,有迟有速,而民必胜之"。他警示统治者要把国家的民众放在根本的位置上,赢得民心才可能长治久安。这一点,与法家主张的"胜民""弱民"是针锋相对的,是古代民本思想的一个顶峰。

始皇帝焚书坑儒,法家大行其道,其他各家学说艰难传承。西汉建立之后,社会舆论环境宽松,诸子学说逐渐复兴,史称"百家余绪"。贾谊属于西汉初年儒家学派的代表人物,他本身对先秦时期儒家学派的诸多思想主张是有继承的,比如贾谊主张的礼治吸收了先秦时期荀子的思想,强调统治者重视以民为本则是吸收了孟子重民的思想。他结合秦朝短命的历史事实,通过政治反思的方式对儒家的诸多主张重新开始提倡,使得其学说和主张具有强大的说服力。贾谊政治思想的实质是在特定的历史环境下儒家思想的一次复兴。另外应该提到的一点是,西汉初期民生凋敝,甚至于天子都不能凑够四匹颜色一样的马,所以大的环境是不太适合政府推行积极有为的政策的,反倒是黄老之学更为适合当时的社会环境,有利于民力的恢复。贾谊早期在政治上发展较快,属于青年才俊,但不久之后受到元老重臣的排挤,调任地方,去世时年仅33岁。所以虽然贾谊对儒家的复兴起到了很好的带动作用,但是在他生活的时期,儒家思想并未成为官方的统治思想,只是从贾谊开始,儒家思想又开始重新回归历史舞台,并逐渐向官方正统思想发展。

二、董仲舒及其政治思想

董仲舒(前179—前104年)在中国政治思想史上具有极其重要的地位,主要著作有《春秋繁露》《举贤良对策》和《公羊董仲舒治狱》十六篇。他构建了一套完善的政治思想体系,推动儒家学派成为官方意识形态,确立了德主刑辅的统治原则,他的这些工作对此后两千年的封建统治产生了深远的影响。

西汉初期奉行黄老之学,统治者与民休养生息,不做过多的干预。在这样的情况下,汉朝经历了60多年的发展,到了汉武帝时期,国力已经大大增强,政治经济等走向全面繁荣,此时需要有更加积极有为的指导思想来代替原来的黄老之学。而通过早期贾谊等人的努力,儒学已经开始走向复兴并引起统治者的重视。汉武帝时期,董仲舒受到重视,在其积极倡导下,儒学开始成为新的官方指导思想。

董仲舒政治思想的核心内容是"天人感应"学说。虽不是董仲舒首创,但是经由董仲舒的发展,这一学说愈加完善并且又取得了前所未有的影响力。首先,在董仲舒的理论体系里,天是万事万物产生的本元,天化生万物,是群物之祖,所以在整个自然界,天享有至高无上的地位。其次,"为人者天也",人是由天以自己为参照造出来的,"人副天数"。再次,天涵容人,并且天人彼此相互联系,通过阴阳五行可以沟通。最后,人与天是一个整体,"天生之以孝悌,地养之以衣食,人成之以礼乐",人不能脱离天地而单独存在。

既然天创造人，涵容人，又与人相通，"以类合之，天人一也"。

由天人感应这一点，董仲舒又推出了"君权天予"的理论。他认为，虽然天人之间存在感应，两者可以相互沟通，但是唯有君主可以有资格直接与天进行沟通，其他人与天之间的沟通只能以君主为媒介，这实际上把君主放在了现实社会中的至高位置。由于"唯天子受命于天，天下受命于天子"，君权天予，所以天下人对于君主有了天然的服从义务，否则就是逆天而行。

"君权天予"的理论论证了君主权力的来源与君主至高无上、不容冒犯的至尊地位，天谴说则试图对君主权力进行制约。君主承担的是一种"代天理民"的重任，当君主的行为不符合上天意思的时候，上天便会降下灾祸予以警示，当然君主治理较好的时候，上天也会降下祥瑞予以褒奖。但是总的来说，天谴说重灾祸而轻祥瑞，目的是借由天人感应的学说，使得君主在获得至尊地位的同时，又能够有所敬畏，从而对君权形成一定程度的制约，这也是天谴说最大的意义之所在。

"三纲五常"理论是董仲舒政治思想的又一重要内容，"三纲"指"君为臣纲，父为子纲，夫为妻纲"，"五常"是指"仁、义、礼、智、信"。董仲舒的思想体系吸收了一部分阴阳家的理论。阴阳理论把社会中种种复杂的关系予以简化，划分为阴与阳的组合，阴阳相伴运行，同时阳处于主宰地位，阴处于被主宰的地位。董仲舒把这种阴阳理论与儒家的"君君臣臣父父子子"的观念进行结合。认为"君为阳，臣为阴；父为阳，子为阴；夫为阳，妻为阴"，由此推出"三纲"——"君为臣纲，父为子纲，夫为妻纲"。"三纲"提供了对待君臣、父子、夫妻关系的基本原则，"五常"提供了个人在社会中所要遵守的具体伦理与道德规范。董仲舒通过"五常"对民众的日常行为形成一定的约束，使得社会的等级秩序更加稳固，也减少了统治成本。

汉武帝时期，随着经济、文化等走向全盛，原来的黄老之学已不再适应统治者的需要，此时，董仲舒的儒家理论受到了汉武帝的赏识。在董仲舒的建议下，汉武帝实行了"罢黜百家，独尊儒术"的思想文化政策，儒学成为官方正统思想，朝廷对其予以大力倡导。值得一提的是，虽然汉武帝罢黜百家独尊儒术和始皇帝焚书坑儒独尊法家在目的上差别不大，都是为了实现思想文化上的统一，避免人们由于政治思想上的分歧批评朝政，进而动摇统治秩序，但是两者在处理方式上却有很大不同。始皇帝采取的是暴力手段，依靠行政力量对其他学说几乎赶尽杀绝，造成了中国文化史上的浩劫。相较之下，汉武帝把儒学设立为政治指导思想，使儒学成为士人的进身之术，同时默许其他学说在民间的传承,这样既保证了儒学的独尊地位,又不至于引发文化浩劫,而历史也证明后者更为有效。

最终,在董仲舒的建议下,儒家学说开始成为官方正统思想,并且在此后几代君主的努力下,最终成了此后两千年封建王朝的政治指导思想,哪怕是在诸如元朝和清朝这样由少数民族统治的王朝,儒家思想依然对中国的士农工商各个阶层有巨大的影响力。

三、董仲舒之后汉朝政治思想的发展

从汉武帝开始,儒家学派逐渐成为官方正统思想,但在后世研究发展的过程中,儒家学派本身出现了分化,由董仲舒的天人感应学说引申出的谶纬学说影响力逐渐增大,特别在东汉时期随着刘秀"宣布图谶于天下",该学说获得了官方地位,其地位甚至一度超越了传统的五经。

在西汉统治后期,政治腐败,社会矛盾尖锐,为继续维持汉朝刘姓统治的合法性,谶纬学说日渐得到发展。该学说借由董仲舒思想体系中的神秘主义成分,如"天人感应""天人合一"以及阴阳五行理论,同时依托儒家经典,对自然界中的一些偶然现象进行解释,认为这些现象传达出的是上天的意思,主要是有关灾异祥瑞的理论。谶纬学说关注的核心在于论证统治者进行统治的合法性,这是因为西汉后期国运日衰,政治腐败,危机四伏,统治的合法性日渐受到质疑。在这个时候,统治者就利用谶纬之学来论证刘邦得到天下乃是受天命而为,是注定的事情,通过种种曲折的联系,统治者宣称,高祖刘邦是尧的后代,汉朝继承了尧的正统,汉朝的建立是孔子在世的时候就预见到的,连制度也是孔子设定好的,孔子对汉朝实现其本人的政治理想寄予高度期待。通过联系尧、孔子等圣人的权威,统治者意在论证和加强自身的合法性,以面对危机之下的种种质疑。但是本是为了巩固权威、加强统治的谶纬之学,却也并不是只被现有统治者利用的。如在西汉末年,外戚王莽就利用出现的各种符箓、图谶来论证自己获得政权乃是承天意,也是注定好的事情,以此来论证改朝换代的正当性。也正是因为如此,汉朝之后的后世帝王对谶纬学说屡加禁绝,以防被野心家利用而危及统治,不过这都是后话了。

东汉时期,谶纬之学泛滥更甚,这其中,光武帝刘秀的大力倡导和推广起了重要作用。除了谶纬之学外,东汉时期另一个值得注意的思想是名教治国。简单来说,就是十分重视纲常伦理的作用,在社会中渗透忠孝廉正的价值观念。统治者的主要措施是实行举孝廉的选官用官制度,以此表彰和激励孝悌之人,树立先进典型,使整个社会积聚忠孝的风气。这既是因为汉朝本身崇儒,对父子君臣之间的关系较为看重,另一方面也是当时的政治现实的需要。东汉统治者采用名教治国的思想,重视纲常伦理的教化和规范作用,目的是重塑西汉末期以来的社会秩序,纠正日益颓败的民风、士风,以巩固和维护汉家统治。

东汉时期虽未出现如西汉时期董仲舒那样创立了一整套思想体系乃至在中国政治思想史上都具有极其重要地位的人,但是也有诸多杰出的代表人物,他们有感于现实社会中的诸多问题,针砭时弊,对占主流的谶纬学说并不认同,从不同的角度提出了许多有价值的思想,在此予以简要介绍。

1.桓谭及其政治思想

桓谭(前 23—56 年),字君山,是西汉末年到东汉初年的杰出思想家,著有《新论》,仅少量流传至今,大部分内容佚失。光武帝刘秀对谶纬之学的大加推广,使得该学说在东汉兴盛一时。桓谭却对此持反对态度,几乎因此招致杀身之祸。他对当时社会中谶纬之风盛行、事事效古、专崇儒道的现象不满,对此进行了针锋相对的批判。

桓谭认为灾异等事情历朝历代都有,乃是自然而然发生的事情,并非代表着上天的意思,以此作为处理政事依据是不恰当的,建立在各种灾异祥瑞基础上的谶纬学说也是不可靠的。他主张要重视人的自身努力,他认为只要统治者认真处理政事,君明臣贤,即便有灾异发生,也是可以"祸转为福"的。当时还有一种风气,就是认为当下的制度有诸多不好,同时美化古代的制度。桓谭认为汉家制度自有其合理之处,否则王莽的改制运动也不会迅速走向失败,现实政策的制定不能单单从道德理想出发,而更应该结合实际。桓谭对当时独尊儒家的做法也不认同。在这一点上,桓谭吸收了一部分的法家思想,认为应该王道、霸道并用,如此则既有德又有威,能够实现法令严明,君主也可以更好地享有威严,从而使得统治更为稳定和有效。

桓谭的思想大多与当时社会的主流不符:社会上从官到民俱信谶纬,他坚决反对;社会上崇尚美化古之盛世,他肯定汉之成就,力主一切从实际出发;董仲舒之后,儒家成至尊学说,孔子成素王,桓谭却主张德威并行、王霸杂糅。他所提出的诸多观点虽不同于主流,相比之下,却更具有进步意义。

2.王充及其政治思想

王充(27—约 97 年),字仲任,代表作为《论衡》。王充对桓谭的政治思想予以了更深入和彻底的发展。第一，他彻底否定谶纬学说，对该学说的基础天人感应理论进行攻击。在他看来，天乃自然之天，并无感情，也不会与人相通，在此基础上的灾异、谴告理论均是虚妄荒谬之论。第二，他注重经验以及实效，认为只有经过人们的感官进行验证的知识才是真正的知识，否则"虽甘义繁说，众不见信"。谶纬之说多是虚无缥缈之论，虽具有一定的理论体系，但是王充的理论恰正中其要害，指出这些理论全都无法予以验证，不能称为真正的知识，王充的这一思想在方法论上很有先进性，颇有实证主义之色彩。第三，肯定汉朝政治取得的成就，并认为历史乃是向前发展与进步的，当时之世比之周朝盛世有过之而无不及。对时人认为今不如昔、厚古薄今的社会风气，王充持批判态度。他从历史进化的角度看待人类发展的历史更具有说服力，同时也具有极大的进步意义。

3.仲长统及其政治思想

仲长统（179—220年），字公理，东汉末年人，在汉献帝时期做过尚书郎，后曾进入曹操幕府效力，然未被重用，代表作为《昌言》，大部分内容佚失。

仲长统的政治思想有两个特点。第一，他注重人事在政治统治中的作用，强调统治者多实行有益的政策比只是虔诚"侍奉"天道和神灵要更有效。简而言之，"人事为本，天道为末"。巫术迷信中的"天"不应该是人们尊奉的对象，人们只需要遵守天时即可，这个天时更多指的是客观的自然规律，而与天神天意并没有太大的关系。第二，他提出了一种历史退化论的观点，并对现实政治失望至极，找不到任何的出路。他认为，历朝历代大致都分为三个阶段：打天下、治天下、亡天下。王朝开始之时，由豪杰人物奋力拼杀，脱颖而出建立王朝，王朝建立之后，守成之君锐意治理，继续巩固政权，但是天下既定承平日久之后，亡国之君也就会出现，一个王朝又不可避免地走向灭亡，从而进入下一个循环中去。仲长统结合东汉末年的黑暗现实认为，历史在不断地退化当中。在由一个循环进入下一个循环的过程中，每次的动乱只会愈加严重，秦末之乱，尤胜战国，新莽之乱，胜于秦末，而东汉末年之乱，比之以往更深。在由周朝到汉朝的历史时期里，几乎已经尝试了当时提出的各种各样的治国理论，但无论是分封还是郡县，是法家还是儒家，都未能确保国家永守太平，国家最后都无可避免地进入一个更大的动乱时期。基于以上认识，仲长统的思想显现出较重的失望情绪以及消极避世的观念，可以说魏晋时期逃避现实、追求放达的玄学思想已初见端倪。

第三节　魏晋南北朝时期的政治思想

东汉末年,朝政不稳,政治昏暗,民心浮动,大厦将倾。之后,经过三十余年的军阀混战,天下短暂一统,西晋建立。然而,统一与和平的局面并没有维持太长的时间,中华大地就重新陷入动荡与分裂时期。从公元220年曹丕篡汉建魏,到公元589年隋朝灭陈,这一段时期,我们称之为魏晋南北朝时期。汉朝时期,政治上大一统,在思想文化领域儒家一家独大。与魏晋南北朝时期的动荡与分裂的政治现实相对应,当时的政治思想也较为多元:有分封与郡县之间的论战,也有儒家与玄学和道家以及佛教之间的较量,甚至出现了拥护君主与反对君主两种截然不同的声音,同时与当时不断有异族入侵的社会现实相联系,也出现了"夷夏之辨"。本节将对魏晋南北朝时期的主要思想潮流进行介绍,同时对当时政治思想界关注和思考的主要问题也会有所涉及。

一、儒释道与玄学

东汉时期,采用名教治国的策略,重视孝廉,儒家在这一时期延续着西汉时期的独尊地位。但是后来东汉衰弱以致灭亡,失去了政治支持的儒家,其独尊地位逐渐动摇。再加上当时黑暗的政治现实,百姓常年处于战乱之中,儒家思想进一步丧失其解释力和吸引力。这个时候,以老子、庄子为代表的道家思想重新活跃起来,而兴盛一时的玄学就是长期占独尊地位的儒家与再次活跃起来的道家相结合的产物。另外,大约在东汉明帝时期传入中国的佛教,经过一段时间的传播发展和本土化,在魏晋时期也已经具有了相当大的影响力。

魏晋南北朝时期对儒家思想来说是一个危机时期。分裂与动荡是这个时代的主题,这一段时期与春秋战国具有一定的相似性。儒家对社会的约束和规范作用下降,社会上诸多名士如阮籍等甚至直接向礼教发起挑战。再加上道家、玄学以及佛教的冲击,儒家的独尊地位严重动摇。

道家、佛家和玄学的兴起与魏晋南北朝时期的时代背景有着紧密的联系。当时战乱不断,时局不稳,一旦涉及时事,牵连政治,动辄则有杀身之祸,普通的百姓更是生活在水深火热之中。所以,清谈玄理逐渐成为时人的主流选择,这是玄学发展起来的重要原因。

佛教在传入中国之后,经历了一定的本土化的发展与传播过程,包括对经书的翻译、思想的传播,对与中国传统社会中剧烈冲突的某些教义进行修改。佛教的吸引力在魏晋南北朝时期得以显现出来。正如萧公权先生对佛教的论述中所说的,"其本身既具精微之学说,其出世之宗教信仰又有解除乱世人生苦闷惶惑之魔力"。综上,南北朝时期佛教取得了较大的发展,以至形成"南朝四百八十寺,多少楼台烟雨中"的盛况。

二、分封与郡县之辩

从西周到魏晋的这段时期是郡县制与分封制反反复复的时期:周朝采用了分封制,但是在王朝后期,周天子失去了对诸侯的控制,以致诸侯混战天下大乱。之后天下一统于秦,为了避免重蹈覆辙,秦朝实行郡县制,加强中央对地方的控制,然而秦朝二世而亡。西汉初期分封和郡县并行,出现七国之乱,后在汉武帝时期开始实行推恩令,最后达到了"众建诸侯而少其力"的目的,分封逐渐被废除。曹操当政之时,曾分封曹氏子弟,自曹丕始,名义上实行分封,实际上提防戒备宗室,削弱其权力。司马氏篡魏,为"惩魏氏孤立之弊",再次实行分封制,但是不久之后,西晋的八王之乱爆发,国力严重受损,分封制的弊端再次显现。

魏晋时期,再次出现了关于分封制与郡县制孰优孰劣的讨论。曹冏、刘颂、陆机虽然基于不同的出发点,但最终都主张施行分封制。支持分封制者认为,分封乃是圣王之道的体现,并且有利于长治久安。他们结合史实,认为秦朝速亡的一大原因就是实行了郡县制,宗室权力削弱,这才造成了危急关头"孤立无辅"的局面。汉朝初期实行分封制是正确的做法,后来逐渐废除,这才导致后来没落。其中陆机的五等封侯论还指出,分封制下,每个诸侯统治的地方是自己的国家,必然会爱惜自己的臣民百姓,这是由人"自利"的本性决定的。相应的郡县制下,"为吏图物",官员存在对上不对下的问题,也不会自发地爱惜管理的臣民百姓。

曹冏、刘颂、陆机等人从不同的角度为分封制做出了一定的辩护,他们对郡县制的许多批评也都不无道理,但他们对分封制的认识同样过于理想化。正如陆机所说的"善制不能无弊"(陆机原意是为分封制做辩护),虽然郡县制度也有弊端的存在,但从后世的情况来看,实行郡县制度有利于加强中央集权,有利于国家长期的稳定与统一,相反,地方权力稍有坐大,国家往往将陷入动荡与分裂之中,这些从唐朝的安史之乱及后期的藩镇割据、明初的"靖难之役"中都可以看出。

三、拥君与无君之辩

魏晋时期道家以及玄学兴盛,而道家以及玄学又都追求清静无为,这种思想不断深入就演变成为对君主体制的反思,出现了一种旗帜鲜明反对君主体制的声音。与此同时,也有人为君主制进行坚决的辩护,认为君主制是人类发展的结果,是进步的体现,并从各个角度论证了君主制度的合理性。两方的论战促进了人们对国家体制层面的思考。

阮籍(210—263年)与鲍敬言(西晋人,生平不详)是无君论的主张者。在他们看来,君主的存在放大了社会之中的恶,使人们卷入战争,带给社会无穷的灾难,包括君主、礼法等各项制度的产生都是一种社会的倒退,而在这之前没有君主的时代才是最好的时代。结合道家以及玄学的思想,他们认为"无"是宇宙万事万物的本源,也只有"无"才是符合自然的,与之相对应,清静无为才是理想的社会状态。

葛洪(284—364年)是为君主制进行辩解的人。葛洪认为,从理论上讲,正如天地有尊卑,人有头脑和身子的划分,社会上存在的等级划分符合自然之理,从实际生活中来讲,为人们做出了杰出贡献的人自然会受到人们的尊敬与爱戴,尊卑等级是在自然的状态下产生的,因此君主制度恰恰才是最符合自然秩序的制度。另外,针对无君论中关于君主给社会带来灾难的说法,葛洪提出了针锋相对的观点。他认为君主制度带给社会以稳定的秩序,避免了人们生活在一个人与人为了私利而相互攻杀的血腥社会之中。因此君主制度是人类社会进步的产物,反对君主制的主张是不可取的。

无论是阮籍、鲍敬言等人激进与彻底地反对君主制度的主张,还是葛洪为维护君主制度所做的辩解,都有其合理之处,也都有不足。一分为二地看,阮籍和鲍敬言关注到了君主、国家、制度带给民众的消极的一面,包括造成大量伤亡的战争、残暴的统治、对人民的束缚等,而葛洪则关注到了君主制带给民众的积极的一面,包括现时的稳定与秩序,以及长远的在推动人类文明进步中的作用。

本章小结

秦朝是中国第一个封建王朝,其建立的皇帝制度、郡县制度和三公九卿制度对后世影响深远，君主专制、严刑峻法和文化专制是秦朝时期政治思想的主要特点。汉朝建立之初，舆论宽松，诸子百家隐隐有复兴之势，史称"百家余绪"。汉初的贾谊对秦朝速亡做了深刻的反思，提倡礼治和重民，反对严刑峻法，推动了汉初儒学的复兴。汉武帝时期的董仲舒创立了一套完整的儒家理论体系，其核心内容是天人感应学说，天人感应、君权神授、三纲五常是其理论体系的主要内容，董仲舒极大地推动了儒家学说成为官方意识形态。东汉时期，谶纬之学盛行，桓谭、王充和仲长统等人反对谶纬，提倡人事为本、天道为末，其中桓谭和王充主张历史进步论，反对厚古薄今，仲长统则主张历史退化论，其思想中消极避世之情较重。

魏晋南北朝时期，政局动荡，战事频仍，在此背景下，儒学渐衰，佛老渐兴。佛教传入中国之后，至南北朝时期也有了较大影响，老庄之学也重新兴起。玄学作为儒释道三教融合的一个产物成为魏晋时期的思想主流，玄学崇尚清谈命理，既可离世避祸，也可解时人之苦闷彷徨，玄学的兴起在当时的历史背景下有一定的必然性。魏晋时期政治思想多元，人们针对郡县和分封、拥君和无君等问题进行了广泛而深入的辩论。

思考题

1.秦朝时期政治思想的主要特点是什么？

2.面对秦朝速亡这一历史现实，汉初的贾谊做出了怎样的政治反思？

3.董仲舒政治思想的主要内容是什么？

4.谶纬之学在东汉的兴盛与哪些因素有关？

5.什么是名教治国？

6.魏晋时期兴盛一时的玄学与儒释道之间有什么关系？

7.陆机对分封制进行了怎样的辩护？

8.阮籍和葛洪对君主制度各自持怎样的主张？

第三章　隋唐时期的政治思想
（581—907 年）

....

　　公元 581 年,杨坚建立隋朝,是为隋文帝。公元 589 年,南方的陈朝为隋所灭,至此中国历史上分裂动荡的南北朝时期(420—589 年)终于结束。然而继位的隋炀帝却是历史上有名的暴君(至少正史如此),对外三征高句丽,对内开凿大运河等,很快惹得民怨沸腾,最终隋朝二世而亡,仅仅存在了38 年。唐朝(618—907 年)建立之初,统治者注重发展生产,与民休息,国力快速提升。经过唐太宗、武则天、唐玄宗等几代帝王的励精图治,唐朝达到全盛。然经过安史之乱之后,唐朝开始走向衰亡。王朝中后期皇帝昏庸,任用宦官,致使中央朝政腐败,而地方藩镇割据严重,成尾大不掉之势,民众生活在水深火热之中,878 年爆发的农民大起义更是直接严重动摇了唐朝的统治根基,唐朝不可避免地走向灭亡。907 年,朱温篡唐,中国开始进入五代十国时期。

第一节　王通及其政治思想

　　经由魏晋南北朝这一段时期,佛教、道教思想在中国的影响逐渐增大。隋唐建立之初,政治上迅速回到大一统的局面上,然而在思想文化领域,不可能把在魏晋南北朝时期流传了数百年的佛教、玄学等思想骤然消灭掉。但是这些思想显然不适合新兴大一统王朝的需要,儒学的复兴成为一个重要命题。

　　在此次儒学复兴的过程中,隋末唐初的王通是一个不得不提的人物。根据《旧唐书》和《新唐书》的记载,王通是隋末大儒,一生以孔子为榜样,立志复兴儒学。《中说》是记录王通及其弟子言行的一部书,内容格式与《论语》相似。王通政治思想的主要内容如下。

首先，王通主张推行三代之治，复兴儒学。在《中说·关郎》中，他指出"不以三代之法统天下，终危邦也"，认为施行三代之法可以帮助一个国家实现长治久安，反之，则必然进入一个危险的境地。他结合魏晋以来动乱的历史事实，认为"王道之驳久矣"，因此复兴王道、重振儒学是一项重要的任务。

其次，王通不仅提出要复兴儒学，还有具体的观点主张。其内容有：施行仁政，推行王道，在进行国家治理时，要轻徭薄赋，明德慎罚，最理想的境界是"无为而治"，尽可能减少对百姓生产生活的干预；君依于国，国依于民，要重视民众的价值，以民为本。王通在《中说·天地》中曾提到，"不以天下易一民之命"，把民众的利益看得至高无上，他把是否维护民众的利益作为政权合理性的根本依据。也正是基于此，他并不十分抵触异族政权，因为"天地有奉，生民有庇，即吾君也"，也即只要能够保民惠民，那么哪怕是异族政权，也是可以视为正统的；为了能够较好地实现前者，就要做到君主在制定政策时善于纳谏，大臣要敢于进谏。

最后，王通提出了儒释道"三教可一"的主张。魏晋南北朝之后，儒释道三教并行的局面已是既定事实，这种局面不会随着政治上的大一统骤然发生变化。但与此同时，王通认为，放任多种思想在社会上并存，那么不同的思想之间难免相互攻击，不利于社会的稳定。在三教合一不具有可行性的情况下，"三教可一"是一种较好的选择。具体来讲，就是允许儒释道三教并存，但是要以儒家思想为主体和根本。以儒家思想作为国家治理、政治制度设计以及指导民众社会生活等方面的根本原则，同时借鉴吸收佛教和道家思想中可以服务于国家统治方面的思想。

从王通复兴儒学的具体主张来看，大多未有超出传统儒家思想的范畴，不过可以看出在部分内容上吸收了道家的一些思想，比如建议统治者采取"无为"的态度以减少对社会过多的干预。王通此时提出这些观点的最大意义在于重新引起统治者对儒家思想的重视，以此实现复兴儒学和帮助国家长治久安的目的。而其关于"三教可一"的思想更像是一种面向现实的妥协。因为在王通生活的年代，儒家的独尊地位早已动摇，经过魏晋和南北朝时期的发展，佛教和道教的思想已经在全社会都具有广泛的影响，无论是社会底层还是社会上层，都有许多的追随者。隋朝建立之后，政治上回归大一统的局面，儒家思想的复兴当然是有必要的，但倘若此时再强行将儒家思想扶上独尊地位，效果可能会适得其反。在不可能将佛道两家强行禁绝的情况下,强调儒家在三教中的核心地位,以儒学为本,同时吸收佛教以及道教思想中的合理成分,以服务于统治,不得不说也是一种合理的妥协。

第二节　韩愈的道统说和性三品说

韩愈(768—824 年),字退之,邓州南阳人。韩愈是中唐时期的著名思想家、政治家和文学家,官至吏部侍郎,主要论著收录于《韩昌黎文集》。他是儒家思想的坚定支持者,同时反对佛教和道教,因上书坚决反对宪宗皇帝迎佛骨且言辞激烈而遭贬黜。他的道统说和性三品说在政治思想史上具有重要地位。

一、道统说

道统之道非道家之道,更非佛家之道,乃儒家之道。韩愈提出,儒家存在着一个从古至今的传承顺序,这个就是道统。尧传儒家之道于舜,舜传之于禹,禹传之于汤,汤传之于文武周公,如此以至孔子孟子,到孟子之后失传。

韩愈有关道统的思想主张与佛教、基督教传承极其相似。比如在佛教禅宗里,就有一套从释迦牟尼到弘忍、慧能的传法系统,称为祖统。而在基督教里,则是一代又一代的教皇传承。

韩愈提出道统说并强调儒家思想的传承,其意义在于增强儒家思想的正统性,从而达到维护儒家思想、提高儒家地位以及打击佛老思想的作用。通过明确这一传承统绪,韩愈以一种十分简明的方式向世人表明,儒家思想从很早开始就被当时的统治者以及民众认同,维护儒家地位、传承儒家思想也是时人当然的责任。韩愈自己也说,"使其道由愈而粗传,虽灭死万万无恨"。

二、性三品说

韩愈政治思想中的另一个重要内容是性三品说。我们知道关于人性的假设在政治思想的理论中十分重要,往往是其他理论的基础,比如法家对人性的假设是"生则计利,死则虑名",人是唯利是图的,那么对待民众就需要严刑峻法予以震慑和规制,并利用人们的名利之心,使之为国家服务。西方的霍布斯在论述国家的起源时,讲到人们最原始的状态是"一切人反对一些人的战争"状态,其实也是包含着对人性的假设在里面的。韩愈的性三品理论建立在前人关于人性的讨论上,运用儒家的相关理论,对人性学说予以修正和完善,使之具有更强的解释力,同时韩愈关于人性的论述也与他关于国家和政治制度起源方面的见解逻辑自洽。

在韩愈看来,单纯地认为人性本善或者人性本恶可能都是有失偏颇的,容易"得其一,而失其二者也"。他结合儒家关于"五常"也就是仁义礼智信的概念,对人性说进行了修正和完善。性三品理论认为,"仁、义、礼、智、信"就好比是构成人性的五个基本元素,五种元素在一个人身上体现的多少不同,从而构成不同的人性,大致可以划分为三个等级:上、中、下。拥有最上品人性的人身上,"仁、义、礼、智、信"五德俱全,而且五德都是较为纯净的,其中一德还十分突出;拥有中品人性的人身上,五德可能就不是特别全了,其中一德不足或者太过,其他四德也不如上品人性的纯净,所以是中品;而最差的下品人性的人身上,五德不全,可能缺失其中一德,其余四德也较差。

韩愈认为,现实中人性大体分为以上所述三种,而针对不同性品的人,统治者的策略也不一样。拥有上品人性的人,已经到比较"善"的境界,经过学习之后会变得更加聪明智慧,也即"就学而愈明"。拥有中品人性的人具有向上或向下发展两种可能,统治者要做的就是对其进行教化,引导其向上发展。而拥有下品人性的人则是天生的被统治者,需要用刑罚加以威慑才不至于作恶。严格来说,除了以上三种性品的人之外,还有圣人和圣王的存在,负责对上述三种人上者教之,下者制之,中者导之。

韩愈对人性的划分与讨论意在论证封建等级制度和君主制度的合理性。现实之中占多数的乃是拥有中品和下品人性的人,拥有上品人性的人则少之又少,因此需要圣人或圣王的存在,以起到教上、导中、制下的作用。

第三节　柳宗元政治思想的主要内容

柳宗元(773—819年),字子厚,河东(今山西永济)人,人称"柳河东"。柳宗元是中唐时期著名的政治家、思想家和文学家,官至监察御史。"永贞革新"失败后被贬官至永州,后调任柳州,任柳州刺史,故人又称"柳柳州"。著作收录在后人记录的《柳河东集》中,共计30卷。

柳宗元和韩愈属于同一时期的政治人物,也同属于儒家阵营,但是两者的观点并不完全一致,甚至在很多方面还是针锋相对的,比如在天人关系和国家起源的论述里,两者的观点就大不相同。本节介绍的柳宗元的政治思想主要有三:一者,对郡县制度全面而系统的辩护;二者,关于国家与政治制度起源的思考;三者,柳宗元的民本思想。

一、对郡县制的辩护

自秦以后,郡县制度成为主流的政治体制,但是在思想领域,仍存在许多的争论。不少人士认为分封制乃是周公所创,才是圣王之道,且周朝因此长久,享国乃有近八百年之久,而郡县制度乃是始皇帝所设,乃是私天下之法,秦朝二世而亡,就是因为实行郡县制的原因。柳宗元所写的《封建论》中对郡县制进行了全面而系统的辩护,被认为是郡县制的最高成就。

第一,柳宗元认为无论是周公推行的分封制还是始皇帝设立的郡县制度,都是为了顺应国家和社会发展的需要,不同的时期有不同的制度模式也是很正常的。西周初期设立分封制,确实有效巩固了周朝的统治,然而随着时间的推移,分封制的弊端也逐渐显露了出来。到了东周时期,周天子的势力越来越弱,诸侯尾大不掉,以致"天下乖戾,无君君之心",到了最后"国殄于后封之秦",这与分封制有着莫大的关系,因此他说"则周之败端,其在乎此矣"。后来兴起的郡县制度比分封制更加符合社会发展的需要,更有利于加强中央对地方的控制,即便是后来秦朝在农民起义爆发的情况下,也是"时则有叛人而无叛吏,人怨于下而吏畏于上",仍然可以由此看出郡县制度的优越性。综上,郡县制度相比分封制度更加适应社会发展的需要,尤其在加强中央集权控制地方上比分封制度具有更强的优越性。

第二,柳宗元反对分封制是"公天下"之法、郡县制是"私天下"之法的说法。柳宗元在《封建论》中提出:"盖以诸侯归殷者三千焉,资以黜夏,汤不得而废;归周者八百焉,资以胜殷,武王不得而易。"也就是说在商灭夏、周灭商的过程中,大大小小的诸侯出了许多力,在商朝或者周朝建立之初,不可能把这些诸侯废掉,于是在不得已的情况下采用了分封制的做法。所以,实行分封根本就不是为了践行所谓的"公天下"之法,而是不得已的举措。况且,实行分封的结果是"私其力于己也,私其卫于子孙也",诸侯都为周天子一人尽力,而且保卫的也是周天子的子孙。所以说分封制是"公天下"之法是不合适的。而郡县制改变了这种状况,虽然加强了天子的个人权威,但是总的说来,国家选用贤吏治理地方,避免了分封制下大大小小的诸侯国"继世而理"的情况,使得"贤者居上,不肖者居下",这样的做法显然才更符合天下之大道,他由此感叹道,"公天下之端自秦始"。

第三,柳宗元通过结合历史事实并进行深入分析反驳了分封制可以使得国运长久而郡县制下国家容易迅速衰亡的说法。以往人们对分封制十分推崇的一个原因是,周朝实行了分封制,从而国祚绵延近八百年之久,而秦始皇废分封行郡县,结果二世而亡,由此得出结论,分封制有利于国家的长治久安,而郡县制则使国家很快衰败。柳宗元指出,上述的情况只是看到了一个表面,实际的情况是,周朝后来的动荡以及最后的灭亡与分封制度有很大的关系,而秦朝的灭亡"非郡邑之制失也",而是由于秦朝"竭役万人,暴其威刑,竭其货贿",是暴政激起了人民的反抗导致了秦的灭亡,把这个秦朝速亡的结果和郡县制度联系起来是不合理的。为了进一步论证分封制的缺陷,柳宗元又举了西汉以及魏晋的例子:西汉初年郡国并行,结果不久之后发生七国之乱,然而在叛乱中"有叛国而无叛郡",这恰恰说明了郡县制度的优越性。后来的魏国和晋朝,同样实行了分封制度,但是都是短命王朝,"不闻延祚"。另外,唐朝"制州邑,立守宰",并未实行郡县制度,但是已经"垂二百祀,大业弥固",这些成就并不是依赖什么诸侯取得的。综上,分封制并不像人们想象的那样可以保证国家的长治久安,延长王朝的寿命,相反往往成为动乱的根源,而郡县制度才是真正有利于国家稳定的政治制度。

二、对国家与政治制度起源的思考

柳宗元对国家与政治制度起源的思考是其政治思想的重要内容。他引入了一个"势"的概念,借此说明国家和政治生活的产生与演进。

柳宗元认为,国家与政治制度的产生不是根据圣人或者上天的意志直接出现的,而是逐渐演进的结果。他认为,在人类最初的生活中,没有国家以及政治制度的存在,那个时候的人们基于最原始的肉体欲望的驱动进行各种活动,包括生殖与繁衍,在那样的社会中,流血与冲突是再平常不过的事情,人们"交焉而争,睽焉而斗,力大者搏,齿利者啮,爪刚者决,群众者轧,兵良者杀",造成的结果就是"草野涂血"。在这种混乱失序的状态下,产生了强有力的人来稳定秩序,君臣、法令、制度等开始出现雏形。在经过黄帝、尧舜等人的进一步发展之后,"大公之道"方才形成。

柳宗元提到的势,简单理解就是一种演进的趋势和方向。他认为,国家与政治组织政治制度不是突然出现的,而是一个不断演进和变化的过程,在形成之后,国家、政治制度等依然在发展变化,而发展变化的影响因素众多,既包括暴力与冲突，也包括道德与教化等，不同的因素在不同的时期其影响程度也可能是不一样的，比如国家与政治制度形成之初，暴力因素的影响较大，而之后，道德的影响逐渐上升，各种因素交互作用最终汇成演进之势，推动国家与政治制度的进一步发展。

三、民本思想

柳宗元生活在中唐时期，彼时政治混乱，社会矛盾已然十分突出，民众生活疾苦，柳宗元在长期的贬谪生活中得以接触大量底层民众，因而十分了解底层疾苦，对他们持强烈的同情态度。民众的疾苦使得柳宗元充满了深深的忧虑，也为李唐江山的未来感到担忧，实际上在不到六十年之后，黄巢之乱就爆发了，这场唐末农民大起义使得唐朝的根基严重动摇，为其最终灭亡埋下了伏笔。

柳宗元的民本思想和隋末王通以及唐太宗李世民的重民思想大同小异，强调民众在国家中的根本性地位，把民众看作是国本。除却继承和发扬了前人的民本思想外，柳宗元思想更为先进的一点是，他认为官吏不是百姓之父母，反过来，是百姓通过缴纳自己的收入来雇佣他们为自己服务和工作的，即"出其什一佣乎吏，使司平于我也"。

本章小结

经过南北朝的动荡与纷争，中国重归一统。隋朝如同一颗耀眼的流星，虽然璀璨，然而转瞬即逝。唐朝是我国封建王朝的一次高峰，经济、政治、文化、社会、军事都空前繁荣，综合国力强盛。儒家思想在这一时期得到一定程度的复兴，鉴于儒释道三教并行已久，隋末王通提出了"三教可一"的观点，认为三教虽可并行但应该以儒家思想为主体，同时吸收佛教和道教中的积极成分。中唐时期的韩愈借鉴佛家传统，创立道统说，试图提高儒家学说的正统性和合理性，以此增强儒家力量，抗衡佛、老"异端"。与韩愈同时期的柳宗元通过系统的论述，回应了以往对郡县制种种质疑的声音，阐明了郡县制相比于分封制的优越性，被认为是郡县制理论的最高成就。他关于国家与政治起源的思考也颇为出彩，与西方霍布斯关于国家与政治起源的理论具有极大的相似性。

王通、柳宗元等人的民本思想虽是儒家仁政思想的老生常谈，但是又不可忽视：经过南北朝以及隋朝末年的动乱，王通看到这些给人民带来的巨大灾难和痛苦，因而提醒统治者要重视人民、爱惜人民、施行仁政，这具有十分强烈的现实意义。王通对民众重要性的强调可谓无以复加，将之作为判断统治合法性的标准，甚至是异族政权，只要能庇佑人民，也可为正统。柳宗元目睹中唐时期的政治昏暗与百姓疾苦，再度提醒统治者要重视民众，官吏也应把自己当作百姓雇佣的仆人，"蚤作而夜思，勤力而劳心"。"唐家正德受命于生人之意"，可以说，唐以重民本、得民心而得天下、行天下，而又以轻民众、失民心而亡天下。柳宗元的提醒极具现实意义，只可惜终未能被当时君王所重视。

思考题

1. 隋末王通政治思想的主要内容是什么？
2. 韩愈的道统说的主要内容和实质是什么？
3. 什么是性三品说？韩愈为什么要提出这样的学说？
4. 柳宗元对郡县制进行了怎样的辩护？
5. 简述柳宗元对国家与政治制度起源的思考。

第四章　宋元时期的政治思想
（960—1368 年）

　　公元 907 年，朱温篡唐，唐朝灭亡，五代十国（907—960 年）时期开始。在 53 年的时间里，大大小小的政权相继建立和覆灭，战乱不止，这种局面直到宋朝的建立才得以改变。公元 960 年，宋太祖赵匡胤发动陈桥兵变，取代了后周政权，建立宋朝。公元 1127 年，北宋为金所灭，同年，北宋钦宗的弟弟赵构登上皇位，建立南宋。南宋一直和金朝对立。蒙古兴起之后，先灭金朝，后灭南宋。蒙古于 1271 年建立元朝，不久之后即统一全国，由于元朝是少数民族建立的政权，所以在政治思想领域也避免不了对夷夏的讨论，另外，理学在元朝时期取得了官方的正统地位，也是值得关注的一个动向。从五代十国开始到元朝灭亡（907—1368 年）的这一段时间里，两宋占据了大部分的时间，政治思想领域也较为活跃，因此两宋时期的政治思想是本章关注的重点。

第一节　两宋时期的政治思想

　　宋朝的建立，结束了五代十国以来混乱不堪的局面。为了避免重蹈覆辙，宋朝采取重文轻武的政策，并且把防范内乱作为首要目标，为此采取了一系列的措施。比较有代表性的有：奉行养兵的政策，维持了较高数量的军队人员；通过恩荫和科举考录等方式任用大量的官员，并给予优厚的待遇。虽然这样带来了一定的好处（比如现行制度的受益者有很多，提升了政权的内部稳定性），但是后果也是显而易见的，两宋虽然没有如多数封建王朝那样毁灭于内部的农民大起义，但是却都亡于外患。冗兵、冗员、冗费问题成为北宋的痼疾，这一点不只是今人有这样的认识，当时的许多精英政治家、思想家们同样认识到了这个问题，所以北宋政治思想的核心内容之一就是"改革"，从范仲淹到李觏再到王安石，从"庆历新政"到"神宗变法"，其围绕的核心就是改革，下面将分别简要介绍他们的政治思想。

一、范仲淹的政治思想

范仲淹（989—1052年），字希文，苏州吴县（今江苏苏州）人，北宋仁宗时期著名政治家、文学家，他的政治思想的主要内容可以在其与欧阳修等人推动实施的"庆历新政"中看到。整饬吏治是庆历新政的主要目标，所以选官用官制度的改革是其核心。

范仲淹对当时科举与恩荫两种选官制度都提出了自己的意见。在科举制上，他认为当时的科举取士至少存在两个方面的问题：第一，在考核内容上缺少对实际才干的重视，而过分注重文辞诗赋。这样选拔出来的官员虽可能文章写得好，但缺乏经世致用的才干，范仲淹力主扭转这样的选官取向。具体来讲，在选拔的时候，策论应该占主要地位，辞赋占次要地位。第二，在选官之时，缺乏对被选之人品德的考察。这样造成的结果是一些德行有亏的人依然有可能被录用，这样的人即便有一定的才干，对国家的治理而言也是不利的。因此，需要"考其履行"，在此基础上再根据其才干择优录用。除了科举制，范仲淹认为当时的恩荫过滥也是一个亟须解决的问题。他认为，恩荫制度有一定的合理性，但是不宜过滥。应该对恩荫的各项标准予以明确，限制恩荫的范围，这样可以避免官员数量的急剧上升，同时有利于官员整体素质的控制。同时控制和减少恩荫还有利于留出更多的名额，以通过科举选拔贤能之士与贫寒之士，为国家选拔到真正有用的人才。

选官之后便是用官，在范仲淹看来，当时的官员任用制度是一种有利于庸人的体制，因为其主要是根据资历而不注重政绩，这样造成的结果就是贤与不肖并进，只要资历年功够了，即便是没有相应的才能，也能依例进行升迁，而且这种惯例容易导致原本有才的贤官也开始不思进取，从而平庸化。因此，改革的方向就是完善考核制度，依靠政绩确定官员的升迁。

二、李觏的政治思想

李觏（1009—1059年），字泰伯，建昌军南城（今江西抚州南城）人。李觏生活的年代在范仲淹与王安石之间，他在思想上的一些主张（在理财与富国强兵方面）是王安石变法的先声。

相较于范仲淹与王安石,李觏属于一介儒士,但是其思想主张绝不迂阔,较为注重实用性,同时他敢于挑战前人的观点,其思想特点较为鲜明。他在义利方面、礼治方面、富国强兵方面都有论述,以下将进行简要介绍。

首先是李觏关于"义利之辩"的贡献。在儒家有"亚圣"地位的孟子曾经有言,"何必曰利?亦有仁义而已矣",从而在很大程度上把义和利对立了起来。这在现实中造成了许多人耻于言利,对个人的修身养性而言,这未必是一件坏事,但若是放在治国方面,却是极为不妥的。对此,李觏从理论和实际两方面来力图纠正这种风气。在理论上,他指出言利谋利是符合圣人之意的。在《尚书·洪范》中,涉及治国理政的九个方面。其中一个方面是农用八政:食、货、祀、司空、司徒、司寇、宾与师。其中的食与货就与经济之"利"密切相关。儒家的至圣先师孔子也曾经说过"足食,足兵,民信之矣"。可见,圣人并不避讳谈论"利",反而看到了其在国家治理中的重要作用。李觏以此来破除人们耻于言利的思想壁垒。此外,李觏还指出,从现实需要来讲,无论是官员俸禄还是政治外交,抑或是基础设施的建设、灾民的赈济等都离不开钱财的作用。为此,国家一定要重视经济发展,积累财富,这是天经地义的事情。

其次是李觏在礼治方面的思想。李觏比较重视礼在维护社会秩序中的作用,这一点和荀子很接近。在他看来,"礼"是圣人之法制,是治国之良法。李觏关于礼的思想的一个突出特点是,他不仅看到了礼对于人们不合理的欲求的节制作用——"节以制度,乃无伤害",而且也看到了礼可以保障人们正常需求的作用,这一点尤其具有进步意义。这一论点与李觏前述关于"利"的看法也是一脉相承的,因为人的本性就是趋利的,所以一味地对人们的欲望和追求持消极和打压的态度,乃是"贼人之生,反人之情",追求人的合理欲望的满足是正常的事情,因此,"礼"也应该对其进行保护。

最后是李觏在富国强兵方面的思想。北宋建立不久,积贫积弱的态势就显现了出来:在经济上,土地兼并严重,对农民个人不能做到耕者有其田,许多农民失去土地,依身富户;对国家而言,豪门大户想方设法逃避税收,使得国家财政收入减少,再加上冗官冗费,财政更加空虚。在军事上,在对外作战方面一直处于守势,不能有效维护国家安全。基于此,李觏提出了自己富国强兵的主张和思想。在富国方面,李觏认为土地问题是大问题,国家应该实行古时之井田制,保证农民耕者有其田,同时为了鼓励"真正能够给国家带来财富"的农业,应该对工商业进行一定的限制和打击,也即重农抑商主义。除了开源之外,政府也应当节流,即尽可能地减少不必要的开支,带动整个社会形成素朴节约之风,这样才有利于国家财富的积累。值得一提的是,李觏虽然主张国家要重视农业发展,以提升财政收入,但是并不提倡统治者实行过重的赋税,因为那样会给百姓造成沉重的负担,进而激化官民矛盾,不利于国家的统治。在强兵方面,李觏认为,实行屯兵制度可以寓兵于农,既可以促进粮食生产,同时也减少国家在养兵方面的开支。针对宋朝庞大的兵员数量,李觏认为应该注重兵员的质而非量,过多的兵员数量非但不会强国,反而会使国家衰弱。他主张减少军队数量,以选练精兵强兵,这样既可提高军队的战斗力,又可以减轻冗兵问题带来的财政负担。

三、王安石的政治思想

王安石(1021—1086年),字介甫,号半山,抚州临川(今江西抚州)人,封荆国公。王安石是北宋中期著名的政治家、思想家和文学家。他曾两次拜相,两次被罢相。他主政期间,极力推动变法,以期革除当时宋王朝的诸多弊政,但最终因反对者众,归于失败。王安石著述颇丰,但多已散佚,流传至今的有《临川先生文集》《王安石老子注辑本》等。本部分将结合王安石的变法主张对其政治思想进行简要论述。

首先是财政思想。王安石的财政思想和李觏有相通之处。二人均主张为理财正名,不同的是王安石把理财的重要性拔高到了一个新的高度,认为理财是政府的重要职能之一,在其推行的变法中,诸多内容就是与理财相关的。王安石认为,"政事所以理财,理财乃所谓义也"。他如此强调理财的重要性乃是从现实需要出发的,王安石认为当时的宋王朝已经到了一个不得不改革的阶段,吏治混乱,百姓穷困,而国家财政同样面临很大的危机——"官乱于上,民贫于下,风俗日以薄,才力日以困穷",在这种情况下,重视理财、推行改革正当其时。和李觏相类似,王安石不主张通过给平民百姓增加负担的方式来提升财政收入。他认为应该"因天下之力,以生天下之财",具体来讲,就是要发展生产力增加国家总的财富,用现在的话来讲,就是想办法把蛋糕做大,而不是单纯地让朝廷分得更多的蛋糕。需要指出的是,由于时代的局限,王安石所讲的发展生产力,更多指的是农业方面,他所推行的诸多新法如农田水利法、青苗法等就是围绕着农业生产工作的。

其次是变法思想。变法是王安石当政期间的主题,其大量有关政治思想的论述都是直接或间接地为变法服务的,变法最直接的表现就是制定和变更各项法令制度。王安石认为,"变风俗,立法度"乃是当时最为急迫的事情。王安石被启用之初,任参知政事(副宰相),执掌的就是新设立的制置三司条例司,可见其对于制定和完善法令制度的重视程度。为了减少变法阻力,王安石做了大量的理论准备,他提出"三不足畏"的口号,号召变法者坚定决心、厉行变法,同时他又在历史中寻找自己的改革依据,打出了"法先王"的旗号,为了解决"法先王"与进行变革之间表面上的"冲突",他指出要将法先王的形式和本意予以区分,用今天的话来说,是要学习以及理会先王在治国理政过程中的各种精神,对于表面的形式与手段则不必拘泥于成法。王安石强调自己的改革正是法先王之意,是对先王治国精神的贯彻执行,王安石以此来减少变法阻力,从理论层面争取更多人的支持。

最后是王安石的人才思想。王安石的人才思想也是为其变法服务的,是其政治改革的必要组成部分。他清楚地认识到再好的制度也需要人来执行,所以人才的素质直接关系到改革的成败。王安石提出了从人才的培养、选拔到任用的一系列标准。值得注意的是,王安石本身是非常崇尚经世致用的,也即读书是为了服务于现实的需要。所以在他推行人才培养选拔任用等相关制度的改革之时,十分强调人才的实际才能而不仅仅是诗词文章的能力。他甚至试图对科举考试的内容进行大力改革,在他看来原来的考试内容于国事无补、于人才的实际能力无补,而只有对考试内容进行改革,方才有可能彻底改变这种局面。

四、南宋的理学思潮

理学思想兴起于北宋,在南宋时期得到发展与完善,理学的集大成者朱熹就生活在南宋时期。在南宋灭亡之后,理学思想非但没有随之消失,反而在元朝时期成了正统官学,并在此后的数百年里仍然产生着巨大的影响,显示出极大的适应力与生命力。

与前述的政治思想有着明显的不同,理学所讨论的东西较为深奥和抽象,这是因为理学是儒家思想与佛道结合的产物,哲学色彩较为浓厚,是儒家思想哲学化、体系化之后的一套理论,下文会对理学的代表人物、核心内容及其基础概念做简要的介绍,但重点不在于此,而在于讨论理学对社会政治方面的意义及其在政治思想史上的地位。

在理学最初的兴起和发展过程中,北宋五子也即周敦颐(1017—1073年)、张载(1020—1077年)、程颢(1032—1085年)、程颐(1033—1107年)、邵雍（1011—1077年）做出了很大的贡献。他们奠定了理学的基础,完成了基本概念和理论的构建工作。到了南宋,出现了理学的集大成者朱熹以及其他一批优秀的理学派人物,理学理论愈加完善与繁荣,影响也不断扩大,并形成心学这一分支流派。

(一)理学的主要内容

理学之"理",即天理,或称道、太极,是理学派思想所围绕的核心,也是理学体系里统摄其他各层次的最高范畴。在理学家看来,"理"是宇宙万物生发的本源,也是永恒存在的东西,朱熹讲"宇宙之间,一理而已"。除了"理"以外,还有一个重要的理学概念是"气",朱熹讲:"天地之间,有理有气。理也者,形而上之道也,生物之本也。气也者,形而下之器也,生物之具也。"

有了"理"和"气"这两个重要概念,理学家就可以开始阐发自己关于世界万物生成演化的理论了。简单来说,就是"理"借助于"气"来化生万物。对于这个过程,朱熹有一个十分形象的比喻,"造化如运磨",也即气化生万物有如用石磨磨面,万物在这个被磨出的过程中,有粗细、清浊之分,因而万事万物虽由气而化,却也存在着各种各样的差异。程颢和程颐所说的"理一分殊"也是相同的意思,其目的在于以"理"和"气"解释宇宙以及万事万物起源的同时又巧妙地论证了统一性与多样性的原因。

关于人性善恶的讨论是儒家学派的一个基础性命题,而张载所提出的"天地之性"与"气质之性"就是为了来解释有关人性善恶的问题的。理学家认为,"万事万物由理生发",人也不例外,因为每个人的人性中天生就带有"天理"的成分,这也就是所谓的天地之性,具体来说就是仁义礼智。但是正如前面所说,在化成万物的过程中,每个人所禀之气并不完全一样,有清浊久暂粗细等细微的差别,所以每个人的气质之性是不完全一样的。具体说来,在每个人后天成长的过程中所培养形成的就是气质之性。气质之性有善有恶,而天地之性由于是先天而成,在人性中代表的是"理"的成分,所以都是自然清明的,但若是一个人在后天的成长中为物欲所遮蔽,那么所形成的气质之性也会遮蔽本是清明的天地之性,生活中的小人就是天地之性被遮蔽之后造成的结果。

"天理"与"人欲"之辩也是宋代理学派的重要内容。如前文所述,人天生而来的天地之性自然清明,是至善无恶的,但是现实中却存在着小人以及道德败坏的情况。对此理学家给出的解释是人在后天形成的气质之性中出现了恶的成分,而其根源就是人欲在作怪。为了使得天地之性不受到遮蔽,从而达到原本的清明状态,就必须克制人欲。那么人欲为何呢?朱熹讲,"饮食者,天理也;要求美味,人欲也",也就是说,只有合理的需要才是天理,超出此范围的需要便是人欲,合理意味着仅仅满足于基本的生存与生活需要,而不带有丝毫享乐的成分。理学家将天理与人欲的对立予以强化,提倡人们"存天理,灭人欲"。他们认为,只有通过限制和克制私欲,一个人的道德品质才能达到理想的境界,社会的总体道德才不至于败坏。

"义利之辨"是儒家的一个经典命题,也是理学思想的另外一个重要内容。理学家对此所持的态度是要立公去私。虽然理学家们在一定程度上承认私利的必要性,但从理论上讲,他们认为不应该去追逐私利,而要追求公利。朱熹讲:

> 凡事不可先有个利心,才说着利,必害于义。圣人做处,只向义边做。然义未尝不利,但不可先说道利,不可先有求利之心。盖缘本来道理只有一个仁义,更无别物事。

理学家们同样认为,私利和义是相互对立的,但是公利和义之间的关系却并非如此。天下之公利,其实就是义。人们在践行义的过程中,在为天下谋"利"的过程中,自身的私利也会自然而然得到满足,只是在做事的时候不可先有"利心"而已。

(二)理学在中国政治思想史上的地位和意义

理学奠基于北宋,成熟繁荣于南宋,元朝时成为正统官学,在明清时期同样具有巨大影响,可以说影响了整个中国古代社会的后期。

从政治上讲,理学倡导的天理,对应于现实社会中的纲纪伦常,在人人都追求存天理的社会氛围中,社会的统治自然要更加稳定,统治者的统治成本自然也大大减小,这其实也是理学受到封建统治者的偏爱,进而影响中国古代社会后半段的一个重要原因。同时,"存天理,灭人欲"思想也试图对君主的权力以及欲望有所制约。在封建专制条件下,君主拥有至高无上的权力,若其"人欲"膨胀,必定加重社会和民众负担;反之,若君主可以对其自身私欲进行主动的克制,那么必定是一件"利国利民"的好事。

从思想文化上讲,理学派是儒家思想在宋朝时期的传承与发展,是儒家思想上升到本体论层次之后的产物,同时也吸收了一定的佛老思想,整体而言带有比较重的哲学化色彩。理学思想为儒家思想找到了"理"这样一个形而上的根据,对人性、义利等经典命题也做出了较为严密的论述,这些是理学思想的积极方面。但是理学思想同样也存在一定的消极影响：第一，理学思想存在着使人思想僵化的弊端。这一点与理学长期的影响是有密切关系的，在理学成为正统官学之后，成为知识分子的晋身之道，更为关键的是，相关的典籍注释开始固定化、刻板化，这一点在明清时期体现得尤为明显，造成的后果就是人们思想的空前僵化，阻碍了新的优秀思想的出现，理学逐渐沦为统治者钳制民众思想的工具。第二，理学思想吸收了部分佛老思想，哲学化的色彩较为浓厚。这原本扩展了儒学思想的深度，也是对儒家理论体系的有益补充与完善，但是在实践中却逐渐走向极端，导致许多人空谈性理不务实事并且以此为荣。这在任何一个社会中都不是好的现象，对于原本就积贫积弱的两宋而言，更无疑是雪上加霜。理学的一个分支流派——心学也同样存在着类似的问题。第三，理学思想的内容本身存在着一定的不合理之处。理学的很多理论将原本儒家的一些思想发展到了极端的地步，比如将孟子的"寡欲"发展为"无欲"，又或者将"义"与"利"进行绝对的对立，不承认任何的中间灰色地带，强调"存天理，灭人欲"，而这在现实生活中，既无可能也无必要，理学家们没有看到人们对"欲"的合理追求在推动社会发展中的巨大作用。

综上，理学思想无论在中国历史还是在中国政治思想史上都有着重要地位，而且其理论体系相对较为严密，甚至不乏许多精彩的论述，但是我们也应该看到，理学在很多方面尤其是压抑人性、钳制思想等方面的不足之处。

五、南宋的事功学派

在理学思想走向繁荣的同时，另外一个与之相对的学派也开始产生越来越大的影响，这就是南宋时期的事功学派。代表人物为陈亮与叶适。从当时的大背景来看，南宋王朝可谓是内忧外患。对外，北方的金朝一直虎视眈眈，在军事上，南宋一直处于被压制的状态，所谓的收复失地实际上遥遥无期；对内，南宋的社会统治也并不安定，时常有农民起义的爆发。在这种情况下，理学"空谈"的弊端就被放大。具体来说，政府官员可能在"性、命、理"等理学思想方面的理论水平很高，但是缺乏实际的军政才干，导致解决实际问题的能力不足，空有理论，而于国于时于事无补。正是在这种条件下，事功学派兴起，他们反对空谈、力求实干，强调官员的实际才能，以及读书的经世致用，为国家或人民解决实际问题，做出实际贡献。下面将结合陈亮、叶适两位代表人物,介绍南宋的事功学派的思想。

陈亮(1143—1194年),字同甫,号龙川,婺州永康(今浙江永康)人,著有《龙川文集》。陈亮有感于"理学之弊",对其进行了有力的批判,倡导功利原则,其思想自成一派,对于当时的南宋朝廷而言,陈亮的思想、建议等有极强的现实意义。陈亮曾这样描述理学兴起之后的社会境况:

> 自道德性命之说一兴,而寻常烂熟无所能解之人,自托于其间,以端悫静深为体,以徐行缓语为用,务为不可穷测以盖其所无,一艺一能皆以为不足自通于圣人之道也。于是天下之士,始丧其所有,而不知适从矣。为士者耻言文章行义,而曰尽心知性;居官者耻言政事书判,而曰学道爱人。相蒙相欺,以尽废天下之实,则亦终于百事不理而已。

可见,在陈亮看来,理学的兴起使得"天下之实"尽废,人们相互蒙蔽和欺骗彼此,沉浸在所谓的道德性命之学中,对现实社会中的问题漠不关心,这自然是极大的弊端。陈亮所提出的事功思想就是针对理学所导致的"废天下之实"的,他认为一套理论是否有价值要看其是否"有用",需要经过实践的检验,如果对于社会问题毫无帮助,那么理论本身即便再精巧和严密也是没有意义的。他讥讽理学思想培养熏陶出的都是"低头拱手以谈性命",明明不能解决任何实际的问题,还偏偏"自以为得正心诚意之学"的人,对于他们安于现状不思恢复的精神状态,陈亮称之为"风痹不知痛痒"。同样,与理学家们相对,陈亮肯定"人欲"的合理性与必要性,认为追求物质方面的享受是"人所同欲",本也就无可扭转,理学家们对人欲想要强行制之,既无可能也无必要。在"王霸义利"方面,陈亮也有着较为独特的论述。在理学家看来,除了三代盛世,儒家道统失传久矣,哪怕是汉唐也是如此,实行的都是霸道而非王道。陈亮则认为,三代之治不全是王道,在必要的时候同样会采用暴力的方式,如周公平定"三监之乱"就是如此。对三代之治的美化以及对后世的贬低是不符合历史事实的。陈亮认为,人们在理论上都在说着王道和义,但在实际中又做着霸道和利。这正是"一头自如此说,一头自如彼做;说得甚好,做得亦不恶。如此却是义利双行,王霸并用"。可以看出,陈亮对此认为并无不妥,实际上在实际的治理过程中,就应该采用王道霸道并用的方式,单纯地实行王道即便是三代时期也是不可能的事情,同样的道理,义与利、"天理"与"人欲"在现实之中也是相互混杂着的,通通都是可以并行的。

叶适（1150—1223 年），字正则，号水心居士，温州永嘉（今浙江温州）人，其著作有《水心文集》《习学记言序目》等。叶适与陈亮都是南宋事功学派的代表人物，但叶适的理论更为系统和全面，其开创的"永嘉学派"在南宋时期也具有较大的影响力，与朱熹的理学、陆九渊的心学并称为南宋三大学派。叶适的思想内容主要有以下几个方面。

首先，倡导事功思想。和陈亮的思想相类似，叶适同样认为无论是理论还是行为，其价值都必须接受实践的检验，"善为国者，务实不务虚"，一套不能解决社会实际问题的理论，即便理论本身再精妙，那也是"论高而实违"。以功利的思想去检验理论的有效性，可谓是切中时弊，那些只会空谈道德性命装腔作势故作高深之徒在这样的理论检验下，也只能"原形毕露"了。

其次，叶适认为国家应该在保持君主威势的前提下，进行合理的分权。叶适认为，宋朝为了矫正唐末五代以来藩镇割据的弊端，建立了集权程度很高的中央集权体制，兵权、财权、人事权力统统由君主一人掌握。这样的好处是可以有效地防止地方叛乱，维护国家整体上的统一和安定，但是弊端也十分明显。各个地方的积极性得不到调动，以天下之大，各种各样的事情最后全都需要君主一人来决定，必然导致整个政府的低效率。另外，秦之弊——"自天子以外，无尺寸之权"，结果秦朝二世而亡，这样的教训也是应该吸取的。叶适认为，应该给予地方一定的财权和事权，从而调动地方的积极性，为此，他还给出了相对具体的建议。

最后，叶适提出了新的道统理论。这个"新"是针对理学派提出的道统理论而言的。根据理学派的论述，儒家道统由孔子到曾子，再到孟子，然后失传，直到由理学派重新继承久已失传的道统。叶适认为，曾子所传之道乃其自己所得之道，已经不同于孔子所传的尧舜禹汤文武周公之道，而之后的理学家所继承的就是由曾子这一脉所传之道统，叶适此观点不啻宣称，理学家继承的乃是伪道统，理学乃是伪学。

叶适提出新道统说的现实意义和根本原因乃是为自己的功利主义思想做好理论铺垫。孔子所传之道统与曾子所传之道统的关键区别是：孔子所传的乃是尧舜禹汤文武周公之大道，在这个"真正"的道统里，"内圣"与"外王"两者是被同样看重的，圣人的"内圣"会自然而然地在国家治理过程中体现出来，或者是具体的制度创立、国家政策，或者是其他具体的功业，这样的功业在他人看来便是"外王"。而曾子以及理学家们所传之"伪道统"，只关注或者至少过分关注"内圣"的境界,比如追求人的高层次的道德境界,讲究"存天理、灭人欲",而对能否实现"外王"关注不够。

叶适提出的新道统说既对理学从根本上发起了挑战,同时也为自己的事功思想做了很好的理论铺垫。

第二节　元朝时期的政治思想

12 世纪末,蒙古兴起于北方草原,1206 年成吉思汗建立蒙古国,1260 年忽必烈即位,开始实行汉法。1271 年,忽必烈建立大元,定都大都。1279 年,元灭掉南宋,统一全国,正式建立起对全国的统治,到 1368 年元朝灭亡。若从忽必烈称"大元"国号始,元朝存在不足百年而终。

元朝是少数民族依靠武力入侵,在传统的汉民族地区建立起来的政权。在这样的背景下,当时两个最主要的问题是:元朝统治者以何种方式维持和巩固在广大汉民族地区的统治,以及传统的儒家如何处理与新统治者的关系,是坚持传统的夷夏之防的观点,还是做出适当的修正以适应新的形势,这是摆在当时儒家知识分子面前的一道难题。实际上,这两个问题也是相互联系和交织在一起的,基本上是从元朝统治者以及被统治的汉民族两个对象和立场来思考一个基本相同的问题的。本节元朝政治思想的主要内容就是围绕着这两个问题展开的。

首先是元朝统治者如何维持和巩固统治的问题,元朝统治者最终采取的策略是以汉法治汉地。其实这个做法,也是历代想要在汉地长治久安的少数民族统治者采取的通用做法。元朝统治者以汉法治汉地最明显的事件就是元朝时期的理学官学化。

理学在元朝时期的官学化是一个渐进的过程,并非一蹴而就,其中包含着诸多儒家知识分子的贡献。蒙古在灭亡金朝之后,开始有机会接触到汉文化(此时,金朝统治北方已久,受汉文化影响的程度已经较高),原金朝贵族耶律楚材本身就有着较好的儒家文化背景,后耶律楚材投奔蒙古,为蒙古效力。他在窝阔台时期担任中书令,在礼仪、管制、法律等许多国家政策领域产生影响,推行"以儒治国"的方针。元朝灭亡南宋之后,程朱理学开始北传,在这个过程中,名儒赵复起了关键性的作用。赵复生于湖北德安(今湖北安陆),熟知程朱理学。在被俘之后,被杨惟中、姚枢搭救,后者还为其建立太极书院,让赵复在其中讲授程朱理学,正是经由赵复的讲授,理学开始在北方广为传播。

　　推动理学官学化的另一个关键人物是许衡。许衡（1209—1281年），字仲平，号鲁斋，怀州河内（今河南泌阳）人。他从姚枢处接触到程朱理学，后潜心研究，终成大家，其成立的"鲁斋学派"，在当时影响甚大。忽必烈即位之后，召许衡入京任职，他从而得以有更多的机会向统治者提出自己以汉法治理汉地的主张。比如在至元二年（1265年）所上的《时务五事》中，许衡系统地讲述了以汉法治汉地的主张，他认为如同"陆行宜车""水行宜舟"，汉地也宜汉法治理，这是顺应形势的正确做法。他以魏、辽、金举例，这些朝代能够推行汉法，所以能长治久安，而不能够用汉法治汉地的则"乱亡相继"。在忽必烈的支持下，许衡得以执掌太学，给诸多蒙元亲贵子弟教授儒家知识以及礼仪规范，收到了一定的效果。"诸生人人自得，尊师敬业，下至童子，亦知三纲五常为生人之道"，这些蒙元亲贵子弟有许多日后成为朝中重臣，可以说许衡为儒家学说扎根蒙古贵族功不可没。

　　许衡的另一个重要贡献在于对理学的改造。许衡看到了理学过于深奥精妙的特点不利于其在广大民众中的传播，对于刚刚脱离奴隶社会的蒙古来说，接受起来难度无疑更大。于是许衡对理学进行了简单化、世俗化的改造，将理学中原本深奥晦涩的性、命、理等复杂的概念去除，并将理学中的诸多内容与人们的日常生活结合起来，这样一来，理学得以在普通民众中更为广泛的传播，影响也更加扩大，为理学的最终官学化打好了基础。

　　元仁宗时期，诸宋儒如周敦颐、程氏兄弟、张载、邵雍、司马光等从祀孔庙，同年，元仁宗诏行科举，考试内容之标准答案为程朱所注释的儒家经典，至此，理学的官学化正式完成。

　　再回到汉族儒家知识分子一方。在传统的儒家学说中，夷夏之防是一个重要的观念。孔子就曾经说过，"夷狄之有君，不如诸夏之亡（无）也"，言语之中包含着对夷狄的轻蔑。除此之外，孟子以及其他经典中在谈到夷夏关系的时候，也多认为，华夏民族相对于夷狄具有优越性。在居住的地域上应该"内诸夏而外夷狄"，华夏民族居于中心的、控制的地位，而夷狄应该居于外围的、被控制的地位，而且华夏民族应该时刻提防夷狄，防止其对华夏构成威胁。所以，关于"华夷之别"以及"夷夏之防"的观念在许多汉人的心中可谓根深蒂固，而在汉族精英知识分子的儒家学者群体中，当然更是如此。但是到了元朝时期，本来居于北方朔漠的蒙古族依靠强大的武力灭亡了南宋，其统治天下已成为既成事实。如郝经所言，"士于此时而不自用，则吾民将膏斧钺，粪土野，其无孑遗矣"，此时儒家知识分子若不能有所权变，恐怕性命亦不能保全，儒家的传承与发展也更无从谈起了。山河已变，南宋已灭，新的统治秩序已经确立起来，在这样的情况下，一部分儒家知识分子开始对儒家理论中有关夷夏之防和华夷之别的相关观念进行摒弃或者修改，以适应新形势的需要，缓和儒家学说与统治阶层之间的矛盾。在这其中，郝经和许衡是其代表。

郝经（1223—1275 年）认为，儒道是政权合法性的来源，而非地域和民族。他说，"天之所与，不在于地而在于人，不在于人而在于道"，也就是说，只要能行中国之道，那就可以是天命所归的对象，而如若是天命所归，民众自然也可以和应该服从。郝经通过对传统理论进行改造的方式，在理论上为少数民族统治中原留下了空间。另一方面，郝经也在试图使新兴的统治阶层充分认识到儒家思想的重要性，并在此基础上，用传统的儒家思想来影响他们，也就是"用夏变夷"，这是对传统"夷夏之防"观念在新形势下的一种调适。

前面提到过的许衡大致和郝经持相同的观点，即不再坚持传统儒家关于夷夏之防的观点，认为能够行中国之道是政权是否合乎正统的关键。他在谈到华夏与其他民族之间的关系时，已经不再带有以往儒家学派关于华夏与夷狄之间的偏见，认为两者其实更像是一种兄弟关系，即"二小儿同父母兄弟也"，而在他所写的一首诗中，"光景百年都是我，华夷千载亦皆人"更是把这种平等的思想表达得更为明确。

本章小结

两宋时期的政治思想，其内容围绕着两个词，一个是"改革"，一个是"理学"。具体来说，北宋侧重于"改革"，南宋侧重于"理学"，而元朝时期的政治思想主要内容围绕着的两个词则分别是"夷夏关系"和"理学官学化"。

无论是北宋还是南宋，其体制都是高度集中的中央集权体制，这一点正如叶适所说，两宋的制度设计都过于侧重矫正前代（唐末到五代）的制度弊端：集权过甚，对内防范之心过重。两宋的诸多问题其根源都或多或少地与这一制度设计有关，这样造成的结果是"内外皆柔"，恰恰走向了前代制度"内外皆坚"的极端反面。从这个角度来说，两宋最后都亡于外患也包含着偶然之中的必然。北宋的数代君臣所推行的新政也好、变法也罢，所涉及的具体的政府理财、官吏选拔任用、军队系统的改革等诸多方面，也都是为了针对制度痼疾而进行的改良。到了南宋时期，"改革"的声音弱了下去，转而是思想文化方面的繁荣。在这一时期，形成了南宋三大学派，分别是程朱理学、心学以及事功学派。其中理学和心学同属一脉，而事功学派则是与理学派针锋相对的。理学是儒家思想在南宋时期哲学化之后的产物，并在中国古代后期持续产生影响。在南宋的现实背景下，理学中"务虚"的弊端被进一步放大，而这也是事功学派兴起的重要原因。事功学派强调以事实和结果来检验理论的有效性和价值，以此为发力点，事功学派与理学派展开了激烈的论辩，而事功学派代表人物之一的叶适更是通过新的道统说的阐述，不啻将理学宣称为"伪学"。

到了元朝时期，最大的时代背景就是"异族"入主中原，建立了新的统治秩序。面对此背景，无论是新的统治阶层还是汉族儒家知识分子，都面临着一个彼此调适还是相互对抗的抉择。新兴的统治阶层最终选择了"以汉法治汉地"，理学的官学化是一个标志性事件。在理学官学化的过程中，赵复、许衡等人做出了巨大的贡献。元朝建立之后，传统的儒家知识分子也开始逐渐摒弃或调整以往有关夷夏之防和华夷有别的观念，开始为新兴王朝所建立起的统治合法性做辩护，郝经和许衡都是其代表人物。其主要观点就是统治的合法性"不系其地与其类，惟其道而已矣"，而行中国之道的关键就在于是否能够实行儒道。这样，既为新兴统治阶层的合法性留下理论空间，也有利于儒家（理学）学说的传承和发展。

思考题

1. 范仲淹政治思想的主要内容是什么？

2. 李觏对于义与利持什么样的主张？

3. 王安石政治思想的主要内容是什么？

4. 如何看待理学与传统儒学之间的关系？

5. 理学在政治思想领域具有什么样的地位和意义？其积极意义和局限性分别有哪些？

6. 南宋事功学派兴起的背景是什么？其代表人物有谁？主要观点是什么？

第五章　明清时期的政治思想
（1368—1840 年）

公元 1368 年，朱元璋在应天（今南京）称帝，明朝建立。次年，朱元璋派兵攻克元大都，元朝正式灭亡。明朝是中国封建历史上最后一个汉族政权，存在了 276 年的时间（南明朝廷不计算在内）。明朝末年，吏治腐败，再加上天灾频繁，社会矛盾被严重激化，最终李自成领导的农民起义军于 1644 年攻入北京，崇祯皇帝吊死煤山，明朝正式灭亡。但农民起义军很快又被入关的清军击溃，李自成的大顺政权随即瓦解。清军入关之后，明朝的残余势力被逐步消灭，由满族建立起的清政权最终建立起了对全国的统治。清朝自乾隆始，奉行闭关锁国的政策，实行严厉的海禁，中国与西方的交流几乎完全中断，这使得中国不能及时地了解世界形势的变化，导致长久以来领先于西方的中国开始在政治、经济、军事等各个方面全面落后，直到 1840 年第一次鸦片战争爆发，中国方才如梦初醒。

明清时期，中国的君主专制制度达到了顶峰。在政治上，明朝的开国皇帝朱元璋借由胡惟庸案彻底废除了宰相制度，集君权与相权于一身，同时建立厂卫制度，对全国实行特务统治。在思想文化上，从明朝开始，文字狱日盛，文人墨客动辄因言获罪，而本来为国家选拔可用之才的科举制度，形式和内容都逐渐走向僵化，很大程度上沦为统治者钳制民众思想的工具。清承明制，同样不设宰相，君主拥有绝对的权力。在雍正皇帝之时，设立了军机处，通过这一制度，皇帝的权力被进一步加强，达到封建历史上的顶峰。而在思想文化方面，清朝统治者也并未放松丝毫的管控，康雍乾三朝，文字狱有增无减，人民尤其是知识分子的思想仍然被牢牢钳制。

但是，明清君主专制的高潮以及统治者对思想的严厉控制却并没有导致明清思想界的万马齐喑。或许是思想界对于严酷现实的反弹，明清时期的社会批判思想也达到了一个高潮。明清的前中后期,各个时间段都有杰出的政治思想家涌现,本章将结合相关人物对明清时期的政治思想进行简要介绍。

第一节 明朝时期的政治思想

作为开国皇帝,朱元璋实施了一系列治国举措,包括整顿吏治、重民安民等,但是这些举措多是从一个政治家的角度为有效维护统治而进行的具体施政行为,虽然也包含着一定的政治思想内容,但是毕竟不成体系,所以明朝时期的政治思想将从方孝孺讲起。

一、方孝孺的政治思想

方孝孺(1357—1402 年),字希直,号逊志,浙江宁海人。他在建文帝时期曾任翰林院侍讲,与建文帝君臣情分深厚。靖难之役后,方孝孺拒绝与新继位的永乐皇帝合作,遭灭族。其政治思想的主要内容有以下几点。

第一,君职说。方孝孺从政治秩序的起源来对这一问题进行探讨,方孝孺认为,在自然的情况下,"智愚之相玄,贫富之相殊",也即人们由于才智高低不同,必然导致财富上的多寡,逐渐的人们之间的不平等也就出现了,并将被不断加深,而这是不符合"天地之意"的。为了改变这种情况,君和师的作用就体现出来了。君和师依靠自身的才智,通过教化人民、建立法令等诸多举措,使"得于天厚者不自专其用,薄者亦有所仰以容其身",也就是说君主和政治秩序存在的主要目的是控制贫富分化的程度,解决自然状态下由于人们才能的不同所必然导致的极端的不平等的问题,最后使得人类社会的发展状况合于"天地之意"。

第二,井田说。有关井田制的思想在历史上曾多次被提起,方孝孺就是其中之一。其根本原因在于,在封建制度下几乎历代王朝的中后期,都会出现土地兼并严重的现象,富人占有大量的土地而许多农民则破产流亡,或者沦为富人的附庸,社会矛盾往往由此被激化。如若再加上天灾或其他因素,一个王朝可能就此覆灭。方孝孺关于井田制的主张,主要体现的是一种限田思想,也即抑制自然状态下土地兼并、贫富分化的问题,这一思想与其君职说的主张也是一脉相承的。当然,方孝孺也看到了在当时的历史条件下全面恢复井田制是不可能的。因此他主张根据不同地区的土地和人口数量情况而有所变通,但关于实现"耕者有其田"以及限田的原则各个地区都是一致的。

第三,乡族自治的思想。自宋朝以来,宗族在构建和维护乡村社会基本秩序中发挥出越来越重要的作用。从形式上来说,实行宗族自治,就是以血缘关系为纽带,把数量不一的家庭聚集在一起形成一族,每族设族长,掌理族务。类似的,数百族为一乡,乡设乡表。乡族的主要任务是教化民众,同时也承担一些基本的管理与服务功能。从具体内容上说,一方面,乡族之中会有祭祀以及宴乐活动,而且设立有学校,族长之下设有"师"职,由此可以直接和间接地对民众进行教化;另一方面,乡族组织可以对乡民、族民中的弱势群体予以扶助,族中还设置有专门的赈田。元朝建立之后,宗族自治受到严重影响,方孝孺认为有必要重新恢复和加强基层的这种自治模式。乡族自治的优点是可以减少统治成本,更重要的是,通过乡族自治的模式,可以把礼仪教化的内容推向最广大的基层。

第四,正统与变统思想。正统与变统主要评价的是一个政权和王朝正与不正。方孝孺认为,评价一个王朝是否合乎正统,不应该从事后的角度看这个王朝是否完成了大一统,而是这个政权建立之初是否合乎道义。除此之外,还有一些其他的判断标准和原则,主要有:是否是汉民族政权、是否是男性君主、是否施行仁政。基于以上几条标准,方孝孺把中国历史上的王朝分为正统和变统两大类。符合正统标准的有三代政权、汉唐宋等,而凡是少数民族建立的政权无论其统治地域的多寡、存续时间的长短统统属于变统,所以北魏少数民族政权、辽政权、金政权都应属于变统,其他的如晋、南朝宋齐梁陈由于政权皆是篡位而得,也属变统。总而言之,正统王朝的条件十分苛刻,判断之时"不以成败论英雄"。关于正统与变统的分类也从侧面反映出方孝孺关于理想王朝标准的看法。

方孝孺是明朝初期的大儒,师从明朝开国文臣之首——宋濂,从他的政治思想内容里也可以看出他是一个标准的儒者。他所捍卫的儒道,更接近儒家最开始的思想内容,比如,他把民众放在国家的第一位,作为君主和政治秩序存在的根本目的,并由此提出君职说,认为君主应当履行"代天养民"之责任,这与先秦时期关于王之责任乃是"代天理民"的论述十分接近。他关注普通民众的生活,认为应当保障"耕者有其田",并想方设法抑制过度的贫富分化,使社会更加平等。他推崇乡族自治,意在使儒家的伦理纲常、礼乐制度能更加深入地贯彻到普通民众的生产生活中,使其过上和睦文明的生活。而他的正统变统思想，反映出他对于儒家传统中诸多观念的激励坚持：坚持"华夷有别"和"夷夏之防"的观念，认为夷狄"无衣冠礼文之美也，故先王以禽兽畜之，不与中国之人齿"，所以将少数民族政权通通视为变统；他坚持男尊女卑，所以在他看来若是女主在位则也为变统；他坚持统治者应该施行仁政，"仁义而王，道德而治"，如若不然，哪怕是汉人政权也属于变统（如秦和隋）。方孝孺宁死也不愿与篡位的朱棣合作，除了因为与建文帝的君臣旧情之外，应该与他坚持的传统儒家观念亦有很大关系，以他的标准而言，朱棣皇位来之不正，政权大致也是要归于变统一类的。

二、王阳明的政治思想

王阳明（1472—1529年），字伯安，名守仁，浙江余姚人，别号阳明。王阳明一生在政治、军事、文化等诸多方面都取得了极大的成就。在政治上，王阳明初期因得罪宦官刘瑾，仕途受阻，后刘瑾被除，仕途开始转顺。之后更因平定叛乱有功，封新建伯，隆庆皇帝时追封侯位。王阳明虽是文人，却极具军事才能，这从他平定宁王叛乱只用了不到三个月的时间就可以看出。在文化思想领域，王阳明开创了心学一派，倡导"致良知"，所传者极众，一时对官方理学都构成了极大的挑战。下文将结合王阳明的心学内容对其政治思想进行简要介绍。

（一）"心即理"与"心外无物"

程朱之学以"理"统摄万物，对应的，阳明心学以"心"统摄万物，并且认为心即理。这里的心，当然不是指作为身体器官的心，王阳明讲"心不是一块血肉，凡知觉处便是心"。阳明心学认为"心"是世界万物的本源，支配着一个人对世界万物的感知，心与世界万物相通，只有一个人感知到的世界才是真正存在的世界。曾有人指着山间野花问王阳明说，花树在山间自开自落，当与我心无关。对此王阳明的回答是，你未看此花时，此花与你心同归于寂，你来看此花时，则此花颜色一时明白起来。王阳明还说："盖天地万物与人原是一体，其发窍之最精处，是人心一点灵明。风雨露雷，日月星辰，禽兽草木，山川土石，与人原只一体。故五谷禽兽之类，皆可以养人；药石之类，皆可以疗疾。只为同此一气，故能相通耳。"王阳明以此来说明心与天地万物相通，以及心外无物的道理。

（二）心与"致良知"

阳明心学认为，"心外无物"以及"心即理"。那么想要探求理就不必求诸外物,而应该直接去探求自己的本心,也即"天下之物本无可格者,其格物之功只在身心上做"。阳明心学认为,要不断地通过克去私念,从而达到"致良知"的目的。关于"良知"和"致良知",阳明心学中有大量的相关论述:"知是心之本体,心自然会知。见父自然知孝,见兄自然知悌,见孺子入井自然知恻隐,此便是良知,不假外求。"可见,所谓的良知,就是不虑而知、不学而能的是非之心,所有通过后天学习和熏陶而得来的都不能算作是良知。良知是心的一种本然状态,是一种没有受到物欲遮蔽的状态。而"致良知"的过程就是通过修习而达到这种状态的过程。在王阳明看来,每个人都具有"致良知"的潜质,无论是圣人还是普通人都是如此。所不同的是,圣人之心可能较少甚至没有受到物欲的遮蔽,因而可能"自然而致",普通人则需要不断克制自己的私念,久久为功方才有可能达到"去此心之人欲,存吾心之天理"的目的。

"知行合一"理论是阳明心学的另外一个重要内容。王阳明认为,"知"与"行"乃是合一的关系,而不是程朱理学中所讲的先后关系。他认为,"未有知而不行者,知而不行,只是未知"。他又说,"知之真切笃实处即是行,行之明觉精察处即是知",所以知与行"原是两个字,说一个功夫"。

王阳明把"知"与"行"的联系进行了加强,其目的在于纠正自理学盛行之后士人多空谈的风气,强调只有真真正正地行了才是真正的知。

(三)反权威思想

反权威思想是阳明心学理论逻辑发展的必然结果。阳明心学认为,在"致良知"的过程中,并不需要求诸外物,更不需要求诸他人之心,而是专注自己的本心,从而开发和延展自己的"良知"。在这样的逻辑之下,"良知"成为最高的是非标准,每个人都有自己的"良知",自然也就可以有自己的标准。那么当现实中所谓的圣人之言与自己的"良知"发生冲突时,也应该以自身的"良知"作为最终的标准。这正是王阳明所说的,"求之于心而非也,虽其言之出于孔子,不敢以为是也,而况其未及孔子者乎。求之于心而是也,虽其言之出于庸常,不敢以为非也,而况其出于孔子者乎"。可以看到,即便是孔圣人之言,也不能与自己的良知矛盾,那么现实之中就更不存在其他的权威了。

王阳明的这一思想对官方理学构成了极大的挑战,因为他平等赋予了每个人批判的资格和武器。因为连孔子的话尚且都有可能受到质疑和批判,那么程朱理学自然更非不容置疑的权威了。这在一定程度上有利于自

由思想的产生以及学术自由。王阳明言，"夫道，天下之公道也；学，天下之
公学也。非朱子可得而私也，非孔子可得而私也。天下之公也，公言之而已
矣"。他的这一思想主张在统治阶级对民众思想控制日趋严厉的背景下提
出，给"学者非五经、孔孟之书不读，非濂洛关闽之学不讲"的社会风气注入
了一股新风，具有十分积极的意义。

三、李贽的政治思想

李贽(1527—1602年)，字宏甫，号卓吾，别号温陵居士，福建泉州人，曾
担任过低级别的政府官职，后辞官。李贽以"异端"自居，倡导"童心说"，其
思想极富批判精神，但因为其思想过于激进以及蔑视权威，并且具有越来越
大的影响力，而触动了统治者的利益，最终被以"敢倡乱道，惑世诬民"的罪
名逮捕并死于狱中。其著作有《藏书》《续藏书》《焚书》《续焚书》等，今人整
理为《李贽全集》。

(一)童心说

"童心说"是李贽思想的重要内容。李贽讲，"夫童心者，真心也"。他认
为人们最初的没有受到蒙蔽的心就是童心，也就是"最初一念之本心"。

李贽强调倘若"童心"受到遮蔽或丧失，后果是非常严重的。具体来说：
"童心既障，于是发而为言语，则言语不由衷；见而为政事，则政事无根柢"，
每一个人说着言不由衷的话，做着虚假的事，整个世界也都将变成一个虚假
的世界。

李贽倡导要保持自己的"童心"、真心，这样才能做一个真实的人。他认
为，人们的"童心"容易受到现实中各种各样因素的影响和遮蔽，包括读书识
义理以及后天进行的各种学习行为。但是李贽并未太多谈到如何去保持
"童心"和真心，关于"童心"的理论更多的是一个视角和工具，用以批判这个
虚假的社会。

(二)关于社会的"真相"

以童心说作为观察社会的视角，李贽揭露了这个社会种种虚伪的学说
和假象。

首先是宇宙和世间万物起源的"真相"。李贽生活的明朝时期，程朱理
学是官方正统思想，按照程朱一派的解释，"理"或者说"天理"是宇宙万事万
物的起源，理寓于气之中，气的动静产生阴阳，然后万事万物就在气的运动

交感之中产生了。李贽认为,"理"在现实生活中根本无法得到验证,根本就是理学家们虚构出来的产物。既然这个本体都是虚构出来的,那么建立在此基础之上的整个理论体系自然也会受到质疑。那么,对于这个问题,李贽的观点是怎样的? 李贽从直观的现实生活经验出发,认为夫妇是整个人类社会发生演变的起点。

> 夫妇,人之始也。有夫妇然后有父子,有父子然后有兄弟,有兄弟然后有上下。夫妇正,然后万事无不出于正。夫妇之为物始也如此。极而言之,天地一夫妇也,是故有天地然后有万物。

正是有了夫妇,人类社会才开始发生和演进,逐渐产生了父子、兄弟、上下等。李贽将这样的现象通过类比的方式扩大到了万事万物的起源,他讲"乾为夫,坤为妇",天地就像是人类社会中的夫妻一样,生养孕育出了万物。

其次是关于人性和社会道德的"真相"。李贽对人性的看法与战国时期的法家比较接近,法家认为人性自私自利,每个人都是"生则计利,死则虑名",李贽同样认为自私自利是每个人的天性。

> 夫私者,人之心也。人必有私而后其心乃见,若无私则无心矣。如服田者,私有秋之获而后治田必力;居家者,私积仓之获而后治家必力;为学者,私进取之获而后举业之治也必力。故官人而不私以禄,则虽召之必不来矣;苟无高爵,则虽劝之必不至矣。虽有孔子之圣,苟无司寇之任,相事之摄,必不能一日安其身于鲁也决矣。此自然之理,必至之符,非可以架空而臆说也。然则为无私之说者,皆画饼之谈,观场之见,但令隔壁好听,不管脚跟虚实,无益于事,不足采也。

无论是务农、为学,还是做官,每个人都是从自己的私利出发,为了自己私欲的满足然后才努力上进的,倘若无个人私利可得,即便是像孔子那样的圣人也不会留在鲁国的。李贽认为这些是自然之理而非自己凭空捏造的理论,而那些号称不追求私利的说法,反而是不切实际的空谈。

最后是关于圣人和儒家经典的"真相"。从李贽上述关于人性自私的论述出发,我们不难发现,在李贽的眼里,哪怕是圣人也与常人并没有什么不同,都是"为自己身家计虑"。甚至于说,李贽认为这些圣人更加虚伪,明明和普通人一样有着自私自利之心,但偏偏要满嘴仁义道德,"及乎开口谈学,便说尔为自己,我为他人,尔为自私,我欲利他",如此这般,不过是意图"欺世获利"罢了。在李贽眼中,孔子绝对不是如官方宣传中那般是一种至圣近乎神的形象,而是一个与普通人一样的凡人。相类似的,君主也不是高高在上的圣人,他对君主自以为至圣至明的想法予以了坚决的批判,"为天子者自视太高,太高则自谓我有操纵之权,下视庶民如螳蚁"。关于儒家经典,李贽将其称之为"假人之渊薮",认为其是假人产生的重要根源,因为这些经典本身就有许多内容是虚构和伪造的,并非全部出自圣人之口,多由史官之褒贬、弟子门徒之回忆等拼凑而成。退一步讲,即便那些话真的出自圣人之口,也并非什么万世不易的治国真理。

第二节 清朝时期的政治思想

明末清初之际,政局动荡,战乱频仍。1644年,清军入关,并在极短的时间内打败了李自成领导的农民起义军,开始建立起在全国范围内的统治。清初的政治思想领域的代表人物主要是黄宗羲、顾炎武和王夫之,他们又被并称为明清之际三大思想家。他们三人的政治思想有诸多相似之处,对君主专制制度的反思与批判是一个大的共同点。清朝进入康乾盛世之后,知识分子在政治思想领域的活跃度迅速降低,这与清朝统治的稳固以及长期的思想专制政策有很大关系。政治思想发展与活跃的土壤逐渐消失,这种情况一直到清朝中后期才发生变化。龚自珍有感于当时繁荣的政治表象之下蕴藏着沉重的危机,承接明末清初之际黄宗羲、顾炎武和王夫之等人的思想,结合社会现实对君主政治展开批判。清末,西方思想对中国知识分子的影响与日俱增,康有为、梁启超等维新派人物属于其中的代表。本节将选取不同阶段的代表人物,对各时期的政治思想展开简要论述。

一、顾炎武的政治思想

顾炎武(1613—1682年),本名绛,字忠清,明朝灭亡之后改名炎武,字宁人,被学者尊称为亭林先生,江苏昆山人。他出身官宦家庭,曾参加"复社"。明朝灭亡之后,他积极参与抗清斗争,终其一生都未与清朝统治者合作。他学问渊博,在经史典籍、人文地理、音律、金石等诸多方面皆有成就,被认为是清朴学的开山鼻祖,其著作有《日知录》《天下郡国利病书》《亭林文集》。

顾炎武对集权专制制度的批判是其政治思想中的重要内容。

顾炎武认为,三代之前乃是公天下,三代之后乃是私天下。三代之后,整个天下沦为君主个人之私产,君主为了能够放心地尽情享用,于是肆意地将财权、兵权、政权等通通加于一身,并对臣下和人民处处提防和节制。"人人而疑之,事事而制之",法网密布,以至于"内外上下,一事之小,一罪之微,皆先有法以待之",这种情况使得官吏仅仅成为执行君主意愿的工具,严重挫伤地方官员在治理民众、富国裕民等方面的积极性,是造成国弱民穷的重要根源之一。

针对君主过分集权给国家带来的诸多弊端,顾炎武认为需要结合分封制的优点,对现有制度进行改良,也即"寓封建之意于郡县之中"。他认为,郡县制取代分封制具有一定的合理性与必然性,"虽圣人起,亦将变而为郡县",但这并不意味着郡县制就没有缺点。恰恰相反,无论是分封制还是郡县制,都存在着一定的弊端。简而言之,封建之弊,"其专在下",而郡县之弊,"其专在上"。郡县制实行了近两千年,中央集权日甚,弊端也日益显现,所以已经到了亟须改革的时候。具体来说,就是要给予地方一定的自主权,包括财政、人事、司法等方面的权力,对于表现突出尽心治理的地方官员,甚至可以给予他们终身任职以及世袭官位的权力,使郡县的地位向封国的方向有所靠拢。顾炎武认为人皆有私心,通过实行上述措施可以激发地方官员之"私百里之心",使其在治理地方的时候可以有更高的积极性,可以更加尽职尽责。

顾炎武还对天下与国家的关系提出了新的观点。他认为,天下与国家实际上是两个概念,不能简单地等同起来,天下的地位是在国家之上的,"知保天下,然后知保其国"。那么相对应的,也就存在着亡天下与亡国的区别。历史上多数的朝代更迭,只是涉及一家一姓之兴亡,这些事情主要是当朝的君主和大臣考虑的事情,也即"肉食者谋之",与平民百姓的关系不大。但是如果到了亡天下的时刻,那就与每一个人都有关系了,也即"匹夫之贱,与有责焉耳矣"。那么什么样才算是到了亡天下的时刻呢?按照顾炎武的观点,"仁义充塞,而至于率兽食人,人将相食,谓之亡天下"。可以看到,顾炎武的"亡天下"的主要特征是文明受到野蛮的践踏与摧残,低级的制度与文明战胜了高级的制度与文明,在这个时候,每一个人无论贵贱都有作为人的一份责任,也即"天下兴亡,匹夫有责"。应该说,顾炎武对天下与国家关系的探讨是具有一定的高度的,他跳出了传统的一家一姓之政权的视角,来看待历史兴衰变化,从一个人本身作为人类来讲,探讨其对文明应该肩负的责任。从现实来看,顾炎武的这种探讨可能与当时明朝灭亡、清朝作为异族政权入主中原是有很大关系的。

二、龚自珍的政治思想

龚自珍（1792—1841年），字璱人，浙江临安（今浙江杭州）人，其著作有《己亥杂诗》等，今人收集整理为《龚自珍全集》。

龚自珍生活在清王朝由盛转衰的嘉庆和道光时期，他对当时隐藏在表面繁荣之下的危机有着十分清醒的认知，认为当时是"衰世"中的"衰世"，极力鼓吹改革，他的政治思想的主要内容就是围绕着"批判衰世"以及推行改革展开的。

（一）对"衰世"的批判

龚自珍对当时社会发展阶段的判断是"衰世"。"衰世"的相关理论来自春秋公羊"三世说"。龚自珍认为，人类社会和王朝都会有三个阶段："治世""衰世""乱世"。从人类社会的发展来看，三代之前的社会是"治世"，之后的历史都是"衰世"，而具体到清王朝，当时也正处于"衰世"阶段。"衰世"属于"治世"和"乱世"之间的过渡阶段，在表面上维持着"治世"时期的繁荣景象，然而实际上各方面都在腐朽衰退，向着"乱世"发展。龚自珍认为当时已经进入"衰世"的最大依据在于人才的凋敝以及贫富状况的极端分化。对于当时的人才状况，他评价说：

> 左无才相，右无才史，闾无才将，庠序无才士，陇无才民，廛无才工，衢无才商，抑巷无才偷，市无才驵，薮泽无才盗，则非但鹜君子也，抑小人甚鹜。

可以看出他对当时的人才状况感到极度的悲观，遍寻天下，无论是朝廷将相还是在野乡民，无论是正道君子还是市井小人，全都无法找到可以称之为杰出的人。

关于人才凋敝的原因，龚自珍认为主要有如下几点：第一，君主对人才发展的限制。君主为了始终掌握国家大权，防止权臣的出现，哪怕是封疆大吏也不肯给予过多的权力，反而处处提防和猜忌臣僚，并动辄发布诏谕对其予以罢免和议处，"朝见而免冠，夕见而免冠，议处、察议之谕不绝于邸钞"，这自然极大地打击了人才做事的积极性，使得明哲保身唯唯诺诺者成为士大夫中的主流。第二，官吏对人才的限制。由于在朝之士多数庸官，很难起到对人才的选拔和培养作用，人才甚至受到这些无能管理者的排挤与迫害，故而人才难以显现。第三,人才的培养选拔体系对人才的限制。明清时期,君主专制制度发展到高潮时期,为了钳制民众思想稳固统治,官方采用八股取士的方法。世人为博取功名,皓首穷经,钻研于无用的八股之间,很难产生真正的人才。第四,晋升体系对人才的限制。官员委任升迁"只重年功不问才干",是一种有利于庸人的制度,人才也很难有做事的积极性,导致人才被变相"扼杀"。

再者,社会经过多年的发展,民众的财富分化情况日益严重,"贫者日愈倾,富者日愈壅"。同时,贫穷的人口越来越多,底层民众生活艰难,"四民之首,奔走下贱"。而且社会风气也极其不好,"贫相轧,富相耀"。这样的情况对社会的稳定极其不利,龚自珍甚至感到危机已然不远,"各省大局,岌岌乎皆不可以支月日,奚暇问年岁"。

(二)改革思想

为了挽救已经陷入重重危机的清王朝,使得社会重新向着治世的方向前进,龚自珍提出了自己的改革方案。龚自珍改革方案的主要内容是:依据均平之思想,由国家对社会财富进行调整,缩小贫富差距;恢复和重建农村的宗法制度,巩固统治秩序;重新建立君师、士民、学治的统一关系。

关于缩小贫富差距,龚自珍认为:贫富差距过大以及穷人和富人之间的对立是造成社会不稳定的重要因素。在刚开始的时候,贫富的分化并不严重,只是"贫富不相齐之为之尔",但是随着时间的积累,这种贫富分化的倾向会越来越明显,以至于"大不相齐,即至丧天下"。统治者若想实现社会的长治久安,就需要采取一定的措施来缓和穷人和富人之间的矛盾,方式就是依靠国家的力量对财富进行一定程度的调整和再分配。应该注意的一点是,龚自珍虽然主张缩小贫富差距,但并不强调绝对平均,相反他认为一定程度的贫富差异是非常自然的事情,只是这种分化的程度不能过甚乃至危及统治罢了。

关于恢复和重建农村的宗法制度,龚自珍认为:宗法制度是君主制度的重要基础,其与君主制度也是互为表里的关系。无论君主制度还是宗法制度都实行嫡长子继承制,宗法制度中的大宗小宗群宗闲民的体系与君主制度中的帝王诸侯大臣等是一一对应的关系。对农村宗法制度的恢复和完善,其本质是维护君主制度,将有利于统治的稳固。

关于重新建立君师、士民、学治的统一关系,龚自珍认为:三代之世,之所以能够成为"治世",最重要的一点就是实行的是"君师合一"的政治制度。

在这种制度体系下，君主在政治和学术上都是最高权威，大臣们对民众的治理和教育也是结合在一起的，这是最为理想的状况，而后世正是破坏了这一统一关系才沦为"衰世"的，因此，如果想要重回"治世"，这种统一关系的重新恢复是必不可少的。

本章小结

在长达两千多年的封建社会里，君权和中央集权的不断加强是一个大的趋势。宋代惩前朝藩镇割据之弊，大力加强君权以及中央集权，而明清两朝更是将君主专制制度推向了极致。明清两朝通过废宰相、兴八股、设立军机处等方式，使君主基本上拥有了绝对的权力。但可能正是君主专制制度的极度加强，在思想界引起了较为强烈的反弹，明清时期对集权专制制度的批判与反思是这一时期政治思想内容的一大特点。从方孝孺的君职说开始，再到李贽的童心说，从顾炎武的公天下与私天下之分，再到龚自珍对"衰世"的批判，都包含着对集权专制思想的强烈批判，王阳明的政治思想中也隐含着反权威的思想。但是通过比较也不难发现，对集权专制制度的批判大多出现在王朝的两端，也即王朝刚刚建立和即将灭亡的时候。方孝孺属于明朝建立之初的儒士，顾炎武包括黄宗羲和王夫之，生活在明末清初之际，而龚自珍生活在清朝行将衰败之前夕。其中的道理也不难理解，大凡天下大乱或者是新朝初立之时（这两个时期往往是相连着的），士大夫在政治思想领域往往会有更深的思考，产生新的突破，而且此时专制政权对民众以及知识分子的控制能力减弱，这为政治思想的活跃提供了较好的土壤，明清之际对集权专制制度的反思与批判大致就是如此。王阳明与李贽生活的时期，明政权尚且稳固，所以他们也最易受到专制政权的冲击：王阳明的反权威思想实际上并不是其思想内容的重点部分，而王阳明本人更是封建秩序的忠实维护者，但其学说仍然一度被斥为邪说，相比之下李贽的结果就更为悲惨了，最终被当局迫害致死。

在谈到明清时期的政治思想时，应该把握好对集权专制制度的反思与批判这一中心内容，同时结合各时期的时代背景，才能更好地进行理解与记忆。

思考题

1.方孝孺君职说的主要内容是什么？

2.阳明心学的主要内容是什么？

3.李贽的童心说和他口中"社会的真相"的主要内容是什么？

4.顾炎武区别公天下和私天下的主要依据是什么？

5.顾炎武认为亡国与亡天下有什么样的区别？

6.针对过度集权带来的弊端,顾炎武进行了怎样的思考？

7.龚自珍改革思想的主要内容是什么？

下编

西方政治思想史

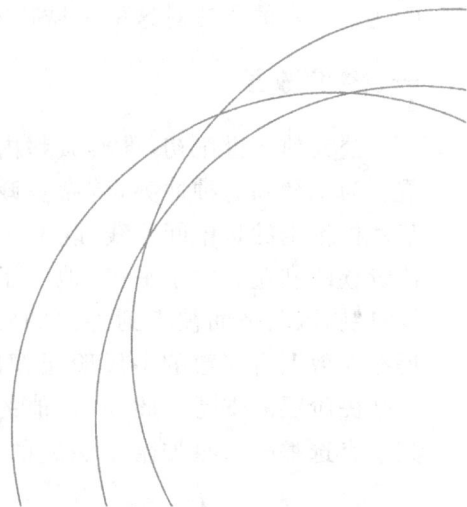

第六章　西方政治思想的产生
（约前 700—476 年）

　　一般认为,政治思想产生于对政治现象的思索和认识,因而应晚于国家的出现。西方文明的发祥地是古希腊,讲述西方的政治思想一般从古希腊时期开始。古希腊的城邦是西方最早的国家形式,产生于公元前 8 世纪到公元前 6 世纪之间,从时间上来看,这个时期对应我国的春秋时期。

第一节　梭伦改革与来库古立法

　　古希腊并非一个统一的国家,而是由数以百计的大大小小的城邦组成的。不同于现代的城市,当时的每一个城邦都作为一个独立的国家存在,其中比较著名和兴盛的两个城邦分别是雅典和斯巴达。这两个城邦实行着不同的政治制度,但都一度十分兴盛。在这其中,雅典执政官梭伦的改革和斯巴达来库古的立法对这两个城邦的发展功不可没。

一、梭伦改革

　　公元前 6 世纪初,雅典城邦内部的平民与贵族之间的矛盾对立十分严重。为了缓和这种冲突,首席执政官梭伦于公元前 594 年进行了一系列改革。梭伦走的是中间路线,既不一边倒地维护平民的利益,也不一边倒地支持贵族的利益。对于平民,他给予了经济上的好处,颁布解负令,废除债务奴隶制,因负债而被卖到外邦的雅典人也由城邦出面赎回。梭伦的改革使得在人数上占多数的平民阶层摆脱了因负债而沦为奴隶的风险,因此赢得了平民阶层的支持。此外,在他的改革中,还给予平民基础的政治权利,使其享有选举权与参加陪审法庭的权利。对于贵族,梭伦则给予了政治上的特权。具体而言，按照财产的多寡将全体雅典公民分为四个等级，等级越高可以出任的官职越高，换句话说只有拥有较多财富的富人和贵族才有资格担任城邦的高级官职，这样的举措自然也得到了贵族阶层的欢迎。除此之外，梭伦还有一系列其他的经济、政治方面的立法举措，比如鼓励工商业、发展对外贸易、统一度量衡、设立四百人会议和陪审法院等。通过梭伦改革，雅典建立了穷人和富人都能够接受的民主政治制度，城邦内部穷人和富人之间的矛盾得到缓解，这为日后雅典的兴盛与繁荣奠定了基础。

二、来库古立法

来库古被认为是斯巴达政治制度的创建者，是斯巴达的第一位立法者。他以"神谕"嘱托为名推行立法，为斯巴达建立了基本的政治制度。来库古立法规定了斯巴达国家机关的基本形式：斯巴达国家机关由国王、元老院以及公民大会组成。国王平时具有审理案件和主持祭典的权力，战时则成为军事统帅；元老院总共28名成员，属立法机构，承担立法职责；公民大会由30岁以上的男性成员参加；此外，还单独设有5位监察官，一年一任，主要承担对国王的监察职责。来库古还在斯巴达内部建立了平等公社，将全国的土地以及奴隶平均分配给斯巴达人。集体主义和军事化管理是斯巴达的一大特点，斯巴达人幼年时代便被灌输集体主义观念和国家意识，作为城邦的主人，每个斯巴达人都有作战的义务，他们每个人都需要在军营中过集体生活，接受军事训练，以便在需要时保卫城邦。这种绝对公平且严格到近乎苛刻的体制虽然有其局限性，但也保证了每个人的平等利益。军事化的体制保证了斯巴达城邦的军事实力，这有利于斯巴达在那个城邦林立时代的长久屹立。

第二节 希腊三贤

本节将对著名的希腊三贤苏格拉底、柏拉图和亚里士多德的政治思想进行介绍，从他们的政治思想中，我们可以窥见那个时代的人们对政治及政治生活的思考和设想。

一、苏格拉底及其政治思想

苏格拉底（前469—前399年）是一位充满哲学思想的智者，人们常将他与中国的孔子相提并论。他生活的时期对应于我国的春秋时期,和孔子(前551—前479年)生活的年代相差不太远,两人都在思想文化领域对后世产生了深远的影响。除了生活的年代比较相近外,两个人的生活经历也有颇多相似之处,苏格拉底的一生都较为清贫,虽未著书立说,但是却教授了大量的弟子。当然相比之下,苏格拉底的结局较孔子而言要悲惨得多,其最终被民主派审判处死,理由之一是否认城邦之神以及腐蚀青年。苏格拉底的政治思想主要有如下内容。

首先,关注人和社会。与当时大批的自然哲学家专注于研究自然现象、探索宇宙奥秘、思索事物背后的终极原因不同,苏格拉底更为关注人以及人所生存的社会。他喜欢以"什么是……"的方式进行发问,进而与人辩论。他对人与社会中的伦理道德问题尤其充满兴趣,满怀热情地对"虔诚""高尚""美德""幸福"等问题进行思考,探寻人生的真谛。

其次,苏格拉底把道德与城邦政治联系在一起,同时又提出了"美德即知识"的论断。他认为,美德可以避免人们作恶而向善,有利于城邦秩序和谐有序。

再次,苏格拉底认为城邦应当重视教育。如上所述,美德对城邦的和谐有序具有十分积极的作用,而因为"美德即知识",即可以通过对知识的系统学习与训练得来。因而苏格拉底提出城邦应该重视教育,他认为好的城邦治理者的主要任务就是对人们的灵魂进行改善,使其富有知识及美德,从而使整个城邦的秩序能够和谐有序。

最后,苏格拉底认为城邦的统治者应该是具有专业政治知识的人,也即主张专家政治。苏格拉底认为,每项工作都应该由掌握相关专业知识的人来承担。这个道理就好比鞋匠拥有做鞋的专业知识因此去做鞋、成衣匠掌握做衣服的专业知识因此去做衣服是一样的。以此类推,城邦也应该由掌握专业政治知识的人来带领。苏格拉底把城邦比作一条大船,掌舵者应该是一名老练的专家,而在这条船上的所有人都应该服从这个有知识的人。苏格拉底认为,雅典当时通过选举抽签选择执政官和将军的做法,表面上十分公平,但是却违背了上述这一基本的道理和规律。抽签的结果是城邦极大可能会被掌握在一个外行人的手里,他们虽然手拿玉笏、拥有权柄,但他们却并不懂得如何发号施令和统率指挥。苏格拉底在强调专业知识的同时,也强调城邦的管理者应该是一个公正的人,他认为治理城邦的才能是一项最尊贵的才能和最高贵的才艺,一个不公正的人是不能够掌握这些专业知识的,这样的人甚至连成为合格的公民都不能够,更不用说成为称职的城邦管理者。苏格拉底有关专家政治的主张也影响了他的学生柏拉图。

二、柏拉图及其政治思想

柏拉图(前 427—前 347 年)是继苏格拉底之后古希腊又一位具有深远历史影响的哲学家,也是西方政治思想史上第一个有系统著作传世的思想家。他生活的年代对应于我国的战国时期,当时的希腊刚经历了伯罗奔尼撒战争(前 431—前 404 年),开始走向全面的衰落。在这样的背景下,柏拉图以高度的社会政治责任感思索政治问题,试图找到一种理想的政治制度。柏拉图师承苏格拉底,受苏格拉底影响颇深,他赞美苏格拉底是"人类中最有智慧的人"。苏格拉底之死对柏拉图打击颇大,他因此丧失了从政的热情,离开雅典开始了长达十几年的游历,先后到访麦加拉、昔兰尼、埃及、意大利和西西里等地,学习了哲学、数学、天文学等诸多方面的知识。柏拉图的老师苏格拉底虽然智慧超群、思想深刻,但却无作品传世,而柏拉图的大部分作品都完整地流传了下来,这应该与柏拉图开创的阿卡德米学园有密切的关系。该学园存世 900 余年,柏拉图学派也正由此为基地形成。柏拉图一生著作颇丰,代表作有《理想国》《政治家篇》《法律篇》,其中又以《理想国》的影响最为广泛和深远,西方政治思想史中的乌托邦主义传统正是由此开始的。下面将结合柏拉图的这三个代表作,对其政治思想进行介绍。

(一)对理想国的设想

社会有分工、国家有等级是柏拉图政治思想的重要内容。柏拉图的代表作《理想国》中设计了一个理想的国家形式,其中就贯彻了对社会进行分工、对国家进行分级的原则。具体来说,理想国中有生产者、辅助者和统治者三个等级,分别承担着生产、保卫和统治这三个基础职能。柏拉图提出的城邦的这三个职能和等级与他对城邦的起源以及功能的思考是联系在一起的:首先,人为了满足生存的需要,必须要从事各种生产活动。而一个人的天赋和才能毕竟是有限的,但是对生活的需求却是方方面面的,因此社会分工必不可少。每个人从事自己最熟悉、最擅长的行业,这样才能提高社会的整体效率。其次,当生产者生产出较多的物质财富时,由于人们固有的贪欲,倘若没有军人(辅助者)的保卫,其他城邦或地区的人若来掠夺,那么就没有抵抗的力量,因此军人(辅助者)也是必不可少的。最后,统治者由军人中选拔培养而来的精英担任,负责掌管权力以及对城邦进行管理。

为了论证自己给社会划分为三个等级的合理性,柏拉图进行了诸多的阐述,其中比较精彩的有人类灵魂的三种品质以及"四主德"的论述。

柏拉图认为人类的灵魂有三种品质,分别是理性、激情和欲望。这三种品质里,理性处于最高等级,欲望处于最低等级。一个人应该把理性放在主导的位置上,以理性统率激情和欲望,三种品质各守其分,一个人才能达到灵魂的最佳状态。城邦是一个大的整体,是个人的联合与扩大,类比于人的灵魂的三种品质,一个城邦也应该有三个重要的组成部分,并且存在着高下之分,于是对城邦中的人进行等级上的划分便是再正常不过的事情了。统治者对应着最高级别的理性部分,在城邦中起着主导和统率的作用。而军人(辅助者)对应着激情部分,军人应该拥有勇敢的品质,承担起城邦的保卫职能。生产者对应的是最低等级的欲望部分,主要作用是为城邦生产物质财富,满足人们的基本生存需要。对个人来说,灵魂的三种品质只有相互协调、各司其职,个人才能达到灵魂的最佳状态,而对城邦来说同样如此,三个等级相互协调、各司其职,城邦才能达到理想的状态。柏拉图把个人灵魂最佳状态的实现称为个人正义的实现,把城邦理想状态的实现称为城邦正义的实现。事实上,对正义问题的探讨贯穿了《理想国》全书。

希腊人认为一个人的美德有智慧、勇敢、节制和正义四个组成部分。柏拉图对其进行发挥,以作为自己对理想国中进行三个等级划分的依据。智慧属于三个等级中处于最高级别的统治者阶层,勇敢属于军人也就是辅助者阶层,节制不专属于任何一个阶层。一个具有智慧、勇敢、节制、正义的人是一个拥有美德的人,一个拥有统治者、辅助者和生产者的城邦则是一个理想的城邦,三个等级的相互配合与协调乃是实现城邦正义的重要基础。

在三个等级中,柏拉图最为看重的是统治者的作用。柏拉图的老师苏格拉底曾提倡贤人政治或者专家政治,柏拉图对这一思想进行了继承和发扬。结合其对理想国的设想,柏拉图认为,统治者需要是哲学王,这包括哲学家成为统治者和统治者成为哲学家两种情况。柏拉图所说的哲学家与现代社会所说的哲学家有所不同,成为统治者的哲学家需要是结合了智慧、美德、权力于一体的近乎完美的一个人。哲学家因为掌握了真正的知识,所以自然也就拥有了美德(这里同样是接受了苏格拉底关于"美德即知识"的论断),而理想的城邦中,要做的就是赋予这样的哲学家统治城邦的权力,让哲学家承担起教育民众、改造城邦的重任,只有这样城邦才能保持发展与繁荣。

(二)柏拉图的政体思想

柏拉图对政体的分类有着十分独到的见解,根据自己对现实存在的城邦的观察以及思考,柏拉图对政体的类型按照相应的标准进行了划分。根据政体内在的精神和原则,政体可以分为贤人政体、荣誉政体、寡头政体、平民政体、僭主政体。根据统治者人数的多寡,政体可以分为一个人统治的政体、少数人统治的政体和多数人统治的政体。在这三类政体划分的基础上,每一种政体又可以划分出好坏两种类型,一个人统治的政体有王制和僭主制,少数人统治的政体有贵族制和寡头制,多数人统治的政体有共和制和平民制。在这些政体中,贤人政体是柏拉图最为推崇的政体,柏拉图设想的理想国中的政体就是这种。由于这是一种理想中的政体,柏拉图并未指明现实中哪个城邦的政体属于这种类型。柏拉图认为,各种政体类型之间是可以相互转化的,贤人政体最为理想,但是也会堕落为荣誉政体、寡头政体,直至堕落为最差的僭主政体。

对平民制和僭主制的反对和批判是柏拉图政体思想的重要特征。

首先是对平民制(民主制)的反对。柏拉图不认同民主政治,按照柏拉图的观点,真正的知识只掌握在少数的哲学家手里,普通的民众并不拥有美德和知识,直接给予城邦的所有人绝对的平等与自由是不可取的。在柏拉图看来,民主制度的建立更多只是党争的结果,即贫民对敌党的胜利。民主制度建立之后,贫民把敌对之人或处死或流放,然后给予其他所有公民以完全平等的权利。柏拉图对这种民主制的弊端进行了详细的论述,包括败坏青年品德和统治者沦为僭主等,其核心观点是:民主制下,人们对平等和自由的过分追求,会使得整个城邦的秩序荡然无存,最终走向崩溃。

其次是对僭主制的强烈批判。僭主政体是柏拉图眼中最坏的政体。在他看来,民主制虽然给予了普通民众过多的自由与权利,与柏拉图观念中的理想国家不符,但还不是最差的。而僭主政体则不然,如果说民主政体是极端的自由,那么僭主政体便是极端的奴役。它是王制政体的完全对立面,王制政体有多好,僭主政体就有多坏。王制政体和僭主政体在形式上的区别并不大,都是存在一个掌握着近乎绝对权力的人。不同的地方在于,在王制政体中,掌握权力的是哲学家,哲学家集美德、知识、智慧于一身;而在僭主政体中,掌握权力的是一个被无限权力腐蚀掉的人,拥有着无穷的欲望,依靠自己手中的权力对普通民众进行无止境的剥削与掠夺。柏拉图将僭主称为杀父之徒,是老人的凶恶的照料者。正是在形式上极度相似,柏拉图认为王制政体有可能转化为僭主政体,反之亦然。除此之外,柏拉图认为民主政体也有极大可能退化为僭主政体,因为极端的自由导致的必然结果就是极端的奴役。

三、亚里士多德及其政治思想

亚里士多德(前384—前322年)是古希腊著名思想家、哲学家和政治思想家,是一位百科全书式的人物。亚里士多德曾担任马其顿国王亚历山大大帝的老师,被公认为西方政治学的创始人。

亚里士多德生活的时期晚于柏拉图,当时伯罗奔尼撒战争已经结束,希腊全面衰落。公元前338年,希腊北方的马其顿国击败希腊联军,并在次年召开的会议上确立了对全希腊的统治。亚里士多德师承柏拉图,曾在阿卡德米学园学习长达20年,是柏拉图弟子中的佼佼者。在西方政治学以及政治思想史上,其地位举足轻重。亚里士多德是西方公认的政治学的开山鼻祖,正是由于他的贡献,政治学才单独作为一门科学被独立出来,这一点对政治学的后续发展意义重大。亚里士多德本人认为,政治学具有极其重要的作用,是"最高主宰的科学、最有权威的科学",其作用是帮助城邦以及构成城邦的人达到"至善"的境界。亚里士多德一生著述颇丰,在当时已知的几乎所有学科都有贡献,但遗憾的是大部分著作没有流传下来,流传至今的代表作有《政治学》和《雅典政制》等。在政体思想方面,亚里士多德受到柏拉图的部分影响,但是他并未全盘接受柏拉图的理论,而是在其基础上有所创新和发展,在一些关键主张上,两人的意见也并不相同。完备的政体理论的基础由亚里士多德奠定。

(一)城邦理论

亚里士多德十分重视城邦的作用,他研究政治学的出发点就是城邦。亚里士多德考察了城邦的起源和目的,他认为从形式上讲,城邦起源于家庭;从根源和目的上讲,城邦是为了满足个人的更为广泛的生活需要、使人得以过一种更加优良的生活而出现的。具体来说:人们为了更好地满足日常生活而彼此联合结成家庭,家庭成为社会的基本组成形式。相类似的道理,从更广泛地满足人们需要的目的出发,家庭与家庭之间再次联合形成村社,最终联合成为城邦,城邦是最高级和最完备的境界。到了这一步,在相互协作和交换、满足彼此需要的前提下,城邦中人们的生活便完全可以自给自足,而这也恰恰是城邦的目的所在,即帮助人们过一种更加优良的生活。

对于城邦的理想模式，亚里士多德与柏拉图的观点并不一致。柏拉图认为真正的知识只掌握在少数的哲学家手里，普通的城邦公民并不具有美德和知识，平民政体不加区别地给予所有人完全相同的权利，将导致对自由的过度追求，最终引发秩序的崩溃，所以柏拉图对平民政体持反对态度。亚里士多德则不同，他格外强调公民自治以及民主的原则。亚里士多德认为城邦是公民结合而成的共同体，公民与公民之间地位平等，在政治权利方面也应如此，城邦之中的政治家并不是有着天然的高于城邦中其他公民的权威，他的权威来自公民的"认同与嘱托"，这一点已经隐隐带有后世契约论的影子了。基于对民主原则的推崇，亚里士多德认为，理想中城邦的治理模式应该是公民平等参与、轮番为治的。

关于城邦与个人的关系，亚里士多德也进行了极为细致的论述。他以全身和手足之间的关系来比喻城邦和个人。亚里士多德说，手足离开了身体之后，就变得如同石制的手足一样，毫无功用、毫无意义，大家也只是在含糊的名义上仍然称其为手足而已。相类似的道理，个人如果离开了城邦，也就变成了一堆无用的材料，只有在城邦这个整体上，个人才有价值。另外，从人的本性上讲，每个人都天然地具有合群性，要求过集体生活，是天生的政治动物。亚里士多德说，个人若离开了城邦，其自由的本性以及自身的才能就无法实现，甚至说无法成为一个真正的人了：城邦之外，非神即兽。

(二)政治学研究

亚里士多德是一位百科全书式的人物，在当时已知的几乎所有学科都有论述与贡献。据载，他的著作达164种，400余卷，在他研究的各个学科中，亚里士多德尤其重视政治学的作用，他把政治学称为一切学术中最重要的学术。政治学的终极目的是人间的至善。

亚里士多德认为，世间一切的学问、技术、规划、实践，其最终目的都是实现某种善业，但是相比于政治学，其他学科要达到的善业范围是狭小的，而政治学是为了实现群体的善业，这一善业范围是广泛的，这一点决定了政治学存在的重要意义。柏拉图对城邦有大量深刻的论述与思考，同时有诸多著作传世。但是西方却将亚里士多德作为政治学的开山鼻祖，这主要是因为亚里士多德有着自觉的学科分类意识，他第一次将政治学的研究同其他学科区分开来，论述了政治学的研究对象和范围。在政治学的基本范畴和原理方面，亚里士多德也有广泛深入的研究，正是得益于他的贡献，关于政治学的完整学科体系被建立起来。

亚里士多德对政治学的贡献还表现在他对政治学研究方法的探讨和选择上。在编写《政治学》这本著作的过程中，亚里士多德带领学生对当时希腊158个城邦进行了系统的考察，记录了这些城邦的历史和现实，这种对历史和经验的研究方法的运用是对政治学研究方法的一大改进。在探讨具体的政治问题时，亚里士多德采用了从个别到一般、从具体到抽象的研究方法，即从个别的情况、组成整体的基本要素和最小单元的情况出发，归纳出一般和普遍的规律，这种科学的研究方法也极大地推动了政治学的发展。

(三)政体理论

柏拉图把政体划分为王制、僭主制、贵族制、寡头制、共和制和平民制。亚里士多德继承了柏拉图的这种政体划分方法，并在此基础上提出了正宗政体与变态政体的概念。是否以城邦的整体利益为依归是正宗政体和变态政体的重要区别所在。正宗政体里，统治者人数无论多寡，考虑的都是城邦整体的利益；变态政体则不然，统治者人数无论多寡，考虑的都是统治阶层自身的利益。王制、贵族制和共和制属于正宗政体，僭主制、寡头制和平民制则属于变态政体。正宗政体和变态政体是一一对应的关系：僭主制是王制的变态，寡头制是贵族制的变态，平民制是共和制的变态。

和柏拉图一样，亚里士多德同样认为城邦的政体模式会发生转化。柏拉图把政体变化的原因归咎于统治者和公民的堕落，由于他们的品质与性格发生了改变，政体随之嬗变。相比之下，亚里士多德对政体变化的原因论述得更为具体。亚里士多德认为政体发生变化的原因可能是多方面的、复杂的，在这其中尤其应该重视的是城邦经济结构以及不同派系之间力量的对比，亚里士多德认为，寡头派和平民派的力量对比是政体发生变化的根本原因。

强调混合政体的优越性是亚里士多德政体思想的一个突出特点。柏拉图认为最为理想的政体是王制，主张哲学家治国，但这在亚里士多德看来是一种不可取的做法，原因主要有两点：第一，这种政体在理论上没有贯彻民主的原则。城邦的全体公民都具有平等的人格，在这种情况下，把全邦的权利交给一个个体，不符合正义。第二，这种政体在实践中缺乏稳定性，容易发生嬗变，蜕化为僭主制。基于以上两点，亚里士多德认为最为理想的政体是混合政体，即政体中既包含有寡头政体的成分，又包含有平民政体的成分，体现出一种中庸和混合的原则。对混合政体的偏爱实际上是亚里士多德有关政体变化思考的逻辑推导的必然结果，他认为混合政体可以使得寡头派和平民派相互制衡,两者进行有效中和之后,城邦会更加稳定。这种中庸和混合的思想还体现在其他方面,比如亚里士多德在两千多年前就提出,中产阶级是天生的稳定派,不容易走向平民或者寡头两个极端,有利于城邦稳定与和平。

第三节 斯多葛学派及其政治思想

斯多葛学派是希腊化时期的一个重要学派,其主张的自然法思想以及平等思想对后世影响深远。斯多葛学派一直流传到罗马帝国时代,其思想主张一度成为该时期占统治地位的思想,甚至于信奉斯多葛派已经成为当时任职政府官员的前提条件,可见其影响之大。

自然法是斯多葛学派提出的最为重要的概念。学派认为自然法充斥弥漫于宇宙之间,适用于宇宙的万事万物,是人与上帝所共有的"理性",有着神圣的地位以及引导人们进行正确行为的力量。并且自然法与人的内心和本性保持一致,每个人都应该服从。

平等思想是斯多葛学派提出的另一个重要思想。尤其难能可贵的一点是,斯多葛学派甚至大胆地将这种平等思想应用到了奴隶身上。他们认为,奴隶与其他人一样,都属于宇宙公民,在精神层面与他的主人并没有不一样的地方。奴隶与其主人都同样适用于宇宙通用的法则,即自然法。在当时,多数人包括一些著名的政治思想家在内都只是把奴隶看作是会说话的工具而已,所以奴隶不可能与主人享有平等的权利,外邦人也不可能与本邦人享有同样的平等。也正因为如此,更突显出了斯多葛学派观念的超前与先进性。这种平等的思想对后世的西方思想有着深远的影响。

第四节 古罗马时期的政治思想

波利比阿与西塞罗是罗马共和国时期著名政治思想家,奥古斯丁是罗马帝国时期著名政治思想家,三者都是古罗马时期政治思想领域的代表人物。

一、波利比阿的政治思想

波利比阿(前210—前128年),又译波利比乌斯,其生活的年代按照欧洲史的划分属于希腊化时期,按中国的朝代划分,则大致与西汉初年贾谊生活的年代相当。《通史》又译《历史》,是波利比阿最重要的著作,全书共40卷,现存其中5卷及剩余35卷的部分内容。在《通史》中,波利比阿详细记述了从公元前220年到公元前146年罗马共和国的发展,他尝试通过对希腊和罗马的历史-政治考察,得出希腊城邦何以走向衰败以及罗马何以走向兴盛的原因。在政治思想领域,波利比阿最重要的贡献是其提出的混合政体主张。不过在正式介绍混合政体的主张之前,不得不提的是波利比阿对政体循环更替的思考,这是他提出混合政体的逻辑前提。

波利比阿关于政体循环更替的思想受到柏拉图和亚里士多德相关理论的深刻影响,同时也与他对希腊各城邦近乎无一例外走向衰败这一历史事实的分析有关。与亚里士多德关于政体更替的理论十分接近,波利比阿认为,无论是君主制、贵族制还是民主制都是不稳定的,三者都包含着蜕化为自身对立面的变态政体的可能性,城邦政体大致会沿着"君主制—僭主制—贵族制—寡头制—平民制—暴民制"这样的路径不断更替,最后重新回到起点。在《通史》中,波利比阿结合希腊、马其顿、迦太基、罗马等国家实际的历史发展,对上述政体循环更替的理论进行了论证。

波利比阿不仅指出了政体循环更替这样一种现象的存在,更对背后的原理进行了深入的分析,并提出了问题可能的解决之道。波利比阿以希腊城邦的发展为例,这些城邦最后都无可避免地走向衰败和堕落,相继被马其顿和罗马征服,一个重要的原因在于这些城邦的政体过于单一和纯粹,它们或者是君主制,或者是贵族制,或者是平民制等,这种单一的政体无法克服上述天然的政体更替之倾向,从而随着时间的推移不断蜕化直至走向崩溃。单一政体的更替近乎是一种自然规律,很难抗拒,解决之道便是建立混合政体。混合政体中包含君主制、贵族制和民主制三种正义政体的成分,集中了三者的优势与特点,更重要的是,混合政体提供了一套机制来克服单一政体本身存在的不稳定性,如果说单一政体最容易蜕化为自身的对立面成为变态政体,那么混合政体的对立面本身便是模糊的。混合政体包含着君主、贵族和平民三种元素,任何一方的权力都势必受到另外两方所拥有权力的制约,这样就可以防止任何一方的权力过大而走向腐败,政体循环更替的倾向便在极大程度上得到遏制。波利比阿认为罗马实行的就是混合政体,罗马的政治制度中包含着三种主要的权力机构,分别是执政官、元老院和人民会议。这三个权力机构分别代表着政治制度中的君主制、贵族制和民主制的成分。一方面三个机构之间彼此存在权力上的制约关系，这可以防止其中一方的权力过分膨胀；另一方面，三个机构又以国家的公共利益为最高原则，这就保证了在国家面临危机的时候，三个机构能够相互配合通力合作。罗马的政治制度恰当地调和了君主、贵族和人民三方面的权力，借助这样的制度安排，各方面的政治要素的表达可以达到和谐与平衡的状态，而这就是罗马最终走向强盛的秘诀。

波利比阿关于混合政体的思想虽继承于柏拉图和亚里士多德，但在该问题的分析上，波利比阿显然对前人有所超越，他通过历史考察的方法说明混合政体的优越性，十分具有说服力。他的混合政体理论中各机构相互制约同时又相互配合的思想对后世的政治思想家如洛克、孟德斯鸠等产生了重大影响。

二、西塞罗的政治思想

西塞罗（前106—前43年）的出生与西汉董仲舒（前179—前104年）的去世前后不超过两年。他生活在罗马共和国的末期，倘若将视线平移到此时的中国，中国已经开始确立儒家思想作为官方意识形态，汉帝国的皇权日益稳固，而西塞罗所在的共和国已经隐隐有走向独裁和专制的倾向，实际上，仅仅在他离世16年后，其一生推崇备至的共和国就消亡了，取而代之的是新兴的罗马帝国。

西塞罗思想中的第一个重要内容是共和国思想。西塞罗的共和国思想很明显地继承了波利比阿的混合政体理论。与波利比阿类似，西塞罗同样认为单一的平民政体、君主政体或者贵族政体都是不好的政体，而在共和国里，三种单一政体的优点却可以较好地结合在一起，形成一种公平而又稳定的平衡政体。对比柏拉图、亚里士多德和西塞罗的观点和主张可以发现：第一，三人都批评和反对平民政体。反对的理由也大同小异，认为平民政体中绝对的平等和平均主义本身就是不公平的，柏拉图还分析了绝对的平等导致的混乱无序以及缺少约束等其他问题。第二，亚里士多德和西塞罗都推崇混合政体。他们认为混合政体可以综合各个政体的优点，同时又避免了各个单一政体的缺点。亚里士多德崇尚公民自治，但是也反对平民政体，认为以中庸为原则，混合了寡头政体和平民政体的政体才是理想的政体，而西塞罗主张的共和国思想，则混合了君主制、贵族制和平民制三种政体。在共和国里，有王权的因素（有执政官），也能看到贵族制（元老院）和平民制（部族会议)的影子,由于三种元素共存,可避免任何一种元素走向极端,所以共和国政体稳定而又公平,是最为理想的政体。

西塞罗思想中的第二个重要内容是自然法观念。西塞罗认为,根植于自然的自然法是一种永恒的正确的准则,它使得人们行善去恶,拥有超越人类制定的法律的最高权威,也是人类制定法律的合法性的根源,不合乎自然法准则的法律甚至根本就不能被称为法律。另外,无论是本邦人还是外邦人,是公民还是奴隶,所有人都由自然法连接而成为统一的整体,每个人都具有"理性",拥有对是非善恶的分辨能力,人与人之间的相似性超过其他任何一种生物,因而具有天然的平等性。可以看出,西塞罗的自然法观念与希腊的斯多葛派的自然法思想没有太大不同,但西塞罗的主要贡献在于,通过对自然法观念清晰的论述,为共和国制度中的法律制定等提供理论依据,而且经由西塞罗对自然法观念的传播,希腊的自然法思想在罗马受到包括罗马法学家和基督教神学家在内的越来越多人的认同,从而对后世持续产生深远的影响。

三、奥古斯丁的政治思想

奥古斯丁(354—430年)作为一名基督教派的神学家,其传世之作《上帝之城》与宗教具有极其密切的关系。"双城论"和"原罪论"是奥古斯丁思想中的两个重要内容。

首先是"双城论","双城"即"上帝之城"和"地上之城"。这两个城中生活的人基本上是两个截然相反的群体。在"上帝之城"中生活的人是被上帝拣选的人,他们以上帝为荣,拥有虔诚、节制和勤劳等种种优秀的品质,追求精神生活;而在"地上之城"生活的人则是被上帝摒弃的人,他们以自己为荣,自私自利,是一群只追求物欲的堕落的人,将来也必定受到来自上帝的惩罚。在现实的世界里,"上帝之城"和"地上之城"混合在一起,这种情况在末日审判的时候会发生改变,届时两个城的人将会分开,并分别走向注定好的结局。奥古斯丁认为,虽然在现实的社会中没有绝对的对应关系,但"上帝之城"至少在某种程度上可以由教会代表,因为进入教会是使人得救、被神拣选,最终进入"上帝之城"的必要不充分条件。"地上之城"可以由世俗政权代表,世俗政权也即国家存在的重要职能,满足两个城的人们基本的物质生活需要,以及在此基础上拯救"地上之城"中的人。由于"上帝之城"是目的,而世俗政权是手段,所以教会的地位应该高于世俗政权。由双城理论所奠定的政教关系，影响了此后上千年的西方政治与社会发展史。

其次是"原罪论"与"恩典论"。奥古斯丁从宗教神学的观点出发，结合基督教教义，宣称每个人都有原罪，起因是人类的先祖亚当在伊甸园中犯下了罪，并把这种罪遗传给了后代。由于每个人都有原罪，自然要接受上帝的惩罚。按照原罪论，社会中诸多不平等的起源都是因为人的原罪，这些不平等是神的惩罚，因此人的反抗是徒劳无益的，甚至反抗本身就是不应该的。同时奥古斯丁又给出了恩典理论来给予人们希望，恩典不因个人的主观努力获得，而是上帝自身的主观意愿，只有获得恩典，人才能逃脱被惩罚的命运。原罪与恩典理论增强了社会上人们对苦难的忍受程度，既将自身遭受的苦难"合理化"，又不致绝望，幻想有一天能够得到上帝的恩典，这在一定程度上有利于维持社会的稳定。

本章小结

本章主要讲述了西方政治思想产生初期的代表性人物及其政治思想。

古希腊是西方文明的发祥地，也是西方政治思想产生的摇篮。公元前8世纪到前6世纪，城邦的产生代表着人类历史发展到了一个新的阶段。政治思想也随着城邦制度的兴盛而发展，早期的立法家和改革家如梭伦和来库古进行的立法及改革活动，奠定了城邦发展的基础。以苏格拉底为代表的智者学派，对现实中的社会政治问题进行思考，对民主制度从各个角度进行批评，对早期政治学说和政治思想的产生起到了极大的推动作用。柏拉图提出了理想国的设想，并将城邦分为统治者、辅助者和生产者三个等级，他认为最为理想的情况是哲学家掌权。在政体的划分上，柏拉图有开创性的贡献，他对政体的诸如"掌权者人数的多寡""内在的精神和原则"等划分依据和标准对后世影响深远。亚里士多德是西方政治学的开山鼻祖，他采用科学的方法，通过调查研究和比较分析等对城邦的起源、性质、目的等基本的政治问题进行了探讨。亚里士多德的政体理论的一大特点是强调寡头派和平民派力量的平衡，吸收了梭伦改革中的中庸思想。

斯多葛学派关于自然法的理论和平等思想对后世影响深远。到启蒙运动时期，许多资产阶级政治学家正是使用自然法作为自身的理论起点，法国大革命时期追求的终极目标即"平等"。波利比阿在政治思想领域的主要贡献是其提出的混合政体理论，他还根据罗马发展的历史对混合政体的优越性进行了充分的论证。西塞罗的理论中最重要的内容是其共和思想,他主张在共和国内实行王制、贵族制和平民制的混合政体,从而增强政体的稳定性。奥古斯丁提出了双城论,将"上帝之城"与"地上之城"进行了区分,这种观点对中世纪的神权政治思想家们产生了重要的影响。

思考题

1.柏拉图将城邦分为哪些等级?其各自的职能是什么?

2.柏拉图的哲学王思想的主要内容是什么?

3.柏拉图如何划分政体?相应的依据是什么?

4.亚里士多德认为城邦的起源和目的分别是什么?

5.亚里士多德政体理论的主要内容及其特点是什么?

6.斯多葛派自然法的内容是什么?

7.西塞罗为什么认为共和国政体是最理想的政体?

8.奥古斯丁双城论的主要内容是什么?

第七章　西欧中世纪时期的政治思想(476—1453 年)

··

公元 476 年,西罗马帝国灭亡,日耳曼人在西罗马帝国的废墟之上建立起封建制度,欧洲开始进入漫长的中世纪。在中世纪长达 1000 余年的时间里,基督教神学思想在意识形态领域占有统治地位,几乎一切学科领域都成为基督教神学的分支学科,政治思想领域自然也不例外。中世纪的政治思想家们往往是从神学的角度观察和思考政治问题的。

从时间跨度上讲,中世纪存在时间接近 10 个世纪,从文化传承上讲,古希腊和罗马都曾有过灿烂的哲学、艺术等文化,但即便如此,中世纪政治思想的发展却十分缓慢,杰出的政治思想家较为缺乏,政治思想领域系统的理论著作也较少,这主要有以下五个方面的原因:第一,政治思想研究人才的缺乏。在中世纪,社会中受过教育的群体主要是教会中的神职人员,在文化和教育领域,教士阶层占绝对主导地位,几乎形成了对知识的垄断。这些神职人员思索和研究的重点自然是神学。第二,政治思想的研究不能得到足够的重视。彼时,神学思想作为中世纪的主流意识形态,几乎所有人的首要研究都是神学,政治学只是神学下面的一个次级学科,神学思想不仅统治和支配着人们的日常生活,同样统治和支配着人们的政治生活,因而政治思想的重要性大大下降,甚至变得有些无足轻重了。第三,政治思想的研究方法受到极大的限制。在中世纪,《圣经》是最高的权威,一切主张、思想和理论只有能够在《圣经》中找到依据才会被认为能站得住脚,这注定了政治思想的来源很大程度上只能是对《圣经》中某些教条的阐发,包括主权、法律、权利、义务等这些政治学领域的概念也只能在神学的体系里面才能得到讨论。如亚里士多德那样,通过对城邦的实地考察和归纳分析得出政治结论的科学做法反倒不被认可和使用。因此,研究方法上的单一性和非科学性导致政治思想的发展受到阻碍。第四，政治思想的表现形式为神学思想。政治思想不仅在研究方法上受到神学的桎梏，在成果的表现形式上，基本上也都以神学的形式表现出来，比如中世纪著名的政治思想家阿奎那的政治思想多数反映在他所著的神学著作中。第五，政治思想的成果缺乏系统性和理论性。中世纪政治思想的基本内容主要来源于实践，政府、政治家和宗教领袖们依据实际需要对政治思想进行创造和运用，使得成果较为零散地分散在各种各样的法令和官方文告等材料中，而且由于更多地是出于实际需要进行的创设，所以成果也缺乏理论上的升华。总的来说，由于中世纪神权时代的大背景，缺乏政治思想发展的各种土壤（如专业人才、重视程度、研究方法、体现形式等），这一时期杰出的政治思想家和理论著述都显得非常贫乏。

中世纪政治思想发展的整体脉络大致如下：首先是在初期，基督教神学思想在日耳曼人建立的国家中获得了快速的发展，很多国王都直接信奉基督教。之后教会开始主动与世俗政权勾结在一起，这样西欧社会中教会的势力开始日益强大，教皇逐渐成为欧洲最大的封建主，教会在欧洲所占的土地数量也达到空前的规模。在阿奎那的神学思想体系建立之后，基督教的理论体系愈加完善，达到高峰。此后开始出现反思与批判的声音，到中世纪后期，政治思想家们虽然还不能完全脱离基督教神权思想理论体系，比如仍然承认基督教对人们精神世界进行管理和引导的合理性，承认上帝启示的真理的价值，但是可以看到他们已经开始逐渐摆脱神学的束缚。他们主张减少宗教特权，支持王权，反对教会对世俗国家治理领域的过多干预，主张关注人们"现世"的生活等，这为后来的宗教改革运动的兴起以及文艺复兴时期的到来做好了铺垫。本章选取几位代表性的人物，对中世纪时期西欧的政治思想进行介绍。

第一节　阿奎那的政治思想

托马斯·阿奎那（1225—1274 年），出生于意大利罗卡城的一个贵族家庭，他的父亲是一名极其虔诚的基督徒。5 岁时，阿奎那就被送入修道院接受教会教育。在那不勒斯大学，阿奎那接触到了亚里士多德的相关理论并高度认同，他称赞亚里士多德是"正确使用理性的典范"。1252 年，阿奎那在他人推荐下进入巴黎大学神学院攻读硕士学位，并在 4 年之后，以托钵僧（行乞传道士）的身份获得了神学硕士学位。阿奎那与当时的教廷以及诸多国王和其他的政治人物都保持着友好的关系，但是阿奎那却基本不参与现实政治，而是专心地做一名学者，研究和教授神学。1274 年，阿奎那病逝于修道院。阿奎那一生著作丰富，《神学大全》是其最负盛名的代表作，其中包含了阿奎那对神学思想及其理论体系的系统阐述。

一、阿奎那政治思想出现的背景

西欧社会进入 11 世纪之后，社会总体在政治、经济、文化等方面开始稳定下来步入正轨。经过两百余年的发展，到 13 世纪社会在各个方面趋于繁荣。"世俗"生活的繁荣使得基督教的统治思想出现危机，教会的统治受到社会中诸多群体的反对，包括市民、农民和世俗政权等。这种危机究其根本，则是信仰和理性之间的冲突，而阿奎那神学理论体系的建构则较好地化解至少延缓了这个危机的到来。

二、阿奎那政治思想的主要内容

（一）理性与信仰

阿奎那政治思想的第一个重要内容是关于理性、信仰以及经验关系的论述。在此之前，关于信仰的理论以基督教思想为代表，关于理性的理论以亚里士多德的学说为代表，至于经验则是与人们的日常生活直接相连的。亚里士多德的相关理论高度世俗化，也更加符合人们的经验常识，因而随着亚里士多德思想的传播和发展，理性与信仰之间的冲突也就产生了。除此之外，在早先的基督教本身的思想理论中也包含着理性与信仰的冲突因素，譬如奥古斯丁就将两者放到对立的位置，认为人的理性中包含着罪的成分，而只有通过信仰得到了上帝的恩典才能摆脱人的原罪，得到救赎。

如前文所述，阿奎那在大学时期就接触过亚里士多德的学说，并认定亚里士多德是"正确使用理性的典范"。同时阿奎那又长期浸淫于基督教思想，神学功底深厚，这客观上使得他有了对两种理论进行调解的基础。

阿奎那认为，信仰、理性以及经验并不是相互对立和矛盾的关系，而是一种和谐有序的等级关系。在这三者之中，信仰应放在第一位，理性不再是信仰的对立面，而是信仰的有益补充，因为人们的理性也是来自上帝的，与信仰当然不应是对立和矛盾的关系。这样一来，理性和经验就从信仰的对立面变成它的有益补充，从而缓和了两方之间日渐尖锐的冲突。

(二)国家与政体

阿奎那政治思想的第二个内容是关于国家和政体的理论。在对待国家的态度上,阿奎那与奥古斯丁的观点相比已经发生了一定的变化。在奥古斯丁的观念中,国家完全是罪的产物,其存在的目的只是"以恶制恶",其存在的价值不过是管理短暂的"此岸"事务。在这种观念下,国家的地位被刻意地贬低了。而阿奎那则对国家的目的和作用有了更为积极的阐释。他认为,国家与教会同属上帝创造,两者各有分工。国家存在的目的是让人过一种有道德的生活,这种有道德的生活是人们的理性对社会生活自然而然的要求。关于有道德的生活,阿奎那认为有三个标准:第一,社会在整体上是融洽和谐的;第二,社会必须是以行善为目标的;第三,社会必须有丰裕的物质基础。这三个标准的达成离不开国家的作用。

除此之外,在国家的起源上面,阿奎那同意亚里士多德的观点,认为人是天然的、社会的和政治的动物,需要过一种有组织的集体生活,这一点是由人的本性和社会性所决定的。从本性方面来说,每个人都天生有着自私自利的性格成分,这决定了实际的社会生活中冲突的不可避免。而从社会性来说,每个人的知识和技能都不可能满足自身的所有需要,所以社会的分工与合作同样是不可避免的。为了调节人们之间的冲突,使得社会各个部分之间能够有效地分工合作、和谐运转,同时也为了保障伴随着人群聚集在一起而产生的公共利益的需要,国家这一公共机构便产生了。

关于政体,阿奎那借鉴了亚里士多德的分类标准。根据掌权者人数将政体分为君主政体、贵族政体、平民政体、暴君政体、寡头政体和民主政体。其中前三种政体都是合乎正义的,后三种政体属于非正义政体。在三种正义的政体之中,君主制又是最为理想的一种。阿奎那认为,"自然始终以最完美的方式进行活动,那么最接近自然过程的办法就是最好的办法"。他注意到在自然界中,支配权往往掌握在一个个体手中,比如人的身体要受到心脏的支配,蜂群要受到蜂王的支配,宇宙则要受到上帝的支配。在人类社会中,最接近自然过程的政体是君主政体,因而君主政体应该是最理想的政体。

从阿奎那关于国家的论述中不难看出,其并未像奥古斯丁那样刻意贬低国家的作用,而是承认了国家存在的必要性。但是,有着坚定的基督教信仰的阿奎那不可能把国家与教会放在完全平等的位置上。事实上他虽然承认教会与国家两者各有分工,但相比之下,教会的目的是实现人类理性的最高追求，即追求天国的幸福，这一任务不可能由国家替代来完成。从层次上来说，精神世界的幸福也远比世俗世界的幸福更为高级和长久。在谈到教会的权力时，阿奎那认为，教会是上帝在人间的代表，教皇的权力由上帝赋予而且永远不会终止；因而世间的君主也应该像服从上帝一样服从教皇和教会，否则便是暴君，教会有限制和废黜暴君的权力。

（三）法的分类

阿奎那政治思想的第三个内容是其关于法的分类，其将法分为永恒法、自然法、神法和人法。

永恒法是最高等级的法，是上帝理性的体现，包含着上帝的智慧。永恒法是其他一切法律的来源，适用于宇宙间的万事万物，其他一切法律都应该服从永恒法。自然法是比永恒法低一个等级的法，是上帝理性在人身上的体现。自然法的一大原理是趋善避恶，人以之辨别善恶，通过自然法的指引，人可以更好地去过一种有道德的生活。相比之下，神法和人法是较为具体的法。神法是教会的法，记录在《圣经》之中，是上帝赐予人的法律。人法由统治者产生，是靠着人的理性制定生成的法律。阿奎那重点论述了神法与人法之间的关系，他认为，人法应服从神法，不能和神法违背。人的理性的能力是有限的，不仅无法对人们内心的"恶"予以制约，更不能带领人们实现进入天国与上帝同享快乐这一高层次的目的，而这恰恰是神法可以做到的。而且由于人们的判断可能出错，这意味着依靠人的理性制定出来的法律有可能是有问题甚至是相互矛盾的。在这种情况下，就需要以神法作为判断的依据。

可以看到，阿奎那对法的分类处处贯穿着基督教神学的相关理论，无论是永恒法、自然法、神法和人法都与上帝或上帝的理性有着直接或间接的关系。而其对于四种法的等级排序也是以这四种法的来源为依据的，其中尤为需要注意的是关于神法和人法的讨论。在阿奎那的理论中，人法是要低于神法的。从当时的现实来讲，神法是属于教会的法，教皇和教会拥有更多的解释权；人法则是世俗统治者制定的法律，也就意味着世俗政权是要服从于教权的，这与前文阿奎那关于国家与教会关系的讨论也是相对应的。

第二节　异端派的政治思想

异端（heresy）与正统相对立，该词来自希腊文，原本的意思是"选择"，尤指个体按照自己的理性而非权威做出判断以进行行动。在基督教引入"异端"这个词之后,异端就包含了"错误以及有害的意见"的含义。在中世纪时期的西欧社会,罗马教廷和教皇是正统和权威的,与之相对的便是异端,代表人物有但丁和马西略等,本节将对他们的政治思想进行简要介绍。

一、但丁的政治思想

但丁·亚利基利(1265—1321年)是欧洲文艺复兴运动的先驱,生于意大利佛罗伦萨,其代表作有《神曲》和《论世界帝国》。在教皇与王权的激烈斗争中,但丁旗帜鲜明地支持王权,反对教会与教皇的权力,因此受到了教皇派的打击与迫害。

但丁政治思想的核心内容是建立一个统一而和平的大帝国,这一思想与当时的现实背景有密切关系。他生活的时期,意大利处于教皇卜尼法斯八世的统治之下,整个意大利严重分裂,这对当地的工商业发展形成阻碍,在现实中也给人们的生活带来诸多苦难。在中世纪人们的生活既包括尘世生活,也包括精神生活,基督教倡导人们关注精神生活,认为现世的生活是短暂的,而只有得到上帝的恩典,进入天国才能与上帝同享快乐,相比于尘世的生活及其幸福,精神世界的幸福是更高层次的以及永恒的。但丁并未突破这个划分传统,但他强调人们要关注尘世的生活及其幸福。而要追求尘世生活的幸福,和平是一个大的前提。如果缺失了和平这一重要前提,人们的生命和财产都将无法得到有效的保障,尘世的幸福也就无从谈起。那么如何才能更好地获得这个前提呢,以往和平缺失的关键问题出在哪儿呢?但丁从君民利益是否一致的角度来对这个问题进行分析。按照但丁在《论世界帝国》中的观点,君主的利益在于扩大自己的领土,这一点是由君主天然的私欲所决定的,而普通民众的利益在于个人的生命及其财产,这同样也是由每个人的私欲所决定的。在存在诸多王国和君主的情况下,每个君主从自己的利益出发,为了争夺土地不惜发动战争,普通民众的生命和财产在此情况下无法得到保障甚或遭到严重的破坏,君民利益是相冲突着的。而解决君民利益冲突的一个可能方案就是建立一个统一的大帝国,在这种情况下君主发动战争的必要性也就不存在了,普通民众也得以安享太平,君民利益也就相一致了。

但丁关于建立统一帝国的渴望也决定了其在教权与王权的斗争中对王权的坚决支持。这一点在但丁的作品中非常明确。在《神曲》中,但丁将当时尚在位的教皇卜尼法斯八世安排到了地狱之中，受到烈火的煎熬；而为德意志君主亨利七世在天堂的高处预留了宝座。在但丁看来，教会内部黑暗腐败，教会对世俗事务的干预使得世界变得悲惨与混乱。但丁还从理论上反驳王权应服从教权的观点。在此之前，主流的观点认为上帝将统治的权力委托给了教皇，教皇拥有永久的普世权力。而为了管理世俗生活的需要，教皇又将部分权力交予世俗君主，所以世俗君主的权力虽然从根源上来说来源于上帝，但是需要教皇与教会作为中介。而但丁则认为，世俗君主的权力直接来源于上帝，不需要教皇作为中介，教权与王权是分工合作的关系：教会与教皇管理着人们的精神世界，引导人们追求来世的和永恒的幸福；而世俗君主则依靠上帝的授权，管理着人们的尘世生活，促进人们获得尘世的幸福。所以，并不存在王权应服从教权的义务，教会也无权对世俗生活做过多的干预。

二、马西略的政治思想

马西略（约 1275—1342 年），又译为马西利乌斯，生于意大利的帕多瓦，曾在此研读医学。马西略是西欧中世纪时期最著名的市民阶级政治思想家，其代表作是《和平的保卫者》。马西略生活的时代与但丁相去不远，两人的政治思想也在许多方面具有相似之处。但在论证的方式上，马西略的身上带有更多的亚里士多德主义色彩，而且在他身上可以看到更为明显的使政治思想摆脱神学束缚的倾向。

（一）教会与国家的关系

对教权与俗权关系的分析是《和平的保卫者》一书的重要内容，与之相关联的国家与教会的关系也是马西略政治思想的中心内容。和但丁的观点一致，马西略同样认为国家的目的在于促进人们获得尘世的幸福，过上良善的生活。而这一目的的实现离不开和平这一大的前提，只有在和平的大前提下，人们才可以不受干扰、积极发展自己的事业，人们的幸福生活才更有可能实现。这一观点与但丁十分相似，但是论述的重点却存在一定的差异：但丁从君民利益一致的角度出发得出建立世界帝国以实现和平的结论；而马西略则借鉴了柏拉图关于城邦职能划分与人员分工的思想，他认为：国家是由六类人分工合作而构成的统一整体，这六类人包括农民、工匠、商人、军人、教士以及官吏。从这六类人的划分上可以明显看出柏拉图将城邦中的人划分为生产者、保卫者和管理者的影子。只不过相比之下，马西略加入了教士这一等级,这是由中世纪时期特殊的神权政治背景所决定的。这六类人相互分工与合作,分别承担着生产、保卫、管理以及神职等各自的工作,他们的协调配合是整个国家有序运行的关键。

在这六类人之中,马西略尤其注重的是官吏的作用。在这里,官吏实际上代表着世俗权威即世俗统治者,因为官吏的作用就是协调各个等级之间的分工与合作,他的著作中的"和平的保卫者"实际上指的就是官吏,也即世俗政府。马西略认为政府的权力在六个等级之中应该是最大的,而且必须是统一的。相比之下,教会的作用被弱化了,教士只是六类分工中的一种,马西略承认其存在的必要性,但是却没有给予教士这一等级任何政治上的特权。在马西略看来,教会不应该对世俗事务有过多的干预,他从病理学的角度来进行分析和类比:如果机体的某一部分想要做自身职分外的事情,比如大脑想要呼吸而肺想要思考,那么机体就无法协调运行。同样的道理,教会的本职在于教诲和规劝世人,引领人们获得来世的幸福。如果其开始干涉世俗的事务,那么国家就会陷入混乱之中。马西略将教会对世俗事务的干预视为对和平生活的最大威胁。

为了排除教会对世俗事务的干预,以消除这项对国家和平生活的最大威胁,马西略有许多具体的主张:第一,取消教会内部的教阶制度。在教阶制度存在的情况下,教皇拥有专制权力,这为其干预国家事务提供了基础。马西略认为,教会内部的神职人员之间都应该是平等的,《圣经》中的记录而非教皇的指令才是上帝的旨意。第二,对教会在经济方面的权力进行限制。教会只应该保留维持宗教活动必需的财产,除此之外,不应该再拥有额外的大量土地等财产。除此之外,对人民进行征税或豁免的权力应该只属于世俗政府而非教会。第三,教会不应拥有司法权力。在法律的分类上,马西略继承了阿奎那的分类思想,将法律分为永恒法、自然法、神法和人法。如前所述,相比于永恒法和自然法,神法和人法是较为具体的两种法,这两种法对应的现实主体分别是教会和世俗政府,因此两种法之间的关系也反映出教权与王权之间的关系。马西略认为,神法和人法是各自独立的,不存在人法对神法的服从关系。而且只有人法才存在强制力,可以对现实生活中的各种不良行为进行强制性惩罚;相比之下,相关的神法在此岸也不具有强制性,教会不能依据神法来进行任何惩罚措施,因为教会的作用在于引导和规劝世人,以使人获得来世的幸福。这实际上取消了教会所拥有的司法特权。

(二)人民权力思想

虽然生活在神权色彩浓厚的中世纪,且马西略也并不否定宗教在人们生活中存在的必要性,但是他却并不像之前的神学政治家那样处处以神学思维思考政治问题。在对待国家起源的问题上,他并不认为国家源于上帝的意志,而是随着社会生活发展演化的结果。在国家的主权者这一问题上,马西略坚持"人民主权"①的观点。他认为无论法律在形式上由谁进行制定,归根到底其权力来源应该是人民,只有人民才是这个国家的主权者。当官吏滥用权力的时候,人民应有权撤销赋予其的权力,这一思想极具进步意义。不过应该注意的一点是,马西略这里所指的人民,"需要考虑数量和质量两方面的因素",通俗地讲就是具有一定的财富和地位的社会群体才属于人民的范畴。所以如果参照柏拉图对政体的划分,马西略所主张的应该更接近贵族政体而非平民政体。

本章小结

本章主要讲述了西欧中世纪时期(476—1453年)政治思想的主要内容。这是一段神权色彩极为浓厚的时期,政治学领域的诸多问题都被以神学的视角重新加以思考和论述,比如国家的起源、目的和作用等。托马斯·阿奎那是中世纪神学理论的权威,他的神学理论体系的构建,缓和了现实中人们在信仰和理性之间日益激烈的冲突。他给予理性一定的地位,同时又牢牢维护信仰的价值。在阿奎那这里,国家的地位有所上升,其目的和作用有了更为积极的阐释,而不再仅仅是"以恶制恶"的产物。在推动人们过上一种符合基督教教义的良善生活的过程中,国家有着积极的作用。在政体的选择上,阿奎那极力主张君主政体,认为其是最符合"自然"的运行模式。但从他具体的论述中可以看出,他所主张的君主政体更接近于混合政体。对法的分类也是阿奎那神学理论的重要内容,他将法分为永恒法、自然法、神法和人法,而包括自然法在内的每一种法都直接或间接地与上帝或上帝的理性联系在一起,从而为每一种法都披上了神学的外衣。阿奎那重点论述了神法与人法之间的关系,强调人法应服从神法,对应于现实,世俗权力也应服从教权。总而言之,作为中世纪神权思想权威的阿奎那,其构建的理论堪

---

① 这里的人民主权与近代的人民主权理论不同,从后面马西略关于人民范围的界定中可以看出。

称宏大,涉及诸多方面,虽然其给予了人的理性以及国家一定的地位,但其出发点在于维护封建神权的统治。

　　与正统的神学理论相对,异端的思想也相伴而生。在中世纪后期比较有代表性的人物有但丁和马西略。两人都出生于意大利,生活的年代也相去不远,二者所生活的城市都具有较为发达的工商业。由于背景的相似,两人的政治思想在诸多方面也表现出一致性。但丁和马西略都主张关注人们现世的生活,都强调"和平"在实现人们尘世的幸福生活中的基础性作用。在教权与王权方面,两人都旗帜鲜明地支持王权。他们各自从理论上阐述了世俗政权相对于教权的独立性。但丁认为,世俗君主的权力并非来自教会和教皇,而是直接来自上帝,两者是分工合作的关系,世俗君主无须服从教会与教皇。马西略在国家的六类分工中,最看重官吏等级的协调作用,认为世俗政权肩负着协调各部,使社会和谐有序运行的重任,在六个等级中应该拥有最大的权力。教会与教士应该只做好自己分内的事情,发挥劝诫世人、引领人们获得来生幸福的作用,而在经济、政治和司法等方面,不能对世俗事务进行干预。为此马西略还提出了许多具体的主张,如废除教阶制和教皇专制权力等。马西略还提出,人法与神法各自独立,相互之间没有服从关系。此外,无论从形式上讲法律由谁制定,国家的真正享有者必须是人民,当官吏不称职时,人民可以收回赋予他们的权力。马西略的政治思想理论呈现出明显的使政治学脱离神学束缚的倾向。

思考题

1.阿奎那是如何调和理性与信仰之间的冲突的?

2.阿奎那的国家与政体思想的主要内容是什么?

3.阿奎那是如何对法进行分类的?

4.但丁的世界帝国论的主要内容是什么?

5.马西略如何看待教会与国家之间的关系?

6.在国家权力的最终归属问题上,马西略持怎样的主张?

第八章　16世纪西欧的政治思想
（1500—1599 年）

‧‧‧

1453 年,延续了一千多年历经 12 个朝代 93 位皇帝的东罗马帝国走到了它的尽头,随着东罗马帝国的灭亡,欧洲漫长的中世纪时代终于结束。与此同时,欧洲的文艺复兴开始走向全面的繁荣,人文主义思想开始广泛传播,我们可以从本章介绍的政治思想家的理论中明显地看到神权色彩的减弱,而更多地开始从人的角度思考政治问题。从 15 世纪中期到 16 世纪末的这一段时期,欧洲的民族国家开始兴起和发展,教权日益衰落而王权日益兴起,诸多政治思想家本身也是政治经验丰富的政治家,比如马基雅维利和布丹都曾是政府高官,他们都看到了君主制在创建统一国家和政治秩序过程中的巨大作用,因而都不同程度地对君主制采取支持的态度,关于这一点,是由当时新兴资产阶级对统一国家与市场的需要而决定的。教会内部也持续地分裂,以罗马教皇列奥十世推销赎罪券为导火索,马丁·路德发表了《九十五条论纲》,从而点燃了宗教改革的烈火,他的因信称义理论直接动摇了罗马教廷作为精神世界权威的基础。约翰·加尔文的《基督教教义》则为新教建立了几乎可以与托马斯·阿奎那相媲美的神学体系。宗教改革家们对等级教阶制度和教皇制度发起挑战,主张减少乃至完全限制教会对世俗事务的干预,这对民族国家的进一步发展以及摆脱教权的束缚具有十分积极的作用。

本章将选取本时期具有代表性的政治思想家,对其理论予以简要介绍。

第一节　马基雅维利的政治思想

马基雅维利(1469—1527 年),又译为马基雅弗利,出生于意大利佛罗伦萨一个共和背景深厚的家庭,出生之时家道已经中落,但其父仍供他接受了古典教育,为他的人文主义素养打下了基础。马基雅维利积极参与佛罗伦萨政治活动,曾担任佛罗伦萨共和国最高行政机构"十人委员会"的秘书,他还曾作为外交使节出访法国、罗马等地。共和国时期的任职经历是他一生中的高光时刻,他也在此期间积累了丰富的政治实践经验。1512年,美第奇家族在教皇和西班牙人支持下复辟成功,重新在佛罗伦萨掌权,作为前政权的高官,马基雅维利受到牵连下狱,虽终被释放,但此后一直未受重用(在此期间曾受任编写《佛罗伦萨史》)。1527年,佛罗伦萨再度恢复共和,马基雅维利仍不见用,同年逝世。马基雅维利是政治思想家、政治家、史学家,在西方政治思想史上占有重要地位,是西方资产阶级政治学说的奠基人之一,被尊称为"近代政治学之父"。其著作也颇为丰富,代表作有《君主论》《论李维》《佛罗伦萨史》《战争的艺术》《曼陀罗花》等。其中最有影响力的应数《君主论》,该书中的部分观点可谓惊世骇俗,这部书引起的争议也使得对他本人的评价毁誉参半。本节将对马基雅维利的政治思想进行简要介绍。

一、与道德相分离的政治观

在马基雅维利之前,无论是自然政治观还是中世纪时期的神学政治观,政治与道德和伦理总是相互联系在一起的。但马基雅维利打破了这一传统,在他的政治观中,政治和道德是相互分离的。政治活动所围绕的核心乃是权力,这是一种全新的从人的角度出发观察和思考政治问题的政治观——权力政治观。

马基雅维利以性恶论为逻辑起点,认为每个国家、每个民族的人都有相同的欲望和性情。人性之恶是人性中最为普遍和连贯的部分,因此为了对民众进行统治,可以依靠法律与暴力两种手段。虽然马基雅维利指出,第一种方法是人的方法(指法律手段),第二种方法是兽的方法(指暴力手段)。但显然马基雅维利并不会简单地只从道德层面对这两种统治方法进行评判和取舍,而是从能否有效地维护统治的角度对这两种统治手段展开论述。马基雅维利认为,法律可以对民众的行为进行约束,从而导人向善;而暴力则可以在必要的时候使民众慑服。在君主论中,他倡导君主应该同时拥有狐狸的狡猾和狮子的凶狠,大可不必把对普通人的道德约束套用在作为统治者的君主身上。他谏言君主应视四周之人皆为刺客,需时刻保持警惕,不可稍有懈怠,同时伪装和善,以维护和保持自己手中的权力。

二、国家的理性

关于个人的理性这个话题，无论是在古典时代还是中世纪神学时代都有诸多论述，而马基雅维利的贡献却是在讨论国家的理性方面，他阐明了国家行动的逻辑。

首先，马基雅维利推崇国家至上，也即每一个民族都应该有管理自身的权力，这种权力不应该受到外来势力尤其是侵略势力的影响。他虽然并未过多地直接探讨教权与王权的关系，但是从他对国家至上的论述中不难看出，他对罗马教廷对意大利佛罗伦萨世俗事务的干预也必然是持反对态度的。

其次，马基雅维利认为，一国之内统治者的所有政治手段其最终目的都应该是保持和扩大国力。君主应该时刻防范两个方面的风险——"内忧"与"外患"。在内部应该防止民众的叛乱，对外要防范其他国家的入侵。为了保存自己的国家，一国的统治者应专注于战争（马基雅维利有著作《战争的艺术》，他也被恩格斯称为值得一提的近代军事著作家），并且小心周旋于小国和大国之间，虽可以做小国的保护者，却绝不帮助其变得更为强大；同时想方设法抑制周边强大的邻国，这些都是国家的生存之道，反映了"国家的理性"。

三、对共和制的拥护

马基雅维利同样继承和发展了亚里士多德的政体划分思想，即将政体划分为君主制、贵族制和共和制，这是三种合乎正义的政体，与之相对的还有三种非正义的政体。在不同的时代，不同的政治思想家眼中的理想政体不外乎三种正义政体中的某一种或者是它们的组合，比如：中世纪的阿奎那主张的理想政体是君主制，马西略主张的接近于贵族制，而到了马基雅维利这里，他认为最理想的政体是共和制。不过应该注意的一点是，马基雅维利所主张的共和制与亚里士多德主张的共和制并不完全一样，从马基雅维利的论述来看，他所说的共和制虽然符合亚里士多德所说的多数人掌权这一特征，但中间其实更多地包含着混合政体的思想。

马基雅维利认为，无论最初人们选择了哪一种合乎正义的政体，一个无法避免的趋势是这个政体将走向它非正义的一面，这也就是政体的退化。比如君主制不可避免地退化为僭主制，贵族制退化为寡头制。除了这种对立面之间的政体退化,还有一个政体之间的循环规律,退化在循环的过程中起着重要的推动作用。比如,政体可能由最初的君主制退化为僭主制,再由僭主制转为平民制,平民制沦于放肆之后,又重新开始出现君主制,如此循环往复。政体的退化与循环在实际的政治生活中将带来动荡与不安。为了避免这种糟糕的情况,一种可行的方法是选择共和制,这实际上是一种混合政体,包含着君主制、贵族制与平民制三种政体的成分。在这种制度设计下,平民与贵族以及君主(或者是执政官)之间可以形成一种制约关系,从而最大限度地避免政体的堕落与退化,形成相对稳定的政治秩序。马基雅维利还举了罗马共和国的例子来佐证自己关于共和制(混合政体)的观点,他认为罗马共和国之所以能够长期保持繁荣稳定,一个重要的原因就是罗马实际上实行了一种混合政体,在罗马的执政官、元老院和平民院之间形成了一种相互制约的关系,这种相互制约的关系使得罗马政体的堕落和退化变得更加困难。

在《君主论》一书中,马基雅维利对君主制进行了称赞,他鼓励当时的君主采用强力手段,完成意大利的统一。这看似与他自身的共和制主张相矛盾,但实则不然。从马基雅维利的政体循环理论中,我们就可以看到,君主制在建立或恢复秩序的过程中可以起到十分积极的作用,这也是为什么平民制会在堕落后转为君主制的重要原因。所以马基雅维利对君主制的称赞实际上是基于当时意大利的现实情况出发的。当时的意大利四分五裂,教会不仅无法建立起统一的秩序,"也阻止其他势力做到这一点"。于是整个意大利存在着大大小小的君主国,在这种现实情况下,建立一个共和制的统一国家无异于天方夜谭。所以主张君主制实际上是马基雅维利针对意大利分崩离析的现实窘境而开出的一剂药丸,首要的目的是获得统一与秩序,在此之后才是讨论哪种政体更适合国家的长治久安的问题。

第二节　宗教改革派的政治思想

一、路德的宗教改革思想

马丁·路德(1483—1546年),出生于德国艾斯莱本,著名宗教改革理论家,德国宗教改革的发起者与领导者。路德拥有维滕堡大学神学博士学位,具有深厚的神学功底,这也为他之后从教义上挑战罗马教会的权威打下了基础。其著作有《九十五条论纲》《致德意志基督教贵族公开书》《基督徒的自由》等，路德通过这些著作阐述自己关于宗教改革的理论。由于对教会和教皇的激烈批判，教皇多次下达敕谕对路德予以谴责，并最终开除了路德的教籍，甚至要求路德赴罗马受审，后期路德主要在萨克森选侯的庇护下从事一些圣经的翻译之类的工作。

首先，路德提出了"因信称义"的主张，这与此前的基督教传统针锋相对。在此之前，罗马教会和教皇宣称只有自己掌握着进入天堂的钥匙，并受上帝的委托担负起拯救世人的重任，教会和教皇在基督徒得救的过程中发挥着必不可少的作用。这种理论使得罗马教会成为统治人们精神世界的权威，包括国王在内的每一位信徒都得服从罗马教会和教皇的旨意。作为基督教会内部的最高权威，教皇拥有剥夺信徒资格的权力，即开除不服从命令者的教籍，这也是在中世纪时期教皇对抗世俗君主的撒手锏。路德在长期的研究和教授神学的过程中，提出了"因信称义"。他在保罗的《罗马书》中找出了这一观点的根据——"义人因信得生"。在对这一观点进一步系统的阐述基础上，路德提出，对上帝的信仰是得救的唯一充分必要条件，任何人为的事功行为都对"得救"这一最终目的之达成毫无裨益。在《论基督徒的自由》中，路德讲道："你需要那为你受苦而复活的基督；你既已信他，就因这信可以成为新人，使你的一切罪都得赦免；并且你因另外一位的功德，就是单因基督的功德，得以称义了。""因信称义"实际上否定了教会和教皇的权威，极大地解除了人们的精神枷锁。

其次，路德对罗马教会和教皇开展了猛烈的抨击。路德曾于1511年前往罗马，这是当时基督徒心中的圣地，然而路德却对自己的所见所闻大失所望，他为当时教会内部的腐败感到震惊，在此期间路德萌生了对罗马教廷的反叛思想。1517年罗马教皇在欧洲各国推销"赎罪券"，这也成了路德"反叛"行为的导火索。路德直指教皇推销赎罪券的行为是一种欺骗，教皇此举只是为了满足自己的贪欲之心。他还将整个罗马教会比作一只巨大的血吸虫，贪婪地掠夺与压榨各地教民之血汗。在所谓的圣地罗马，教廷早已腐朽不堪，买卖教职、撒谎欺诈、伤风败俗之事俯拾皆是，他毫不留情地攻击罗马教会为最无耻的妓院以及最放纵的盗贼巢窟。

最后，路德提出了自己的宗教改革的主张。第一，他主张废除宗教等级制。基于"因信称义"这一理论，他认为教皇的地位与其他信徒相比并不特殊，而整个教会也只不过是一群具有共同信仰的人的团契而已，在教会里的每个人都是祭司。相比之下,他认为将教会的权力交由宗教会议更为合适。这一改革的直接目的在于取消教皇在教会内部的独断权力,矛头指向的是教皇及主教。第二,路德认为应该禁止向罗马交纳首年捐和其他收入。这实际上是取消了教会在经济方面的权力。第三,路德认为应该取消罗马教廷在任命德国教职人员方面的权力,这针对的是罗马教廷对地方的政治影响。第四,实行彻底的政教分离,彻底排除罗马教廷对世俗政府的干预。路德在对教会和教皇进行猛烈抨击的同时,却不遗余力地维护世俗政府的权威。他认为,世俗政府的权力来自上帝的直接授予,是唯一合法持有"世俗之剑"之主体,所以国家权力也是世俗世界唯一的合法权力。在关系人民的生命、财产、荣誉等方面的权力统统属于世俗政府而非罗马教廷,如此便从理论上彻底否认了罗马教廷干预世俗事务的合法性。

路德对教会的主张和见解与马西略非常相似,这说明宗教制度的弊端已经愈加显露,越来越引起人们的重视。百年之前的马西略对宗教的等级教阶制度进行批判时,响应者尚寥寥,而当路德开始对教会进行批判并主张废除等级教阶制度时,可谓振臂一挥应者云集,直接引发了大规模的宗教改革运动。最初"异端"思想的星星之火,终成燎原之势。另外,路德的改革思想中一个重要内容是对世俗政权的竭力维护,在后期反对封建统治的农民战争爆发之后,路德毫不犹豫地站在贵族诸侯一边,支持他们对农民进行毫不留情的镇压。结合时代背景,当时的西欧民族意识日益觉醒,民族国家开始形成,资本主义萌芽且开始处于上升阶段,实际上路德的主张代表的正是世俗权力、贵族和新兴资产阶级的利益,他主张的对教会内部的改革,对世俗权力的维护,以及对农民战争的反对都说明了这一点。

二、加尔文的改革思想

约翰·加尔文(1509—1564年),出生于法国努瓦永,是与路德齐名的第二代宗教改革领导人物,也是加尔文教的创始人。加尔文天资聪颖,14岁时便进入当时的巴黎大学学习法学和文学,之后开始研读神学。1533年,年仅24岁的加尔文出版《基督教要义》一书,这是一本体系化程度极高的神学著作,堪称反映宗教改革思想的百科全书。它为新教提供了不同于阿奎那的全新的神学体系,这奠定了加尔文在宗教改革运动中的地位。1541年,加尔文在日内瓦掌权,他在日内瓦建立起政教合一的管理体制,把宗教改革的相关理论运用到实践当中。他治下的日内瓦,一时成为众信徒心中可以与罗马相媲美的宗教中心。而他在日内瓦设立的训练和培养宗教改革家的大学，也培养了无数优秀的新教运动领袖，极大地推动了整个西方的宗教改革。

加尔文政治思想的第一个重要内容是由他提出的"预定论"，这是对路德"因信称义"理论的补充与发展。实际上，路德虽然提出了"因信称义"这一重要主张，但是他对该主张的解释是有待完善的。比如，为何人的善功在自身得救方面不能发挥作用，加尔文在这方面做了很好的补充。"预定论"也即世间的一切乃至每一个人的命运都是由上帝预先安排好的，而这命运就包括是否能够得到拯救。"预定论"基于上帝的权威提出，认为能否得救完全是上帝的决定，这样罗马教廷关于人的原罪和恩典理论的前提就被完全否定了。

加尔文政治思想的第二个重要内容是其在教会内部建立的民主制度以及他的政体思想。首先是教会内部民主制度的建立。和路德一样，加尔文反对罗马教会与教皇的权威，并反对教会内部的教阶制度。他认为教会的组织和建设应该遵循民主的原则，这一点主要体现在教职人员的选举任命上面：每一位牧师都应该通过民主方式在众人面前选举产生，这样产生的神职人员才具有正当性和合法性。其次是加尔文的政体思想。加尔文认为无论是君主制、贵族制还是民主制都有各自的缺陷，三种政体都容易滑向其非正义的对立面。而比较理想的政体应该是将贵族制与民主制进行结合的模式，这样既可以避免贵族制容易产生的"不公正"，同时也可以避免民主制下过度的自由沦于放肆，这一点实际上与亚里士多德、西塞罗、马基雅维利等人关于混合政体的论述有相通之处。加尔文作为宗教改革家，把这一理论主张很好地与自己的改革实践结合了起来，相当于在教会内部开始尝试践行民主和选举制度，这为后来欧洲各国在世俗领域选举民主的实践积累了宝贵的经验。恩格斯高度称赞加尔文的这一举措："加尔文的教会的组织完全是民主的和共和的，而在上帝的王国已经共和化了的地方，人间的王国还能够仍然从属于君王、主教和领主吗？当德国的路德教变成诸侯手中的驯服工具的时候，加尔文教在荷兰创立了共和国，并且在英国，特别是在苏格兰，创立了有力的共和主义的政党。"

另外，加尔文在政治制度理论方面独具特色的一个方面是其关于建立"政教合一"的国家的主张。"政教合一"意味着教权与俗权的混合，实际上加尔文在日内瓦建立的共和国里就实行的是"政教合一"管理体制。教权和俗权不再是相互对立和斗争的关系,取而代之的是相互补充和监督。双方的人员也是相互渗透着的,比如一些神职人员同时担任城市管理者的角色,反之亦然。这对调和日益激烈的教权与俗权斗争提供了一个新的思路。

第三节 布丹的政治思想

让·布丹(1530—1596 年),又译为博丹,出生于法国翁热,近代国家主权学说的缔造者。1550 年,布丹进入图卢兹大学学习法律,这使他具有了良好的法学基础,此外在求学期间他也受到了人文主义的熏陶。1571 年,布丹开始担任亨利三世重臣阿朗松公爵的御前大臣和上请法官,由此布丹开始步入他一生政治生涯的高光时刻。在这期间,布丹积累了丰富的政治实践经验,这对他政治观念的形成也产生了极大的影响。5 年之后,由于在征税问题上执意与国王对抗,布丹迅速失宠,不出意外,他也失去了王室法院的职位。再 5 年之后,伴随着阿朗松公爵的离世,布丹的政治生涯彻底结束。《国家六论》(又译《国家论六卷》或《论国家》等)是布丹的代表作,在书中他系统地阐释了近代国家主权理论,此书中界定的诸多概念和阐发的诸多原则成为现代政治学和法学的基本概念和原则。

国家主权学说是布丹对现代政治理论重要的贡献。实际上,"主权"这个词并不是布丹的首创,在古代诸多政治思想家的讨论中都或多或少地涉及过"主权"的概念,只不过当时"主权"的概念较为模糊,大致为"最高统治权"的意思。布丹的贡献在于清晰地界定了"主权"的概念,为之注入新的内涵并予以系统阐发,因而可以认为布丹在前人的基础上再造了"主权"这一概念。

一、主权与国家

在布丹的理论中,主权是一个国家的核心,是一个国家灵魂之所在。在国家起源问题上,布丹认同亚里士多德的观点,也即国家起源于家庭的联合。但是国家又不单纯地是各个家庭在数量上的联合,在这种联合过程中量变引起了质变,这个质变就是"主权"的产生。布丹在对国家概念的界定中,也把主权放在了突出的位置,他认为所谓的国家就是由不同的家庭及公共财产组合而成的具有主权的合法政府。

在论述完主权之于国家的重要性之后,布丹又针对主权的四个特性展开了具体论述，分别是永恒性、绝对性、独立性和不可分割性。

首先是永恒性。为了更好地阐述主权的永恒性，布丹将主权与主权者进行了明确区分。主权者只是在特定期限内（可能是任期也可能是其本人生命的长度）拥有主权的人，但他并不等同于主权本身，主权者的任期的更迭或者生老病死都不会使主权消灭。总而言之，主权是永恒存在的，不受时间或特定的人或具体物的影响。

其次是绝对性。绝对性实际上强调的是主权在世俗世界的至高无上性。在一个国家内部，主权不受其他任何权力的制约，如果存在其他权力的制约，那么主权的地位就不是至高无上的了。主权的绝对性还体现在其法律地位上。实际上，由主权者发布的命令本身就是法律，法律针对的对象是主权者之外的其他所有臣民，主权者自身不受法律的约束。

再次是独立性。独立性意在说明不同国家之间的主权之间的关系。一国之主权在国内至高无上，具有绝对性，但也仅限于在本国之内。如果作用于其他国家，那么对其他国家来说，该国主权的绝对性便受到了破坏。所以在国与国之间、主权与主权之间，其关系应该是各自独立的。

最后是不可分割性。布丹认为主权不可分割，不存在多主体共同拥有主权的情况，因为主权一旦被分割就一定会存在着相互制约的情况，这将与主权的绝对性产生矛盾。

二、布丹的政体思想

布丹的政体思想与其主权理论也是联系在一起的。布丹将主权的归属与主权的行使分为两个层次的问题，他认为主权的归属涉及的是国家的类型问题，而主权的行使涉及的则是政府的形式问题。

在国家的类型上，根据亚里士多德的划分，依据主权者人数的多寡可以将政治体制分为君主制、贵族制和民主制，布丹接受此种划分方式。但同时布丹认为，根据主权的不可分割性，掌握主权的主体必定是单一的，所以主权或者被君主掌握，或者被少数的贵族掌握，又或者被多数民众掌握，但不可能同时掌握在两个及以上的主体手中，从这一点上来说，布丹反对包括亚里士多德在内诸多政治思想家推崇的混合政体理论。

在政府组织方面，同样有君主制、贵族制和民主制三种形式。政府的组织形式与国家的类型之间是相互独立的关系，不存在必然的联系。在君主制的国家类型里，其政府组织形式有可能是民主的；反之亦然。

布丹认为最为理想的政体是合法君主制,即由君主作为掌握主权的人。正如亚里士多德对君主制进一步划分为合乎正义的君主制和非正义的僭主制,布丹也对君主制进行了更为细致的划分。布丹将其划分为合法君主制、专制君主制和暴君君主制。划分的主要依据是统治者与被统治者之间的关系以及在统治过程中是否服从神法和自然法。在合法君主制下,统治者会尊重被统治者的私有财产等权利,关心全体臣民的福祉;在专制君主制下,统治者与被统治者之间更接近家长与奴隶之间的关系;在暴君体制下,这一关系进一步恶化,而且暴君甚至不会遵守神法和自然法的约束,更谈不上和臣民之间存在什么需要相互遵守的契约。不丹对贵族制和民主制也有类似的三种情况的划分。

应该看到,布丹所支持的合法君主制,实际上有着浓烈的专制色彩。因为所谓"合法",乃是合神法与自然法,而这两者在现实政治生活中对君主的约束实际上少之又少。布丹着重强调了"主权"在世俗世界、在一国之内的至高无上性,而又认为君主掌握主权的政体最为理想,等于给予了世俗君主近乎绝对的权力,这与当时民族国家兴起这一大背景有着很大关系。布丹看到了绝对王权在促进国家统一以及维持秩序与和平方面的巨大作用,因而竭力推崇君主制,同时由于欧洲长期的自然法和神法传统,这才对君主制有了稍稍的限制。

第四节 早期空想社会主义思潮

16世纪西欧各国正处于资本主义发展的早期阶段,资本的原始积累充满了血腥与暴力,资本主义显露出自身发展的种种弊端。一些政治思想家们敏锐地捕捉到了由资本主义的发展带来的各种社会问题,在客观形势上,早期无产阶级反对资产阶级的斗争也迫切需要理论的指导,于是社会上逐渐形成了早期的空想社会主义思潮,这其中的代表人物有英国的托马斯·莫尔和意大利的托马斯·康帕内拉。

一、莫尔及其思想主张

托马斯·莫尔(1478—1535年),英国政治家、思想家、作家,早期空想社会主义的奠基人之一。1478年,莫尔出生于英国伦敦一个富裕的市民家庭,他的父亲是一名法官。莫尔14岁进入牛津大学,最初学习古典文学,后改学法律。莫尔毕业之后做过一段时间的律师，他主持公义、不畏强权的性格为他赢得了伦敦市民的普遍敬重。莫尔早期仕途一帆风顺，历任国会下院议员、王室申诉庭庭长、国王枢密顾问官、财政副大臣、国会下院议长等职，最后还做了位高权重的英国大法官。不过，莫尔后来与国王在国王离婚和宗教政策等问题上发生严重分歧，这些问题最终导致了莫尔辞去大法官之职以及最后被逮捕处死的结果。莫尔在政治思想领域的代表作是《乌托邦》（全称是《关于最完美的国家制度和乌托邦新岛的既有益又有趣的金书》）。除此之外，他还有《关于异端的对话》《致波美拉尼亚人书》《国王查理三世的历史》等作品传世。

莫尔是较早将社会贫困和灾难的根源归结于私有制的思想家，这对后世社会主义的发展可谓影响深远。莫尔指出，正是私有制的存在造成了社会中的种种罪恶，私有制是人们"利己主义"思想产生的根基。在私有制社会中，金钱逐渐成为衡量一切价值的标准，人们不遗余力地追求自身的财富和利益，哪怕牺牲社会公利也在所不惜，这样的国家很难实现繁荣的目标。更为严重的是，私有制的存在终将引发社会严重的两极分化，侵蚀国家公平与正义的根基。因为在穷人与富人争夺财富的过程中，富人凭借手中已有的财富和权势，必定拥有更大的优势，最终的结果便是富人愈富穷人愈穷。当富人、高利贷者、金铺老板饱食终日过着奢侈无度的生活时，穷人们终日劳作却不得温饱。私有制下的国家也不过是富人们的阴谋组织而已，他们以国家的名义制定公共法令，要求穷人们遵守，而目的却是继续对穷人进行剥削。莫尔生活的时代，正是资本主义完成原始积累的黑暗时期，圈地运动使大批的农民流离失所，莫尔把这种现象形容为"羊吃人"，并对此进行了深刻的批判。

作为早期空想社会主义思潮的代表人物，莫尔对理想社会蓝图的描绘对后世影响巨大。19世纪的三大空想社会主义思想家描绘的理想社会中仍然能够明显地看到莫尔的"乌托邦"的影子。"乌托邦"是一个虚构的地名，从词语构成上讲，本意即"不存在的地方"。莫尔借由对乌托邦这个理想社会的描写，传达出自身对理想政治制度的思考。《乌托邦》一书在写作体裁和政治思想的传达方式上与柏拉图的《理想国》十分类似。莫尔作品中构建的乌托邦，是一个实行民主制度的城市联合国。在这个联合国中，公众依靠定期选举产生的官吏和简明的法律治理国家，乌托邦中存在国家元首，由一位享有极高声望的贤者担任，不过乌托邦十分强调对公共事务的集体决策，所以国家元首的存在并不会造成独裁和专制。与现实中存在的国家相比，乌托邦最大的特殊之处在于对私有制的废除。乌托邦中，金钱被废除，哪怕是黄金这样的物品也被认为是"毫无用处"的，不再有人因为缺少金钱而陷于贫困，社会中的贫富分化问题也就得到解决。乌托邦中的人们共同劳动，同时公平地享有国家的一切财产，这是一种共享共有的理想境界。同时，乌托邦中的人们热爱和平，对战争深恶痛绝。世俗国家的君主往往好大喜功，轻易地挑起战争，并鼓吹追求战争中的光荣，最终给其他的国家和自己的国家带来深重的灾难。乌托邦中的人们绝不这样，他们认为战争是适宜野兽的行为，国王的任务应当是治理好"祖传的王国"，即已获得的王国，让自己的子民过上衣食无忧的生活，而非时刻觊觎新的王国。他们也并不认同在战争中追求光荣的说法，相反，他们认为那样是极不光荣的。

总之，莫尔借由乌托邦这一理想社会的塑造，讽刺和批判了存在于当时社会中的种种黑暗，并传达出反对私有制、反对战争和热爱和平等政治观点。莫尔对现实社会的黑暗和不公的揭示是深刻的，对社会问题根源的思考是深入的，对理想社会的描绘虽然充满了浪漫主义的空想，但也为后世社会主义流派的思想家对理想社会的设计提供了最初的蓝本。

二、康帕内拉及其思想主张

托马斯·康帕内拉（1568—1639年），意大利神学家、哲学家、政治思想家，早期空想社会主义思潮的主要代表人物之一。1568年，康帕内拉出生于意大利南部城市斯提罗城附近的斯拉诺，他出身贫苦，父亲是一名鞋匠。康帕内拉自幼聪慧且用心钻研，在一位僧侣的影响之下，他进入修道院学习，在此期间大量阅读经典著作，增长了不少能力和见识。在1585年举行的一次宗教辩论会议上，年纪轻轻的康帕内拉采用特来肖的观点，成功反驳了对方所持的"正统"观点，取得了辩论的最终胜利。但总体来看，康帕内拉的一生可谓命途多舛，且不论贫苦的出身，成年之后的康帕内拉因为著作中的异端倾向，屡次受到宗教裁判所的逮捕和拘禁。1599年9月，康帕内拉再次被捕入狱，入狱的原因是组织人民起义反抗当局的残暴统治，该次入狱导致了他20多年的囚徒生涯。直到人生中的最后十年，康帕内拉才在时任教皇的帮助之下重新获得了自由。康帕内拉一生虽然多次入狱，前后在监牢中度过的时间超过30年，但难得的是，哪怕在狱中他依然笔耕不辍，在极度艰难的条件下仍旧写出了许多闪耀着思想光芒的著作，包括《感官哲学》《形而上学》《太阳城》《论最好的国家》等，其中《太阳城》是康帕内拉在空想社会主义领域最为人熟知的作品，这是他在政治思想领域的代表作。

与柏拉图的《理想国》和莫尔的《乌托邦》类似，《太阳城》一书主要描绘的是作者康帕内拉心中理想国度的样子，之所以叫太阳城，是因为这个国家的领导者称为"太阳"，寓意知识和光明。"太阳"既是行政首脑，也是宗教领袖，可以裁决太阳城内一切人的一切争端。"太阳"之下，设三名领导人，分别分管不同的领域：分管战争与和平的领导人叫"威力"，分管文化科技与手工业的领导人叫"智慧"，分管生育、两性、农牧的领导人叫"爱"。每个领导人还有 3 名助手，协助他们完成各自的工作。从"太阳"到分管领导人到领导助手在内的 13 个人，构成了太阳城内最核心的公职团队。

太阳城实行民主制度，定期召开公民大会，城内 20 岁以上的公民全部出席，讨论太阳城内的重大事务。在公民大会上，公民还可以对政府官员的工作情况提出批评或表扬，并根据自身意愿，对"太阳"和领导人提名的政府部门负责人投票通过或否决。根据规定，"太阳"这一最高领导职务采取终身任职的制度，担任者必须在各方面素质极佳。首先，必须年满 35 岁；其次，担任者需要在政治、法律、宗教、历史、文化等多方面十分精通；最后，也是十分重要的一点，"太阳"的担任者必须是一名哲学家。简而言之，"太阳"是整个太阳城中最为贤明、博学和智慧的人。一般情况下，经过全民选举产生的"太阳"终身任职，除非找到新的更适合担任这一职务的人，基于"太阳"本身的贤明，新旧领导人之间将完成和平交接。

康帕内拉之所以能够成为早期空想社会主义思潮的代表人物，与他对私有制的批判是分不开的，这一点也体现在他对太阳城的制度设计上。同莫尔一样，康帕内拉认为私有制的存在导致了诸多问题。首先，私有制的存在败坏了道德，是人们自私自利的根源，并由此导致了欺骗、嫉妒、争讼等一系列的问题和罪恶。其次，私有制导致了贫富的分化与对立。贫穷之人卑躬屈膝，富足之人游手好闲，两者对国家长远的发展而言都是一种灾难。最后，私有制本身是对自然法的违背。因为上帝创造了世间万物，却并没有给任何个人分配任何事物。康帕内拉认为"你的""我的"这些词都是虚伪的字眼。康帕内拉认为，人类社会应该向蜜蜂学习，实行最接近自然、最符合自然法的财产制度——公有制。在他描绘的太阳城中正是如此，所有人无论尊卑，都要参加劳动，创造的财富由所有公民共同享有，每个人都既是穷人也都是富人，享有一切而又一无所有。在这种财产公有的制度之下，人们自私自利的性格得到遏制，每个人都自发地热爱公社。

　　康帕内拉在作品中塑造了太阳城这样一个理想的国度，传达了赞同公有制、反对私有制的思想观点。他看到了私有制引发的种种社会和道德问题进而批判私有制主张公有制，这一点是他作为早期空想社会主义思潮代表人物最重要的贡献之一。但他的太阳城中显然充满了太多理想的色彩，比如"太阳"职位的承担者毕竟是人，但对他的各方面素质的要求却近乎完美，要求其集贤明、公正、智慧于一身。"太阳"作为太阳城的最高权威拥有裁决一切争端的权力并且终身任职（这种情况已然与君主无二），同时又要求太阳城是民主制度。又比如当发现新的更加贤明的人时，"太阳"会很乐意地退位让贤，这种与中国传说中的尧舜禅让十分类似的制度在现实中究竟有多大的可行性恐怕是要打一个很大的问号的。他对私有制的批判也不够深入和有说服力，对私有制兴起的背后原因缺乏解释，也没有看到其对生产和发展的积极一面，对公有制的论述也有绝对平均主义之嫌。不过，考虑到他所生活的时代以及他的个人经历，包括个体知识的局限，我们也不能苛求古人，应该承认康帕内拉在空想社会主义领域的独特贡献。

本章小结

　　本章主要讲述了从 15 世纪末到 16 世纪末一百年的时间里西欧政治思想的发展变化，其中选取了马基雅维利、路德、加尔文、布丹、莫尔和康帕内拉几位有代表性的政治思想家。

　　在这一时期，西欧处于文艺复兴运动的第二阶段，本章介绍的几位政治思想家都很明显地受到了文艺复兴运动中人文主义的影响。马基雅维利对中世纪的诸多神权理论采取了一种直接忽略的态度，其对政治问题的思考是从人的角度而不再是从神的角度进行的。他提出了一种全新的与道德相分离的政治观——权力政治观，在这种政治观下，"权力"成为政治活动的核心问题，道德处于与政治相分离的且是次要的地位。在权力政治观的基础上，马基雅维利阐明了国家行动的逻辑，被后世的费南多·波提若总结为国家的理性，即一个国家统治者的首要目标是运用政治手段来扩大和保持国力。他还详细论述了国家应在小国与大国之间采用怎样的相处策略，并提醒君主保持对战争的专注。在政体思想上，马基雅维利认为共和制是十分理想的政体，他通过对罗马历史的考察，认为罗马可以保持稳定和繁荣的根源就在于实行了共和制度,元老院、执政官和平民之间形成了相互的制约,使得政体的蜕变和循环变得困难。同时马基雅维利也看到了君主制在建立和维持秩序方面的巨大作用,因此在《君主论》中对君主制进行了称颂,这与当时意大利迫切需要依靠专制王权实现统一的背景是分不开的。或者更加全面地说,马基雅维利认为在建立统一国家的过程中,君主制优于其他政体,而在国家的发展繁荣阶段,则是共和制优于其他政体。

路德和加尔文分别属于宗教改革运动中的第一代和第二代代表性人物。路德的主要贡献在于"因信称义"理论的提出,指出人们靠着自己的信仰得救而非教会,极大地解除了罗马教廷和教皇在精神世界对人们的束缚。加尔文则提出了预定论,对路德的"因信称义"理论进行了完善和补充。加尔文的《基督教要义》开创了不同于托马斯·阿奎那的新的神学体系,极大地鼓舞了新教教徒和宗教改革运动的发展,他在教会内部进行的各种改革也充满了民主的色彩,受到了恩格斯的高度称赞。

布丹是近代主权学说的开创者,在他看来,国家不仅仅是各个家庭及公共财产组成的一个大规模的社会组织,最重要的是在形成这一组织的过程中产生的"主权"。主权具有永恒性、绝对性、独立性和不可分割性四个特征。主权在国内至高无上,对外独立自主,结合欧洲长期的自然法和神法传统,布丹认为主权者应受自然法和神法的约束。在政体问题上,布丹首先区分了主权的归属和行使两个层次,认为两者分别属于国家类型的问题和政府形式的问题。两个层次相互独立,各自都有君主制、贵族制和民主制三种形式。基于主权的不可分割性,布丹反对以往政治思想家所推崇的混合政体的思想,并认为合法君主制是最为理想的政体模式。

莫尔和康帕内拉是早期空想社会主义思潮的代表人物,他们在资本主义发展初期就十分敏锐地洞察到了资本主义的弊端,并把矛头直指私有制。他们分别构建了乌托邦和太阳城两个理想的国度,为后世描绘了一幅美好的社会主义社会蓝图,为后来社会主义的发展做出了巨大的贡献。

思考题

1.马基雅维利的权力政治观的主要内容是什么？

2.如何理解"国家的理性"？

3.路德提出的"因信称义"主张有什么意义？

4.路德对教会的改革主张主要有哪些？

5.加尔文的"预定论"的主要内容是什么？

6.加尔文对教会的改革主张主要有哪些？

7.布丹提出的"主权理论"的主要内容是什么？

8.与以往的政体理论相比,布丹的政体思想有哪些特点？

9.早期空想社会主义思想家的代表人物有哪些？其主要观点是什么？

第九章　17世纪西欧的政治思想
（1600—1699年）

··

16世纪后半叶到17世纪上半叶，整个欧洲处于转型期间的动荡与骚乱之中。宗教改革并没有带来宗教宽容，新教兴起之后与传统的天主教成对立局面，宗教冲突不断。在教皇的支持下，欧洲诸多国家陷入长期的宗教战争之中。直到1648年《威斯特伐利亚和约》签订，现代欧洲的政治秩序才开始确立下来，局势走向缓和。

在16世纪，英国发生了大规模的圈地运动，大量失去土地的农民进入城市成为工厂的手工业者。到17世纪时，英国的小农阶层已经基本被消灭，这些为英国资本的原始积累创造了有利的条件。1640年查理一世召开议会筹集军费，直接引发了英国资产阶级革命，世界近代史随之拉开序幕。新兴的资产阶级联合新贵族，在克伦威尔的领导下打败了王党的军队，建立起资产阶级共和国。在克伦威尔的专制统治结束之后，斯图亚特王朝复辟，革命面临着前功尽弃的风险，1688年议会发动宫廷政变，迎荷兰执政奥兰治亲王威廉及其妻为英国君主，史称光荣革命。光荣革命后英国建立起君主立宪制的国家，法律高于国王，国王征税需要经过议会同意等规则被以法律的形式确定下来。在这一时期，有两位著名的政治思想家，霍布斯和洛克，他们与英国的资产阶级革命前后相伴，与革命也都或多或少地存在交集。但他们最伟大的贡献不在革命，而在思想和理论层面，本章将对他们二人的政治思想进行介绍。

第一节　霍布斯的政治思想

托马斯·霍布斯(1588—1679年)，出生于英国威尔特郡，英国唯物主义哲学家和政治思想家,被尊称为"现代人之父",其代表作有《利维坦》《法律要义》《论公民》等。他的一生经历了许多重大的历史事件:他出生的同年,英国打败了西班牙无敌舰队并从此成为海上强国;1640年英国资产阶级革命爆发,这场对整个欧洲都影响深远的资产阶级革命直到霍布斯以92岁高龄逝世之时都未完全落下帷幕。霍布斯与这次革命中的诸多主人公都有过交集,比如霍布斯曾经担任流亡中的威尔士王子的数学老师,威尔士即后来的查理二世。1652年霍布斯返回英国,时任英国护国公的克伦威尔曾邀请他担任行政部长的职务。霍布斯发表的言论使他屡屡得罪当权派:在1640年的英国资产阶级革命前夕,他发表的《法律、自然和政治的原理》使他得罪了国会中的资产阶级,导致他在恐惧中逃往法国巴黎;而之后出版的《利维坦》又使他得罪了王党和法国天主教会,这使他在1651年不得不重新逃回英国。在欧洲各国游历期间,他对各国的政治现实情况有了更多的了解,这为他观察和思考政治现象提供了很好的原材料。而且游历期间与诸多自然科学领域的大家的交往,也使他对政治问题的思考有了新的视角——科学的视角。他从机械唯物主义的视角出发,对国家的起源以及运行等一系列重大问题进行思考,取得了巨大的成就。

一、对国家起源及其本质的思考

为了论述国家的起源,霍布斯从人性趋利避害这一基本的政治逻辑起点出发,构建了一套关于自然状态的理论。他又在随后指出,为了摆脱这种人人自危的自然状态,人们从自己的理性出发订立契约交出自己所有的权利,最终形成了国家,具体内容如下。

首先是关于人性的假设以及对自然状态的描述。霍布斯认为,人人都具有趋利避害的本性,在国家出现之前,每个人都具有完全平等的权利。每个人从其本性出发,势必展开对有限资源的占有和对个人利益的无限追逐,这将导致人们之间冲突的产生乃至战争。另外,从每个人对利益的追逐和保全现有利益这一逻辑出发,人与人之间必定处于竞争和猜疑的状态,最终导致的结果就是"一切人反对一切人的战争"状态,霍布斯把这个状态称为"自然状态"。

其次是关于权利的让渡和契约的签订。在"自然状态"下,一切人反对一切人,每个人时时刻刻都处于一种危险的状态,个人的财产乃至生命都无法获得保障,整个社会毫无安全感和秩序可言。为了摆脱这种"自然状态",

人们依靠理性找到了出路，那就是对自然法的发现。自然法不是某个人或者某个由人组成的机构制定出来的，自然法是人们依靠自己的理性发现的，它的作用在于禁止人们做伤害自身的事情以及帮助人们保全自身。自然法中包含着三条重要的内容：对和平的追求、对权利的让渡、对契约的忠实履行。其中，对和平的追求是自然法的首要要求，自然法要求人们尽一切可能达到和维持和平的状态。但是这一目标的实现并不容易，这才有了自然法的第二个要求，也即人们对于个人权利的让渡。让渡个人权利的目的实际上是签订一个关于实现和平的契约，契约的权威建立在每个人让渡的权利之上，这是实行和平的重要保障。自然法的第三条内容在于要求人们忠实地履行自己订立的契约。可以看出这三条内容其实是层层递进的关系，并按照逻辑进行演绎，最终推导出了国家出现的必然性。

最后是国家的产生。国家的产生与自然法的第二和第三条要求密切相关。人们为了实现和平之目的既已订立了契约，并且按照自然法的要求应该忠实地履行。但问题在于如果缺少现实之中的公权力的监督与威慑，契约的权威也就无法体现，指望每个人自觉地履行契约也是一种不切实际的想法，在这种情况下，国家出现了。国家从诞生之初开始就伴随着浓厚的暴力色彩，霍布斯用"利维坦"这个词来表征国家，这是圣经中所描述的一种海上怪兽，为的就是突出国家具有震慑所有人的暴力与权威。国家的权力和权威来自人们在签订契约时让渡的个人权利。

既已论述了国家的起源过程，那么国家的本质就变得显而易见了。国家是人们为了消除"自然状态"、制止内部相互侵害和防御外来侵略，经由和平契约签订以及每个人对于一切权利的让渡而形成的具有公共权威的统一整体。这个统一整体集合了众人之人格形成了一个人格，其承担者便是主权者。简而言之，众人通过契约对主权者进行授权管理众人之事，意在消除内斗及抵御外患。

霍布斯对国家起源的思考与中国古代墨家流派的诸多思想存在着相通之处。

首先是对国家成立之前的"自然状态"的描述。霍布斯从人人趋利避害追求个人私利这一本性出发，推导出国家成立之前的自然状态下必定是一种"一切人反对一切人的战争"状态，人们在其中缺少安全之保障，相互攻杀掠夺，弱肉强食。墨家同样假设了一个在国家成立之前的"未有刑政"的时期，墨家对这个时期的状况的推导同样建立在对人性的分析之上。只不过，墨家用了"义"这个词,义不仅包含了每个人的物质利益,还包含除了物质利益之外的其他内容,如思想观点等。墨家认为每个人都"是其义,以非人之义",义与义之间的关系是相互冲突的。久而久之人们之间的冲突乃至战争就变得不可避免,出现了"天下之百姓,皆以水火毒药相亏害"的情况,这与霍布斯描述的"一切人反对一切人的战争"状态其实别无二致。

其次是关于国家的出现。霍布斯认为,众人交出自己的全部权利于国家,国家之人格实乃众人人格之总体,国家依靠公共权威与暴力平息内部的相互争斗以及抵御外来的侵害。而墨家政治思想中的"尚同"与之有相通之处。墨家认为为了摆脱原始情况下的混乱状态,就要将分散的义进行统一,国家建立的过程实际上也是"同众人之义"的过程,当最终实现了"总天下之义,以尚同于天"的时候,整个管理体制也就建立起来了。可见在墨家的观念之中,国家存在的一个重要作用同样也是消除人们之间的纷争,使之摆脱混乱无序的自然状态,另外墨家的思想中也包含着采用"刑政"等手段进行统治的思想,与霍布斯强调国家的利维坦本质也是比较接近的。

最后,两者从不同的角度出发都极力维护君主专制制度。

二、主权学说与臣民权利

法国的布丹再造了近代主权学说,霍布斯对布丹的主权理论进行了继承与发展。霍布斯认为主权是一个国家的灵魂和本质所在,是一个国家内部至高无上的权力,而且不容分割、转让或放弃。

主权的至高无上性体现在主权不受其他任何权力的制约。如果有其他的能够制约主权的权力,那便是在主权之上又有了新的主权,这是不被允许的。霍布斯由主权的至高无上性延伸出主权者权力的至高无上和不受约束,哪怕是法律也不能对主权者进行约束。这是因为构成主权的各项权力中本身就包含了立法权。主权者既拥有立法权力,那么他随时可以废除"妨碍"自己的法律,这使得法律对主权者的约束变得毫无意义。另外,从国家起源的过程来说,众人通过缔结和平契约交出了自己的全部权利于国家,但是主权者是不在缔约者范围之内的,他是众人通过契约进行授权的对象,也是众人的服从对象,不可能使主权者自己服从自己,那样的话"只对自己负有义务的人便根本没有承担任何义务"。综上,主权者的权力如主权本身一样,至高无上、不受约束。

主权的不容分割则体现在与主权相关的各项权力必须全部掌握在主权

者的手中,这些权力包括指挥军队的权力、立法权、司法权、征税权甚至是控制言论的权力等,因为这些权力之间存在着密切的相互支持的作用,其中一项权力若丧失,其他的权力也很难得到保障,比如征税权保障主权者对军队的调用,对军权的掌握又保障着司法的权威,诸如此类,等等。

主权者不能主动放弃或转让自己的权力,因为他的权力是与他对臣民负有的义务联系在一起的。如前所述,国家的存在乃是为了使民众摆脱自然状态,所以主权者负有保障民众的安全与和平的义务。对主权的转让或者放弃便是对保障臣民安全与和平的义务的放弃,若如此则会使民众重新陷入自然状态下的恐惧之中,社会秩序将重新归于混乱。另外,主权者虽然不是交付权利的缔约一方,但却是接受授权的对象,相当于作为契约的另一方参与了契约的签订,按照自然法的要求,任何一方都有忠实履行自己签订的契约的义务,所以主权者不能单方面地放弃对契约的履行,也即不可对主权进行放弃或转让。

在论证了主权者所拥有的主权的至高无上、不可分割以及不可转让和放弃之后,霍布斯对主权者的义务也进行了规定。其中最重要的一点是主权者应该服从自然法的要求,同时按照缔约之目的,尽己所能维护和平的状态,保障人民的安全。这种安全不仅仅包括最基础的生命安全,还应包括财产安全,即人民的合法劳动所得不受侵害。这种对劳动成果稳定性的保障,是各个行业得以存在的基础。在这里霍布斯特别强调对财产安全的保障,更多的是指内部的臣民与臣民之间的关系。那么主权者是否可以对臣民的私有财产拥有权利呢?答案是否定的。霍布斯明确指出,主权者除非在代表国家公共利益时,否则对人民的私有财产不具有任何权利,这其实已经与后世概括的资产阶级关于"私有财产神圣不可侵犯"的主张十分接近。

从霍布斯关于国家起源的论述过程来看,臣民在缔约时交出了一切的权利,但霍布斯在论述臣民权利时又对此做了详细的阐述。霍布斯认为,臣民至少仍保有两个方面的权利:第一个方面是自我保存的权利,这是一项自然权利,无法通过条约缔结这一行为进行让渡。臣民缔约的重要目的就是获得和平与安全,也即为了更好地自我保存,所以臣民无论是在缔约前还是在缔约后自始至终拥有自我保存的权利。这意味着当主权者的命令或行为危害到了臣民的这种合法正当的自然权利时,民众具有反抗的权利。霍布斯的这一理论也被封建统治者认为是"埋下了叛乱的火种"。第二个方面是在法律没有加以规定的地方,民众拥有根据自己的理性做出判断以及采取相应行为的权利,这一点与当今仍然在各国通用的"法无禁止即自由"的原则是比较接近的。霍布斯十分强调臣民在经济领域的权利,他认为国家权力应该被限制在政治领域,经济领域的生产、交易、消费等活动应该属于臣民的自由领域,这对后来古典经济学中的自由放任主义思想产生了一定的影响,对资产阶级的发展具有十分积极的作用。

第二节　洛克的政治思想

约翰·洛克(1632—1704 年),出生于英国萨默塞特郡,17 世纪英国著名哲学家和政治思想家,他的主要贡献在于对自然权利理论的发展以及提出的法治与分权的主张,代表作有《政府论》(分上、下篇)、《论宗教宽容》和《人类理解论》等。洛克的理论在霍布斯与卢梭和孟德斯鸠等人之间起到了重要的承前启后作用,对西方近代资产阶级政治学说的完善起到了巨大的推动作用。从他生活的年代来说,他完整地经历了英国资产阶级革命的始末。他的代表作《政府论》上、下篇在英国光荣革命之后陆续出版,为英国在光荣革命之后确立的君主立宪政体和议会主权体制在理论上做了最完整和充分的辩护。

一、对自然状态的再假设

在前面我们提到,霍布斯的理论大厦是建立在其关于自然状态的假设基础之上的。在霍布斯的理论中,在国家成立之前的社会里充满了"一切人反对一些人的战争",人们孤独、贫困、卑污、残忍而短寿。洛克借鉴了霍布斯对自然状态进行假设的这一方法,但对之进行了重要改造。几乎是与霍布斯关于人类自然状态的假设截然相反,洛克认为自然状态下人们并不是处于彼此攻杀掠夺的战争状态,相反自然状态是一种完备无缺的和平状态。生活在自然状态下的每一个人,都处于相互平等的地位,每个人享有相同程度的权利,没有人享有比其他人更高的或更多的权利。自然法是自然状态中的每个人都要遵守的原则,支配着社会的运行。在自然法允许的范围内,每个人依靠自己的理性对自己的行为和财产做出判断并进行处置,在这个过程中无须征得其他任何人的同意或听从他人的命令。但是每个人的自由并不是无限的,同样是由于自然法的限制,每个人都不能对他人的生命、健康、财产和自由加以侵害,实际上这也正是他人自身的权利范围。

二、以财产权为核心的自然权利理论

从前述洛克关于自然状态以及处于其中的人所享有的自由的描述我们可以看出，洛克认为在国家成立之前的自然状态下，自然法就已经对每个人的生命权、健康权、财产权和自由予以保护，每个人的权利以不对他人的这些权利造成侵害为限，在这个范围内每个人享有最大的自由。

生命权、财产权、健康权和自由的权利是洛克主张的自然权利的主要内容，洛克认为其中最为关键和核心的是财产权。在洛克看来，其他的几项权利都是为了保证财产权可以有效地被行使。比如生命权保障了每个人的财产不会受到他人的侵犯，而自由权确保了每个人可以按照自己的意志处分自己的财产。洛克从财产权起源的角度论证了保护私有财产的合理性。在洛克看来，上帝为人们造就了世间万物，人们共同享有对它们的权利。因为人们的权利彼此相等，因而没有必要特意强调保护谁的权利或财产。使这一情况发生改变的是个人的劳动。劳动这一行为改变了部分自然物的自然状态，劳动者的个人人格由此被加之于上，这部分自然物就与那些原本人们共同享有权利的自然物区别开来，成了劳动者个人的私有财产。洛克对此有一段十分生动具体的话："我的马所吃的草、我的仆人所割的草皮以及我在同他人共同享有开采权的地方挖掘的矿石，都成为我的财产，无须任何人的让与或同意。我的劳动使它们脱离原来所处的共同状态，确定了我对于它们的财产权。"

把财产权放到人们享有的所有自然权利的突出位置，这是洛克自然权利理论的一个重要特色。在后续洛克论述国家的建立、政府存在的目的、权力的范围、统治的方式等问题时，无一不与对财产权的保护相关联。洛克的这一主张与当时的时代背景有密切关联。17世纪的英国经历了资产阶级革命，打倒了封建王权。1688年光荣革命之后，代表资产阶级利益的议会逐渐掌握了国家最高权力，洛克的理论实际上反映的也是资产阶级对保护私有财产的诉求，他为资产阶级的这一诉求提供了绝好的理论支撑。

三、政府的起源与目的

洛克在论述政府的起源和目的时，采用的思路与霍布斯大致相同，都是从自然状态中的个人到契约的建立，再到国家和政府的形成，但在这其中有很多关键细节存在差异。

首先是人们建立契约的动机存在差异。在霍布斯的论述中，自然状态是一种"一切人反对一些人的战争"状态，建立契约的目的在于帮助人们走出这种战争状态。而洛克的理论中，自然状态是一种完备无缺的和平状态，那么自然不能再使用和霍布斯相同的理由。洛克对此的解释是，自然状态虽然和平但是存在着诸多不便，缔约的目的就在于摆脱这种不便，具体如下：在自然状态下，每个人与他人享有相同程度的权利，社会的运行受到自然法的支配。但问题在于，缺少具体而明晰且为众人所知的法律，且当社会中有成员有违反自然法的行为时，没有高于众人之上的人拥有绝对的力量来实施惩罚行为。当社会成员之间发生纠纷和冲突时，缺少公认且合适的第三方作为仲裁者裁决争端，而每个人由于自私、偏袒或者报复心理等因素，在充当自身事件的法官时，都无法做出合适而令人信服的裁决。为了解决这些不便以及更为有效地保障人们拥有的各项自然权利，人们选择了缔约和授权，政府由此产生。

其次是在缔约过程中人们让渡的权利内容存在差异。在霍布斯的论述中，缔约者让渡出了除保存自身之外的所有权利，而且哪怕是这种保存自身的权利，也是存在一定的限制的，也即哪怕是为了保存自身，这只能是基于个体的反抗，而不是有组织地针对主权者进行反抗。但在洛克这里，缔约者让渡的权利范围则有了明显的缩小，缔约者只让渡出了对他人施加惩罚的权利。洛克认为，在自然状态下，每个人都有一定的惩罚权，这种惩罚权体现在当他人违反自然法时，每个人都可以执行自己的私人判决，对其予以惩罚。而这个权利就是众人在缔约的过程中交出去的权利，国家将众人之惩罚权集于一身，也即合法垄断暴力。由国家作为仲裁者对违反法律的人进行判决和执行惩罚，这样避免了自然状态下私人判决容易引起的不公以及只能靠私力执行的问题。

最后是政府权力的性质存在差异。政府权力的性质实际上与人们建立契约的动机以及在契约中交出的权利内容有密切联系。在霍布斯的理论中，人们为了摆脱非和平的自然状态，交出了除保存自身以外的所有权利，建立起的政府是一个利维坦。而且承担主权的主权者不需要受到契约的约束，所以政府的权力是专制的。而在洛克的理论中，人们订立契约建立国家的目的乃是摆脱自然状态下的种种不便以及更好地保护每个人拥有的以财产权为核心的自然权利，人们在契约中交出的也不过只是惩罚他人的权利。在这种情况下，政府的权力不能也不可能是专断的。以征税为例，洛克强调如果没有经过财产所有者本人的同意，那么即便是拥有最高权力的政府也不能取走任何财产的任何部分。

四、法治与分权思想

洛克的另一个重要贡献是他关于法治与分权的主张。法治与保护人们的自由密切相关。洛克认为在自然状态下与公民社会形成之后（也即经由契约建立国家之后），人们享有的自由是存在差别的。自然状态下，人们拥有的自由除受到自然法的约束外，不受其他任何权力的束缚。在国家产生之后，人们享有的自由就只能是法律约束之下的自由，法律代表的是除自然法之外的人间的权力。洛克十分推崇法律在国家统治过程中的作用，他认为法律的存在很好地保护了人们的自由，相反在法律不存在的地方也就没有自由可言。

由于法律为社会成员提供了一种长期有效且需要众人共同遵守的法则，担负保障人民自由之重任，所以立法权就显得尤为重要。根据洛克的理论，国家的权力应分为三项，分别是立法权、执行权和对外权。其中立法权是最高权力，负责制定法律，为人们提供共同的行为准则，引导自由而拥有理性的人去追求自己的正当合法利益。法律的存在使得人们的生命权、自由权和财产权这些自然权利能够得到更好的保障，确保纷争出现之时，仲裁者能够有据以裁决的依据。简单来说，立法权规定了如何运用国家的力量保护社会成员的自然权利，以及在总体上增进社会的福利。执行权则是执行由立法权规定的各项事务，尤其是执行立法机关制定的各项法律的权力。洛克这里所说的执行权接近后来的三权之中的司法权和行政权的结合，执行权主要面向一国之内的民众。最后是对外权，涉及的是本国与其他国家的关系问题，是联合、同盟还是敌对关系，决定本国与他国和平相处还是发动战争等。

立法权、执行权和对外权三权之中，洛克认为最重要的是立法权。他认为立法权正是赋予一个国家以形态、生命和灵魂的权力，立法权高于其他权力，从定义出发，执行权更是应该向立法权负责，并受到立法权的监督。实际上英国光荣革命之后建立的君主立宪制正是这样一种模式：由议会掌握国家的立法权，君主掌握执行权力，从而使得君主的权力受到议会的监督与限制。

从立法权的归属出发，洛克将国家的政体划分为三种形式：社会大多数成员直接行使立法权以及由自己委派官吏执行法律的是民主政体，社会中的少数精英成员掌握立法权的是寡头政体,由个人掌握立法权的是君主政体。洛克认为这三种单一的政体都有自己各自的缺陷,理想的政体形式应该是在这三种形式之上的混合政体。洛克的分权理论正好可以很好地契合混合政体的需要,即在一个国家中一部分人掌握立法权,一部分人掌握执行权,还有一部分人掌握对外权。三权各有分工,相互协作,这样可以很好地避免专制权力的出现。实际上洛克对权力始终保持着审慎的态度,尽管已经通过设计分权的方式来对权力进行了制约,但这仍然不够。鉴于三权之中立法权权力最大,洛克针对其又做了进一步的限制。他从目的、方式、归属以及与财产权的关系四个方面出发制定了四条基本的原则,为立法权不被滥用提供了进一步的保障,分别是:第一,立法目的。立法权应该以谋求本国人民的福利为唯一目的,其他的目的都不符合立法权设立的初衷,也容易导致对立法权的滥用。第二,在立法权使用的方式上,立法机关应该制定长期有效的法律,而非通过发布临时的决定或命令约束众人。第三,从立法权的归属上说,立法权来自人民,立法机关的权力来源于人民的委托,归根结底属于人民。这意味着在必要的时候,人们可以撤回对政府、对立法机关的授权。第四,立法机关在行使立法权时不得对民众的自然权利造成侵害,这其中对财产权的保护尤为重要,未经本人同意,立法权不能夺去任何财产的任何部分。

本章小结

本章主要讲述了17世纪英国政治思想家霍布斯、洛克的政治思想。他们在前人理论的基础上,对国家起源、主权理论、自然权利、政府权力等问题做了全面系统的论述,这为后续西方近代政治思想的发展奠定了基础。

霍布斯从对自然状态的假定出发论述了国家的起源过程。他对自然状态的描述也反映出他对人性持悲观态度,这决定了必须要有一个具有无上权威的"必要的恶"的存在,以对所有臣民进行震慑。他论述的国家起源过程带有鲜明的社会契约论色彩,但是应该注意的是,他在讲述人民让渡的权利内容的时候用的是排除法的定义方式,也即除了保存自身的权利之外,所有的个人权利都在让渡范围之内,由此逻辑延伸而推导出的政府权力必然是专制的,霍布斯的政体思想印证了这一点。与臣民有限的权利(包括自我保存和私有财产不受侵犯)形成鲜明对比的是他对主权至高无上权威的论述。在他的理论中，主权者不受契约的约束，应掌握立法、司法、军队统帅、官员任命、言论控制等各项权力，并且由于掌握了立法权，主权者甚至也不需要受法律的约束。从霍布斯的理论中我们很少看到中世纪神学思想的影响，但是却能够看到浓厚的封建王权色彩，这自然与当时整个欧洲发展的大背景是密切相关的。17世纪的欧洲，神权虽然已经衰落，但是欧洲大陆国家的王权却处于上升阶段。譬如法国的路易十四建立起了强大的王权，法国国势鼎盛。而且为了进一步对抗神权，消灭地方割据势力，建立统一的资本市场，许多国家的资产阶级都需依靠王权。相比之下，英国的资产阶级革命在当时尚属"异类"，所以从霍布斯的理论中我们能看到一些资产阶级色彩的主张，但是也能看出他对王权同样寄予了很高期待，并竭尽全力地为其合法性进行辩护。

洛克在论述国家起源时借用了霍布斯的推演思路，但是对自然状态进行了重新假设。相比于霍布斯对主权者权力的强调，洛克更加注重对人民自然权利的保护。在这其中，洛克尤其强调财产权的地位。在洛克这里，人民通过契约的方式对政府进行授权，而且这里的授权是委托性质而非让与性质，权力最终的归属在授权者而非被授权者。在授权的范围上，洛克采取了正面界定的方式，明确指出人民交出的只是惩罚权。洛克在政府的目的以及权限范围等方面做出限定，体现了一种有限政府的思想。洛克将国家权力分为立法权、执行权和对外权，其中立法权至上，治理国家必须以立法机关颁布的长期有效的法律为准则。洛克不仅对立法权本身的行使做出了种种限制，而且强调立法权和执行权必须掌握在不同的人手中，法治与分权的基调得以奠定。

思考题

1.在霍布斯看来，国家是如何起源的？

2.在霍布斯看来，主权有哪些特点？

3.霍布斯的契约理论的主要内容是什么？

4.洛克对自然状态的假设与霍布斯有什么不同？

5.洛克的自然权利理论的主要内容是什么？其核心权利是什么？

6.在洛克看来，国家是如何起源的？

7.洛克的分权理论的主要内容是什么？

第十章　18 世纪西方的政治思想
（1700—1799 年）

时间进入 18 世纪,中国正沉浸在封建王朝最后的盛世里,清王朝的统治者享受着帝国最后的荣光。而同一时期的西方世界,政治领域正风起云涌,英国已经在 17 世纪 80 年代末彻底完成了资产阶级革命,社会持续稳定,经济持续发展。到了 18 世纪 60 年代,英国率先拉开了工业革命的序幕。相比于英国,法国、美国和德国在经济发展领域稍稍滞后,但政治思想领域三国都出现了重大的理论创新。

在美国、法国的资产阶级革命爆发之前,一批杰出的政治思想家已经建构了体系十分完整的资产阶级理论大厦,为革命做好了理论准备。18 世纪可谓是人才辈出的世纪,先后涌现出了大量杰出的政治思想家,包括法国的孟德斯鸠和卢梭,美国的杰斐逊与汉密尔顿,德国的康德与洪堡等。他们或是为革命实践构建了理论基础,或是直接参与到了革命之中,又或者推动了本国自由主义传统的发展。本章从法国、美国、德国分别选取几位有代表性的政治思想家,并对他们的理论进行简要介绍。

第一节　孟德斯鸠的政治思想

孟德斯鸠(1689—1755 年),全名沙利·路易·德·斯贡达·孟德斯鸠,18 世纪法国启蒙运动的先驱,著名的政治思想家、法学家和社会学家,代表作有《波斯人信札》(1721 年)、《罗马盛衰原因论》(1734 年)以及《论法的精神》(1748 年)。

孟德斯鸠 1689 年出生于法国波尔多城附近的一个贵族家庭,青年时代接受过正规法学教育,19～25 岁的 6 年时间里,他对法律进行了专门的研究,这为他后续的理论著作打下了基础。孟德斯鸠曾在波尔多法院担任法院参事之职,并承袭伯父爵位及庭长之职,但他无意仕途,不久后便卖掉该职位,专心著述。1721年出版的《波斯人信札》使得孟德斯鸠声名鹊起,该书以两个赴欧洲旅行的波斯人的口吻讲述了对欧洲社会许多现象的看法,尤其是对法国的封建制度予以了抨击。《论法的精神》是孟德斯鸠的巅峰之作,该书的写作时间前后长达20年之久。书中内容包含了孟德斯鸠在历史、政治、社会、哲学、宗教等诸多方面的观点,其最为著名的三权分立与制衡的理论就是出于此书。由于该书对宗教专制进行了强烈的批判,所以在出版之后不久便进入了教皇的禁书目录,但这依然不能阻止《论法的精神》这部思想巨著持续地发挥影响,实际上该书对之后的美、法资产阶级革命影响深远。

一、法的精神

孟德斯鸠认为,所谓法的精神,就是法与各种各样的存在物之间的关系的总和。而《论法的精神》这本书的一个重要目的就是要探讨法与各种存在物之间的关系,孟德斯鸠采取了历史学、社会与文化学两种方法对法的精神进行研究。

首先是历史学的方法。孟德斯鸠对罗马的历史进行了考察研究,写成了著名的《罗马盛衰原因论》,但这本书的重点不在于对历史的叙述,而在对罗马盛衰原因的探索与分析。距孟德斯鸠不远的英国资产阶级革命也成为他的研究对象。他对英国经历资产阶级革命之后建立的君主立宪政体制度十分欣赏。在游历期间,孟德斯鸠不仅对英国各地的风土人情进行了考察,还曾亲自参观了英国议会并听取了议员们之间的辩论。孟德斯鸠对"古往今来"的这些历史进行考察,目的在于找到法的精神的历史依据,建立国家与法的一般性的原则与规律。孟德斯鸠相信,在这些一般性的原则与规律之中,蕴含着历史演变的规律。他说:"我建立了一些原则。我看见了,个别的情况是服从这些原则的,仿佛是由原则引申而出的,所有各国的历史都是由这些原则而来的结果。每一个个别的法律都和另一个法律联系着,或是依赖于一个更一般的法律。"[①]

其次是社会与文化学的方法。孟德斯鸠认为,法与法所依存的文化之

① 孟德斯鸠.论法的精神:上册[M].张雁深,译.北京:商务印书馆,1997:37.

间存在着密切的关系,因此不能单纯地从法律的角度来讨论法律。他认为,整个社会处在不停的演进和变化之中,这种演进与变化与人的主观意志没有太大关系,而与组成社会的各个方面的因素密切相关。这些因素包括自然环境、气候条件、历史、文化、社会风俗、习惯、一般的人的精神心理状况等。每一个因素的改变都有可能引发整个社会结构的变迁,法的精神也就在这个变迁的过程中发生着变化。从这个角度可以说,法的精神就是法律存在和运行的社会土壤,是法律的外部环境。这也正是孟德斯鸠在强调的,自己"不是在讨论法律本身"这句话的含义所在。

孟德斯鸠指出,理性是法的精神的一个重要内涵。他认为存在着一个根本理性,而法就是这个根本理性与各种存在物之间,以及各种存在物彼此之间的关系的体现。他说:"每个国家的政治法规和民事法规应该只是把这种人类理性适用于个别的情况。"①孟德斯鸠进一步指出,由于人的局限性的存在,加之并非所有人都拥有理性,可能会导致两个方面的问题:一是在法律的制定方面,由于人们并不总是能够依靠着理性制定法律,其制定出的法律不一定总是能够符合法的精神;二是在法律的遵守方面,即便是已经制定出了良好的法律,人们也不一定能够很好地遵行。孟德斯鸠写作《论法的精神》的主要目的也就在于回应这两个问题,通过总结和论述法的精神,为各国立法者提供一套通用的原则。他相信只要各国立法者能够对法的精神进行深刻的理解与运用,就可以依靠理性制定出好的法律;此外自己的书可以帮助民众更好地理解法律,起到对法律的宣传教育作用,从而更加有利于民众对法律的遵守。

孟德斯鸠将法划分出了不同的体系,这是他的又一大贡献。按照他的划分,法可以被划分为自然法、人法和神法。其中自然法是人们在进入社会之前就存在的法,调节着当时社会的运行。其中"追求和平""寻找食物""相互之间的自然的爱慕""渴望过社会生活"是自然法的主要内容。当人类社会正式形成之后,人们开始依靠理性为自己制定法律,包括政治法与民法。其中政治法是指导统治者施政的法律,调节统治者与被统治者之间的关系,主要目的是保障民众的自由权利;而民法负责调节公民之间关系,内容多与财产利益相关,主要目的是保障民众的财产权。最后,孟德斯鸠谈到了神法,他认为神法是人们处理与宗教相关的事务时应该遵循的法律,神法的力

---

① 孟德斯鸠.论法的精神:上册[M].张雁深,译.北京:商务印书馆,1997:6.

量来自人们的信仰。

与中世纪时对神法的着重强调不同，孟德斯鸠更加强调的是自然法以及人法的地位和作用，因为自然法意味着对人的自然权利的保障，而人法有助于整个社会的完善。在他看来，人法中的民法对保障人们的财产权利起着至关重要的作用，相比之下神法的地位倒显得没有那么重要了。

二、政体思想

在讨论到国家的政体时，孟德斯鸠最为注重的是两个方面：政体的性质和原则。前者是构成政体自身的部分，后者则决定着政体的发展和运行。如果把政体比喻成一个人，政体的性质是这个人的肉体，政体的原则是这个人的灵魂。

首先是政体的性质。政体的性质涉及两个方面的问题：权力的归属和运行。以往的政治思想家在划分政体时往往只考虑到掌权者人数的多寡，而孟德斯鸠则是继亚里士多德之后又一个考虑到权力运行因素的政治思想家。孟德斯鸠根据权力由一个人掌握还是多数人掌握把政体划分为共和政体和君主政体。在共和政体中，全体人民或者是人民中的一部分掌握着最高权力，显然这里所讲的共和政体包括了以往政体划分中的民主政体和贵族政体。把权力的运行是否遵循法治这一因素考虑在内，孟德斯鸠对君主政体进行了进一步的划分。君主政体被划分为好的君主政体与坏的君主政体。好的君主政体下，掌握最高权力的是开明君主，他统治国家依靠的是制定好的法律，遵循法治原则；而在坏的君主政体中，掌握最高权力的是专制君主，他统治国家既不依靠法律也不依靠规章，而是取决于个人的意志，权力的运作容易受到君主个人反复无常的性情的影响。

其次是政体的原则。孟德斯鸠认为，政体的原则是"使政体运行的东西"，不同性质的政体都对应着各自的政体原则。政体的原则与政体之间的关系类似法的精神与法之间的关系。一种政体原则是其对应的政体存在的社会和文化根基，从长远的角度也从根本上决定着一种政体的发展变化。孟德斯鸠从政体结构、立法、教育、风俗习惯等方面入手，分析他们与政体之间的关系，并提炼和论证政体的原则。在孟德斯鸠划分的政体类型中，共和政体对应的政体原则是品德，君主政体对应的政体原则是荣誉，专制政体对应的政体原则是恐怖。

在孟德斯鸠划分出的几种政体类型中，他最反对的是专制政体。该种政体的原则是恐怖,这一原则本身就包含着很强的破坏性,这必然导致专制政体与愚昧、奴役与暴力等联系在一起。君主拥有至高的权力但是却不受法律的约束,这必然是极其糟糕的。对于共和政体,孟德斯鸠认为,其政体原则是品德,这要求共和政体中的人民拥有热爱祖国、崇尚平等等精神。共和政体是一种非常不错的政体,令人向往,但是由于其对民众的素质要求较高导致政体的现实性不强。相比之下,开明的君主政体最具现实性,君主一人手中掌握着极大的权力,这保证了统治效率,同时君主在行使自身的权力时受到已经制定好的法律的约束,也即遵循法治的原则。孟德斯鸠尤其注重权力的僭越对政体腐化蜕变的影响。在他看来,各种各样的政体的腐化蜕变无不是从权力的僭越开始的,无论是君主还是贵族抑或是平民都需要按照既定的法律行使权力,一旦有一方的权力不受约束,政体的原则就会遭到破坏进而发生改变,政体的原则发生改变后,政体的腐化与蜕变也就只是时间问题了。开明的君主政体与专制的君主政体在形式上极为相似,但是一个是孟德斯鸠眼中的理想政体,一个是他最为反对的政体,两者最为关键的地方就在于君主权力是否受到约束,是否遵循法治原则。由此可见孟德斯鸠对法治原则的重视,再有也能看出孟德斯鸠对权力本身充满了不信任(无论是君主的权力还是共和政体中民众的权力),必须以既定的法律进行约束。但是制定法律本身的权力也是一项权力,孟德斯鸠如何解决这一问题呢? 这就要谈到他的另一个重要的政治思想了——分权制衡。

三、分权制衡

关于权力,孟德斯鸠有一段经典的论述,"一切有权力的人都容易滥用权力,这是万古不易的一条经验。有权力的人们将使用权力一直到遇有界限的地方才休止"[①]。为了防止因权力僭越对公民自然权利的侵害,孟德斯鸠提出了分权与制衡的思想。相比于洛克,孟德斯鸠不仅看到了分权对于防止专断和腐败的重要意义,还看到了权力之间的彼此制衡对约束权力的重要意义。他明确指出应该以权力约束权力,并为此精心设计了国家的权力结构。

孟德斯鸠将国家的权力分为立法权、行政权和司法权三项,三项权力之间相互合作与制约,最终达到一种均衡。

---

① 孟德斯鸠.论法的精神:上册[M].张雁深,译.北京:商务印书馆,1997:154.

首先是立法权。孟德斯鸠认为立法权应该属于全体人民，但是考虑到实际的情况，这一权利不可能由所有人民直接行使，因而采用代议制是较为可取的做法。立法权应该包括两项权力：法律的创制权与反对权，这两项权力应该分开行使。同时，孟德斯鸠认为有必要将平民与贵族区别开来分别掌握部分的立法权。其中平民议会的议员通过选举产生，掌握有关法律的创制权，可以提出法案、制定新的法律或者对原有的法律进行修改。而贵族议会的议员则通过世袭产生，贵族代表们掌握法律的反对权，无权制定新的法律，但是可以废止旧的法律。平民院与贵族院分掌立法权的做法可以有效地制衡彼此，防止平民滥用立法权侵犯贵族的利益或者贵族群体滥用立法权而放纵自己的贪欲。

其次是行政权。行政权是执行法律的权力，与立法权之间是被监督与监督的关系。孟德斯鸠认为，行政权处理的事务往往需要很高的效率，需要迅速地做出决断，所以不同于立法权由多人掌握，行政权应该由一个人掌握，结合孟德斯鸠认为的比较理想的政体是开明君主政体，所以国王是掌握行政权的合适人选。

最后是司法权。司法权同样是执行法律的权力，但与行政权相比，司法权的行使主体、行使方式以及行使目的不同于前者。在行使主体上，虽然法官行使司法权，但孟德斯鸠认为，被告与之处于平等的地位，他甚至有权依照法律选择自己的法官；相比之下行政权的行使主体与其管理对象地位显然不平等。在行使方式上，行政权具有主动性，即掌握行政权力的人需要积极主动地运用自己手中的权力管理国家事务；但是司法权具有被动性，遵行"不告不理"的原则，只有原告提起诉讼的时候，司法者才能行使司法权。在目的上，司法权的目的在于惩罚违法和犯罪行为，而行政权的目的则要广泛得多，涉及人民生活的方方面面。

应该注意的是，孟德斯鸠关于立法权与行政权的划分虽然汲取自洛克的分权理论，但是两者存在着明显的不同。首先，在洛克的分权理论中，立法权是至高无上的，行政权和对外权都要服从立法权；但孟德斯鸠更加强调三权之间的相互制约，甚至为了保证行政权的效率，孟德斯鸠并不主张使用立法权对其进行牵制。其次，孟德斯鸠理论中的行政权与洛克所说的行政权既有交集也有不同。孟德斯鸠理论中的行政权既包括对内的维护公共安全、领导军队、管理各项事务的权力，也包括对外的处理国与国之间关系的权力，比如宣战或者媾和的权力，这显然将洛克所说的对外权也包含了进来。但另一方面,孟德斯鸠将司法权从洛克所讲的行政权中剥离了出来,单独作为三权之一。

孟德斯鸠关于三权分立与制衡的理论参考了古代罗马共和国的政治制度,同时也吸取了洛克的分权思想。孟德斯鸠生活的时期,英国已经彻底完成了资产阶级革命,君主立宪政体已经得到完全确立,孟德斯鸠在提出自己的理论时,也参考了英国现实的政治制度。无论是他提出的联邦共和国,还是政体理论中的开明君主政体,都能看到英国政治制度的影子。这些古今中外的历史为孟德斯鸠的理论提供了强烈的现实依据,使得他的理论极具现实性而不仅仅停留在描述一种空想的理想政体。美国建国初期的诸多政治领袖都熟知孟德斯鸠的三权分立与制衡的理论,这导致该理论在后来美国国家制度的设计过程中发挥了重要影响。除了美国,法国作为孟德斯鸠的祖国,也受到孟德斯鸠政治思想的影响。法国大革命初期的诸多政策正是以孟德斯鸠的理论为基础的,著名的《人权宣言》明确指出"凡享受权利而无切实保障和分权未确立的社会,就没有宪法",无疑肯定了孟德斯鸠的分权与法治主张的价值。

第二节　卢梭的政治思想

卢梭(1712—1778 年),全名让-雅克·卢梭,18 世纪法国著名文学家、教育家、政治思想家,同时也是激进的民主主义者。1750 年出版的《论科学和艺术》是其成名之作,但其最为人所知的两部作品还是其代表作《论人类不平等的起源和基础》(1755 年)和《社会契约论》(1762 年),除此之外还有《爱弥儿》(1762 年)、《忏悔录》等作品。

1712 年,卢梭出生于日内瓦,这也是他一生为之骄傲和自豪的地方。与孟德斯鸠的贵族出身不同,卢梭自幼贫苦,很早就失去了自己的母亲,父亲只是一名普通的钟表匠。16 岁时,卢梭不得已开启了自己的流浪生活,在这个过程中,他走过瑞士、意大利和法国等多个国家,并且多数时候都只是混迹于社会的底层。他做过家庭教师、仆役和听差等工作以维持生计,难能可贵的是在这一过程中卢梭依然坚持阅读,这才有了他后面在理论上的成就。1742 年,卢梭来到法国巴黎,在这里他结识了许多法国的启蒙思想家。在成名之后,卢梭曾重新回到日内瓦成为其公民,但由于卢梭的理论对封建制度、天主教会包括日内瓦的新教加尔文教派都构成了强烈的批判和挑战,引起法国和日内瓦当局的不满，再加上其特立独行的性格使得他四面树敌，最终被迫再度离开日内瓦。此后多年卢梭一直辗转多国寻找避难所，穷困潦倒，最终于1778年7月2日逝世。

一、平等思想

在《论人类不平等的起源和基础》一书中，卢梭详细地论述了不平等的产生过程，这个过程是与生产力的发展、私有制的出现、国家的起源、政治与法律的出现、社会的不断演化紧密联系在一起的，卢梭将这个过程分为三个阶段。

第一阶段是穷人和富人的出现，并得到人们的认可。在这里卢梭同样假设了人类社会形成之前的自然状态。在自然状态下，每个人都是分散而孤立的，相互之间没有束缚和奴役，是一种完全平等的状态。卢梭认为退一步讲，即便在自然状态下存在着一定的不平等，也不会有任何实际的影响，人们也必定丝毫不会察觉得到。但是人们拥有智慧和理性，这使得人们拥有了进行不断自我完善的能力，推动着生产力的向前发展。而随着生产力的发展，私有财产和私有观念出现了，原本朴素平等的自然状态悄然发生改变，一个最明显的现象就是出现了穷人和富人两大阵营，这种现象逐渐被人们认可，财富上的不平等成为后续一系列不平等的开端。

第二阶段是政府和国家的出现。私有财产和私有观念产生之后，私有制并没有被确立下来，因为实际上，在政府和国家产生之前也就不存在一个可以将私有财产权利作为一项制度确立下来的主体。私有制既未能得到确立，也就不存在对众人欲望的约束，一系列的混乱和冲突便由此产生。此时的"社会"中，强者依靠自己的力量，对弱者的财产进行掠夺，而贫乏者出于生存的需要，也不惜一切手段去获取私有财产。卢梭这样描述："一方面是竞争和倾轧，另一方面是利害冲突，人人都时常隐藏着损人利己之心。"①

不难发现，卢梭所描述的伴随着私有财产和私有观念的产生，而刚刚走出自然状态的人类所处的状态，与霍布斯笔下"一切人反对一切人的战争状态"其实相去不远。对比他们归结的陷入这种状态的原因，其实也是极其相似的。霍布斯将原因归结为竞争（目的是求利）、猜疑（目的是保全）和荣誉，这些原因与人类自私自利的本性是联系在一起的。而卢梭则是从私有财产

---

① 卢梭.论人类不平等的起源和基础[M].李常山，译.北京：商务印书馆，1997：125.

和私有观念的角度论述人们陷入冲突和矛盾的根源,认为它们是私有财产权产生的第一个恶果。卢梭所说的私有财产和私有观念与霍布斯所讲的"竞争"和"猜疑"在很大程度上是相通的。

卢梭在此处论述的政府和国家起源的过程和霍布斯大体相同,也即众人为了摆脱这个混乱无序的状态,通过缔结契约,组建了一个拥有至高无上权力的组织——国家。不过卢梭突出强调了富人群体在这个过程中所起的作用,卢梭认为国家起源于富人对穷人的欺骗,富人对穷人进行劝说,劝说他们参与契约、组建国家。富人们想方设法使穷人们相信缔结条约建立国家之后可以给众人带来巨大的好处,比如约束有野心的人和保障弱者的权利等。穷人是在富人的欺骗之下才进行契约的签订的。卢梭之所以这么认为,是因为在他看来,政府和国家的建立更多地只是满足了少数野心家的利益,相较于穷人而言,富人从契约中获得了更大的好处。因为富人和穷人之间本就存在的不平等的情况非但没有得到丝毫改变,反而被以法律的形式确定了下来。人们之间财富上的不平等逐渐演变成为政治地位上的不平等,从而有了统治者与被统治者的区分。政府与国家出现之后:

> 给弱者以新的桎梏,给富者以新的力量,它们永远地消灭了天赋的自由,使自由再也不能恢复。它们把保障私有财产和承认不平等的法律永远确定下来,把巧取豪夺变成不可取消的权利。从此以后,便为少数野心家的利益,驱使整个人类忍受劳苦、奴役和贫困[①]。

第三阶段则是专制权力的形成时期,这个阶段也是人类不平等的顶峰。仍然从第二阶段中政府和国家开始建立说起。虽说卢梭认为政府和国家起源于富人对穷人的欺骗,富人从中获益更大,但他也承认这样基于契约而形成的权力具有合法性,而人民也确实需要秩序、需要领袖——以保卫自己的自由和权利而非奴役自己为前提。但是在后续发展的过程中,权力逐渐蜕化了。那些拥有权力的官员和世袭首领们,逐渐把权力、国家、官职看成是自己的所有物,原本合法的权力越来越具有专断的色彩,统治者与被统治者之间的关系也逐渐演变为主人和奴隶的关系。卢梭说:"这里是不平等的顶点,这是封闭一个圆圈的终极点,它和我们所由之出发的起点相遇。在这里

---

① 卢梭.论人类不平等的起源和基础[M].李常山,译.北京:商务印书馆,1997:129.

一切个人之所以是平等的,正是因为他们都等于零。"①

卢梭通过将人类的发展历史划分为三个阶段,从私有观念和私有制、政府和国家的起源、政府权力的蜕化的角度深刻地论述了人类不平等的起源过程。对比当时的法国,封建特权高高在上,等级秩序森严,平民忍受着沉重的剥削,不平等的现象正如卢梭所说的第三阶段,已经达到了顶点。卢梭自幼生活在社会底层,饱尝生活之艰辛,成名之后的卢梭也曾有机会目睹上流社会的生活。两相对比使他对不平等的现象有了更强的感受,这也使他产生了去深入思考并向社会大众阐释自己的发现的动机。作为启蒙时代杰出的政治思想家,他也确实做到了这一点。18世纪的法国社会,正如黎明前的黑暗,剥削日益沉重,而思变的暗流也正在悄悄地酝酿和涌动。1789年法国大革命爆发,彻底地打破了旧的制度。这正应了卢梭的观点:第三阶段的不平等状态是封闭圆圈的顶点,只等待一次大的变革完全瓦解这一专制政府,或者使它的权力重新具有合法性,才又进入下一次的循环。

二、社会契约论

卢梭关于政府和国家起源的理论在《论人类不平等的起源和基础》以及《社会契约论》两部作品中都有出现,但两者的论述并不完全一致:在《论人类不平等的起源和基础》中,卢梭将国家的产生归结于富人对穷人的欺骗,卢梭认为富人明显得到了更多的利益,少数野心家的利益在此过程中被满足,穷人得到的只是桎梏和更加的不平等。而在《社会契约论》中,卢梭的论点有所改变,国家的产生变成了美好生活的开始,借助于契约,人民有了更强的力量卫护和平、保全自身的权利。当然,两者的论述中更多还是相一致的地方,比如对自然状态和文明状态的假设、人民交出的权利和获得的权利、人民缔结契约的目的等。

具体来说,卢梭在《社会契约论》中有关社会契约的观点如下:人类的历史大致可以分为两个时期,在政府和国家产生之前的自然状态以及政府和国家产生之后的文明状态。在自然状态下,人与人之间相互独立,没有奴役而自由自在地生活,人与人之间是一种完全平等的关系,并且这也是一个和平的状态。然而这种状态是不可持续的,相互独立的关系使得人们的生活出现了严重的困难。为了改变这种状况,人们之间开始缔结契约,在这个过

---

① 卢梭.论人类不平等的起源和基础[M].李常山,译.北京:商务印书馆,1997:146.

程中,每个人都向集体让渡出自己的所有权利;但与此同时,每个人又从集体那里获得了相同数量的权利。这样每个人都没有任何权利上的损失但同时又获得了集体力量的保障。

在这里可以明显地看到,卢梭的社会契约理论与霍布斯和洛克的理论存在显著的不同。霍布斯强调人们交出去的权利毫无保留;洛克强调人们交出的权利有限,个人依然保留着除惩罚权外的所有权利。卢梭相当于对两者做了一个综合,一方面他强调人们交出去的权利毫无保留,并认为每个人交出去的权利越彻底,国家就越完美;另一方面他又强调人们从集体那里获得了等量的权利,所以人民手中依然是保有权利的。这决定了卢梭有关国家和政治制度的思考必定是独特的。

卢梭的社会契约理论在表面上呈现出一定的矛盾性。一方面,他对人民让渡出的权利的彻底性的强调意味着由此形成的国家权力必定是类似于霍布斯理论中的利维坦,具有绝对性;另一方面,他又强调人民手中保有着和让渡数量相等的权利,这又意味着国家权力在针对公民个人时,绝不能够肆无忌惮无所顾忌。其实这也是所有社会契约论者无法回避的一个问题,也即个人与国家之间的关系问题:既要保证基于契约的国家权力具有足够的权威,又要保障个人的自然权利,防止个人受到国家力量的肆意侵犯。在这一点上,就连极端强调国家专制力量的霍布斯也承认,人民拥有自我保全的权利,这个权利自始至终存在且无法通过契约让渡。卢梭在《社会契约论》开篇指出,自己"要寻找出一种结合的形式,使它能以全部的共同的力量来卫护和保障每个结合者的人身和财富,并且由于这一结合而使每一个与全体相联合的个人又只不过是在服从自己本人,并且仍然像以往一样的自由"①。所以可以看到,卢梭的契约论在试图调和个人权利和国家权力之间的矛盾。不过从结果来看,这种调和似乎并没有完全实现,这种颇具两面性的论述使得对卢梭本人的评价毁誉参半,"卢梭时而被尊奉为民主自由的先锋人物而备受推崇,时而被作为极权主义的始作俑者成为众矢之的"②。

三、人民主权学说

在运用社会契约理论论述政府和国家起源的比较著名的几位政治思想

---

① 卢梭.社会契约论[M].何兆武,译.北京:商务印书馆,1997:23.
② 张桂林.西方政治思想史[M].北京:高等教育出版社,2019:230.

家中,霍布斯主张君主主权,洛克主张议会主权,只有卢梭明确地主张人民才应该是真正的主权者。人民既是权力的拥有者,也应当是行使者,而且只有在民主共和国中人民才能真正成为国家的主人。

人民主权与社会契约理论是密切相关的。在卢梭关于人民主权的论述中,"公意"是一个重要的概念,"公意"的性质决定了主权的性质。卢梭认为所谓的"公意"指的是国家中人民的经常性的意志,"公意"是与"众意"既有联系又有区别的概念。少数人的意志当然不能称得上是公意,但是公意也绝不是众人意志的简单累加。在卢梭的理论中,"公意"不掺杂个人私利,永远以公共利益为依归,是众意与理性相结合的产物。"公意"是一个整体性的存在,与每个人的意志息息相关,个人由于参与"公意"的形成,因此成为公民。在卢梭看来,主权具有的诸多特性正是来源于"公意"的性质,"公意"具有整体性、权威性、不可转移性和不可代表性,主权也有上述性质。

首先是整体性。在卢梭的理论中,人民经由社会契约让渡出了所有的个人权利。在这个过程中形成了一个整体性的人格,这个整体性的人格是一个具有公共道德的"大我",并且具有理性和意志。这个具有理性的大我的意志就是"公意"。个人的意志虽与"公意"密切相关,但任何的个人或者部分团体的意志都不能称为"公意"。基于"公意"整体性的性质,卢梭反对分权学说。卢梭认为,"公意"的不可分割决定了主权亦不可分割。将主权分为立法、行政、司法等权力的做法是简单地从对象上对主权进行了划分,而这实际上违背了主权的整体性原则。通过立法、行政、司法等这些由主权派生出来的权力,拼凑出主权的做法是不可取的。倘若真的如此,那么结果也不过是一个"支离破碎拼凑起来的怪物"。

其次是权威性。"公意"是整体性人格的理性意志反映,且永远以公共利益为依归,加之每个人也都在形成这个大我的过程中让渡出了全部权利,那么"公意"自然就理所当然地具有合法性和至高的权威。任何以个人私利为出发点的意志都不能以任何理由对抗"公意"的权威,同理,主权也拥有至高无上的权威。

再次是不可转移性。"公意"属于基于人民而形成的统一人格,这一归属在任何时候都不会发生改变,人民不能将主权交给其他的组织机构或者个人。

最后是不可代表性。人民的意志不应该被代表而且也不能被代表。首先,人民的意志一旦被代表,人民的权力和责任就会被拿走,其本当拥有的美德、自由、对公共事务的执着和公共精神便会丧失。其次,卢梭认为意志与意志或者相同或者不同,不存在中间的东西。每个人与每个人之间的意志是自由而且独立的关系,所以不存在说一些人的意志可以代表另外一些人的意志。那么顺理成章地,"公意"、主权也都是不能被代表的。正是基于这一逻辑,卢梭坚决反对任何形式的代议制。即便对当时快速发展的英国,卢梭也不无嘲讽地调侃道:英国的人民只有在选举时才是自由的,而一旦选举结束,就又回到了奴隶状态。

卢梭从主权的本质——"公意"出发,结合社会契约的相关理论,论证了人民主权的正当性。卢梭的这一理论十分具有进步意义,因为在此之前很少有政治思想家"敢于"在自身的理论中将权力彻彻底底交给人民,真正让人民做整个国家的主人。而经由卢梭之后,人民主权的观念渐渐深入人心,对后来主要资产阶级国家的政治制度产生了深远影响。无论是实行议会制还是总统制,无论国家中是否设立君主,人民的支持逐渐成为公认的合法性来源,人民在政治活动过程中的地位得到大大提高。

当然,我们也应该看到卢梭相关理论的不足之处。实际上,无论是社会契约论还是人民主权理论,都存在一定的局限性。社会契约理论在国家权威和个人权利方面的两面性论述以及引发的问题,前文已有交代,此处不再赘述。至于人民主权理论,卢梭强调人民在政治活动中的地位以及人民整体的权威,强调人民是权力的最终来源和人民在国家中的主人翁地位。这些本无可非议而且意义重大,但是卢梭却沿着这个思路走向了极端:其一,卢梭认为"公意"的力量至高无上,不受任何其他权力的约束,包括法律在内。这样的结果极易产生极权体制,哪怕是人民作为主权者,也未尝不会发生"多数人的暴政"。其二,卢梭坚称"公意"属于一个整体性人格而且不可分割,主权同样如此。任何对主权的分割都违反了这一原则,将主权分割为立法、行政、司法等权力的做法是粗浅、错误甚至是荒谬的。对分权制衡原则的摒弃是卢梭理论的第二个重大缺陷。其三,卢梭认为人民的意志不应该也不能被任何机构或者任何一部分人所代表,意志或者相同或者不同,中间没有任何东西。所以唯一合理的形式是直接民主,这使得卢梭的政治理论与代议制理论不相容,这也使得他的许多政治理论注定与现代大国政治制度无缘。

第三节　杰斐逊的政治思想

托马斯·杰斐逊（1743—1826 年），18 世纪著名政治家和启蒙思想家，美国《独立宣言》的起草人，1801—1809 年，任美国总统，在任期间积极采取各项措施，为美国政治制度民主化的发展做出了重要贡献。

杰斐逊 1743 年出生于弗吉尼亚州阿尔贝马郡一个种植园主家庭，杰斐逊的母亲更是出身名门，这使得杰斐逊从小就拥有了十分良好的成长环境。得益于优越的家庭条件，杰斐逊甫一成年，便拥有了上万亩农田和数百名奴隶。出身于富裕家庭的杰斐逊并未成长为一名纨绔子弟。他 17 岁进入威廉与玛丽学院学习，23 岁时获得了律师资格，26 岁当选为弗吉尼亚州议员，先后担任过弗吉尼亚州州长、驻法公使、民主共和党领袖（1791 年杰斐逊与麦迪逊等人创立民主共和党）、副总统、总统等职。特殊的时代背景加上杰斐逊渊博的学识，再辅以个人的政治身份和政治地位，使得他一生在政治制度、政治思想、教育等诸多方面成就非凡，成为美国立宪时期不可忽视的重量级人物。

一、自然权利思想

经过霍布斯、洛克等人对自然权利理论的阐发，到了 18 世纪中后期，相关思想在欧洲广为传播。在杰斐逊生活的北美，有关对人民生命、财产等自然权利进行保护的观念更是早已深入人心。杰斐逊在前人的基础上，进一步丰富了自然权利理论的内涵，并第一次将其正式写入了官方文件。

首先是在丰富自然权利的内涵方面，杰斐逊做出了重要贡献。1776 年，杰斐逊在起草《独立宣言》时对自然权利理论进行了正面的阐述，他写道："我们认为下面这个真理是神圣而无法否认的：人人生下来就是平等和独立的，因而他们都应该享有与生俱来的、不能转让的权利，其中包括生命、自由和追求幸福的权利。"[①]杰斐逊认为，根据自然法则每个人享有独立的人格与平等的权利，在此基础上，每个人不仅享有生命权、自由权，而且享有追求幸福的权利。"追求幸福的权利"是杰斐逊对传统自然权利理论的一个改进和创新，原有的财产权在此处没有被提及。相比之下，"追求幸福的权利"是一

---

① 彼得森.杰斐逊文集［M］.刘祚昌，邓红风，译.北京：生活·读书·新知三联书店，1993：22.

项更为积极的权利,其内涵和外延显然也比原来单一的"财产权"更加广泛。这一权利意味着每个人都可以在生活中充分发挥自己的潜能,去达成自己所追求的幸福。杰斐逊的这一观念对法国的《人权宣言》也有一定影响:1789年法国大革命爆发,负责起草《人权宣言》的拉斐德正是杰斐逊的好友。在给拉斐德的建议里,杰斐逊界定的自然权利的范围是生命权、自由权、追求幸福的权利、发挥个人才能的权利、享有自己劳动果实的权利,以及抵抗压迫的权利。可以看到,杰斐逊再次确认,可以将财产权去掉而将追求幸福的权利纳入自然权利的范畴之中。对比前后的表述我们可以看到,1789年杰斐逊对自然权利的论述显然是逻辑更加严密的。譬如,如果只保证了追求幸福的权利,但在实际过程中限制个人才能的发挥,那么个人追求幸福的权利势必受到影响。类似的道理,如果不能保证个人追求幸福的结果——享有自己的劳动果实,那么保证个人追求幸福的权利也将毫无意义。再比如,如果只是"宣称"人民拥有"自由"的权利,但是在遇到暴政压迫的时候根本没有反抗的权利(或者是像霍布斯所宣称的不能进行有组织的反抗),那么"自由"也只是一纸空言。可以看到在此处,杰斐逊实际上将人民的"革命权"纳入了不可剥夺的自然权利的范畴。

除了在整体上扩展了自然权利的内涵,杰斐逊也在单项上充实了自然权利的内涵。譬如在"自由"的内涵上,他认为人民至少有以下几项自由权利:言论自由、出版自由和信仰自由。关于言论自由,他认为无论人们的意见本身是否正确,政府都不能对该意见的表达进行干预。在人们拥有言论自由的情况下,人们的思想才能更加自由,而真理也势必会在人们的言论交锋中愈辩愈明,一个本身公正廉洁的政府绝不会害怕这一点。关于出版自由,杰斐逊认为其重要性甚至高于言论自由。这是因为出版自由的受众显然更为广泛,可以影响到更多民众的思想,因而一个言论自由的国家更应该充分尊重人民出版的自由权利。关于宗教自由,在18世纪的欧洲,虽然宗教的影响与中世纪相比已不可同日而语,但是要提出宗教自由这一口号仍然是十分可贵的。此前的宗教改革虽然过程轰轰烈烈,但结果非但没有带来宗教宽容反而引发了数十年的宗教战争。虔诚的信仰意味着思想上的专一,所以从宗教本身来讲(特别是信仰单一神的宗教),是带有一定的排他色彩的。而杰斐逊却认为"我的邻居说上帝有二十个或者没有上帝,这对我来说并没有什么损害。既没有掏我的腰包,也没有打断我的腿"。他认为每个人享有精神自由的权利,正是从这一观念出发,他认为尊重信仰自由就是在尊重一个人的精神自由,他人以及国家都不能够干涉个人的这一权利。

此外,杰斐逊的另一个重大贡献在于,将自然权利写入了正式的官方文件。此前的霍布斯、洛克、孟德斯鸠等更多地只是在理论层面进行论述,而杰斐逊兼具思想家和政治家的双重身份,这使得他有机会也有能力将理论与实践结合起来,将自然权利写入《独立宣言》即是代表。除此之外,他还力主推动通过了诸多能够切实保障人民权利或者对国家整体有利的法案。

二、宪政民主理论

杰斐逊的宪政民主理论建立在前人关于民主政治制度理论的成果之上,是对以往有关民主政治原则的系统总结。经由杰斐逊、麦迪逊等人的大力倡导以及在美国政治生活中的实践,这一套理论不仅为美国奠定了民主的基调,而且还对其他主要资本主义国家的政治制度产生了深远的影响。

宪政和民主是杰斐逊政治理论的两大核心原则。与这两大核心原则相联系,杰斐逊的理论涉及人民主权原则、多数原则、代议制原则和分权制衡原则等四个原则。

首先是人民主权原则。人民主权原则意味着国家权力的最终来源是人民,政府和国家管理机构在本质上只是为了保障人民权利而设立的一套代理机构。这一点在《独立宣言》中得到了清晰的阐述:"我们认为……为了保障这些权利,才在人们中间建立政府,而政府之正当权力,则来自被统治者的同意。"人民作为真正的国家主人,享有成立、改变和撤销国家机构的权力,而且可以在他们喜欢的时候,在任何他们认为自己可以胜任的事情上,直接行使自己的权力。和卢梭的观点十分接近,杰斐逊也认为人民的意志构成了国家最重要的部分,是共和主义原则的实质所在。所谓的国家机构倘无人民的授权、违背了人民普遍的意志,那么它的行为也就不能再称为"国家行为"了。在杰斐逊的竭力主张和影响之下,人民主权原则成为美国政治制度与美国宪法的一个基本原则,并间接影响到了西方诸多资本主义国家的宪法原则。

其次是多数原则。多数原则和代议制原则更像是为了贯彻人民主权这一根本性原则,在具体的操作层面上的技术性原则。在卢梭的理论中,公意具有永远理性、永远正确、永远以国家利益为依归的特征,不能简单地视为众意。这在理论上可以被理解,但一旦具体到操作层面,就会遇到概念投射的问题——到底何为公意?人民的普遍理性意志由何来体现和代表?在这一问题上,杰斐逊采取了更具操作性的态度和做法。他认为一个理想的社会是由独立而平等的个人组成的。既然众人权利平等,就不存在一个人的权利高于另一个人的权利,那么服从多数人的决定便是这个社会应有的"自然法则",而且应该把多数人的意志当成全体一致表达的那样神圣。当然,杰斐逊也考虑到了"多数人的暴政"问题,为了防止多数人对少数人进行压迫,侵犯他们的个人权利,杰斐逊在强调多数人意志的优势地位的同时,也强调"正义"的重要性。一个公平、理想的人民主权的社会,应该符合正义的原则,这意味着要对每个人的权利进行平等的保护,而不能借由"多数人的名义"而对少数人进行任意的压迫。所以,杰斐逊的多数原则既具有了务实性的特点,在现实中具有可操作性,同时又通过"个人平等权利的保护""正义理念"等给予了少数人对"多数人的意志"进行对抗的权利,以尽可能地避免多数人对权力的滥用。

再次是代议制原则。该原则要解决的是在直接民主的条件下,民主地域范围受限问题。在 18 世纪之前,人们普遍认为有效的民主必须建立在小国寡民的基础之上。但刚刚完成独立的美国,从地域上来讲无疑是一个大国。在这样一个国家如何建立有效的民主制度是前无古人的问题,而这一问题的解决依赖对代议制原则的承认。代议思想和代议制度虽然不是杰斐逊的首创,但是在推动这一思想和制度在大国政治制度中的实践上,杰斐逊功不可没。他认为在美国这样一个幅员辽阔、人口众多的国家中,推行直接民主制是不现实的,而代议制度能够较好地兼顾人民主权和可行性两方面的因素,因而在美国实行代议制是唯一正确的选择。

最后是分权制衡原则。杰斐逊对专制与暴政深恶痛绝,他曾在自己的图章上刻下"反抗暴君就是服从上帝"的格言。他还认为即便是最好的政府形式,也会靠着缓慢的演变,从合法的政权逐渐蜕化为暴政。因此杰斐逊在制度构建的过程中,就想方设法对权力进行防范,尽可能地防止其超出合理的范围。他认为一个有效的方法就是将政府的权力分配到几个不同的部门,从而使其相互牵制。他的这一思想与孟德斯鸠的分权制衡理论是相通的,其核心都是以权力制约权力。

与孟德斯鸠较为相似的一点是,杰斐逊同样较为关注立法机关的作用,这是因为立法机关由多数人掌握,能够较好地体现民主的原则。但另一方面,与卢梭相似,他并不完全信任法律,认为只有当法律能够体现国民意志的时候才算得上是真正的法律。在违宪审查权方面,杰斐逊不同意将该项权力交予法院。在他看来只有合众国的人民才能够担当起法律终极仲裁者的角色，一种较为合适的做法是，由国会或者三分之二的州来召集人民，并通过一定的程序来决定该项权力的归属。

第四节　汉密尔顿的政治思想

亚历山大·汉密尔顿（1757—1804 年），美国建国初期著名的政治家和政治思想家，在美国建国初期宪法的制定、宣传，以及推动宪法在各州通过的过程中发挥了重要作用。他的诸多政治主张都在后续美国的政治实践中成为现实，如按照三权分立与制衡的原则设计美国的政治制度，设立参议院以实现立法机关的内部制约，推行限权宪法并给予最高法院违宪审查权，给予总统较为集中的行政权力等。汉密尔顿是美国建国初期联邦党的创始人之一，在独立战争结束之后成为美国第一任财政部部长，他大力推行重商主义的经济政策，为美国初期工商业的发展做出了极大的贡献。1804 年 7 月，汉密尔顿死于与阿伦·伯尔的决斗。

一、性恶论思想

对人性是性善还是性恶的讨论贯穿了整个中西方政治思想的发展历程，这是因为对这一根本问题的认识，将直接影响到后续政治制度的设计，人性论也是各位政治思想家整个理论大厦的根基。

而在美国建国初期，认为人性本恶成为联邦党人的基本共识，汉密尔顿是代表人物之一。他指出，"从人类历史来判断，我们不得不承认，战争的愤怒和破坏性的情感在人心中所占的支配地位要远远超过和平的温和与善良的情感"[①]，正因如此国家才屡屡陷入动乱，进而走向衰败。此外人还天生有一种关于权力的本性，那就是在掌握权力之后就会不加约束而肆意地使用权力，解决这一问题的办法只能是用"野心对抗野心"。

汉密尔顿的上述言论实际上包含着两层意思。一方面民众并不总是可靠的，因此需要对可能的"多数人的暴政"严加防范。实际上，汉密尔顿对人民尤其是普通人民的"偏见"是显而易见的。他认为人民是"强大的野兽"，他们在追求自身利益之时会毫不犹豫地放弃少数人的利益，他们对战争充

---

① 汉密尔顿，杰伊，麦迪逊.联邦党人文集[M].程逢如，在汉，舒逊，译.北京：商务印书馆，1980：164.

满热情、富于破坏性,态度强横而且反复无常,他们的判断往往是不明智的,因而也很少能够做出正确的决定,也正因如此他们总是受到欺骗和耍弄。相比之下,汉密尔顿认为富人和出身高贵的人比普通人更富有智慧和理智,不容易走向极端,因此可以在政府结构中设计出一部分专门让富人和贵族参与其中,使之享有永久而独立的分权,从而对民主的轻率和不稳定进行制约。这一做法仿效的正是英国政治体制中上议院的设置,在制宪会议时期,汉密尔顿也确实提出了这个方案,不过在当时并没有得到支持,甚至几乎无人过问。

另一方面,基于每个人对权力的本性出发,可以得出掌权者同样是不可靠的结论,因此也需要对他们严加防范,分权制衡原则是可能的有力手段。很明显,汉密尔顿在这一部分无论是从思想上还是从表述上,都受到了孟德斯鸠的影响——"有权力的人们使用权力一直到遇有界限的地方才休止"[①]。无论是孟德斯鸠的"以权力制约权力"还是汉密尔顿所说的"野心必须用野心来对抗",其本质都是一样的。在主张运用权力来制约权力这一点上,汉密尔顿指出:"人的利益必然是与当地的法定权利相联系,用这种方法来控制政府的弊病,可能是对人性的一种耻辱。但是政府本身若不是对人性的最大耻辱,又是什么呢? 如果人都是天使,就不需要任何政府了。如果是天使统治人,就不要对政府有任何外来的或内在的控制了。"[②]从汉密尔顿所参与设计的政治制度的实际运转情况来看,不得不说对人性之恶大方的承认,反而更有助于人们设计出运转更好的政治制度。

二、分权制衡理论

明晰了汉密尔顿对人性的看法与观点之后,再来看他在美国政治制度构建过程中对权力的处处防范与制约也就不难理解了。实际上,受孟德斯鸠思想的影响,对分权与制衡原则的遵循基本上也是美国独立战争后多数政治人物的共识。汉密尔顿在政治制度的构建过程中积极地推动和贯彻这一原则,这一点无论是从限权宪法的设计,还是针对立法机关的内部制约,抑或主张司法独立以及将违宪审查权交予最高法院中都可以看出。汉密尔顿唯一主张实行集权的领域是在行政权的行使上,具体缘由下文将会提到。

---

① 孟德斯鸠.论法的精神:上册[M].张雁深,译.北京:商务印书馆,1997:154.
② 汉密尔顿,杰伊,麦迪逊.联邦党人文集[M].程逢如,在汉,舒逊,译.北京:商务印书馆,1980:264.

但即便如此,通过宪法制度本身确立的三权分立与制衡原则,对行政权就是一种有效的制约,行政首脑无论如何也再不会拥有如封建社会中专制君主那样大的权力了。

从大的方面来讲,汉密尔顿主张的分权与制衡原则主要体现在两个方面:第一个方面是立法、行政与司法权力之间的分权与制衡,第二个方面是专门针对立法机关的分权与制衡。

针对第一个方面,汉密尔顿关于三权分立与制衡的主张与杰斐逊相比并无显著不同,其核心都是主张将权力分配到不同的部门,并让各个部门之间的权力关系相互渗透、相互制约从而达到防止专制和暴政产生的目的,此处不再赘述。

针对第二个方面,汉密尔顿的观点具有一定的独特性。虽然汉密尔顿和杰斐逊都十分注重立法机关在三权中的地位和作用,但双方的目的却并不相同。杰斐逊关注立法机关是因为他认为这是最能体现民主原则的一个机构,他认为可能破坏三权分立原则的威胁来自行政权,这也是他自己在结束两届总统任期之后坚决不再连任的一个重要原因。后来随着政治实践的发展变化,杰斐逊又一度认为破坏三权分立原则的威胁也可能来自最高法院,因为当时的最高法院首席法官马歇尔屡屡以违宪的名义判决国会通过的法律无效。相较之下,汉密尔顿对立法机关的关注则更多地出于防范的目的。如前文所述,汉密尔顿认为民众不够稳定和理智,而加之国会又是"民主"特征最强的一个机关,在由多数人掌握的情况下很容易对少数人的利益造成侵犯,从而形成针对少数人的暴政。简单来说,杰斐逊推崇并相信民主,而汉密尔顿则恰恰相反,他时刻对"民主"的力量进行提防,以防止其过度膨胀。相较而言他更相信司法机关的力量,这一点从他主张把违宪审查的权力交给最高法院以制衡立法机关便可以看出。

汉密尔顿针对立法机关的分权与制衡从两个思路展开:一是从内部对立法机关进行制约。汉密尔顿极力主张设立一个由各州任命的参议院,参议院同样作为立法机关,掌握一定的立法权力,对由民众构成的国会的立法权限进行制约,这一主张显然是借鉴了英国上院和下院的设置。二是借用行政和司法机关的力量进行制约。在汉密尔顿的主张中,总统具有否决国会制定的法律的权力,除此之外更重要的是司法机关对立法机关的制约。汉密尔顿提出了限权宪法的主张:"所谓限权宪法指的是为立法机关规定一定限制的宪法。如规定:立法机关不得制定剥夺公民权利的法案;不得制定具有追溯力的法律等。在实际执行中,此类限制须通过法院执行,因而法院必须具有宣布违反宪法明文规定的立法为无效之权。如无此项规定,则一切保留特定权利和特权的条款将形同虚设。"①

最后值得一提的是,汉密尔顿虽然持性恶论观点,并对分权与制衡原则的重要性深信不疑,但是在行政权领域他却持集权的观点,认为应该赋予总统较大的行政权力。在汉密尔顿的主张里,行政班子由总统组建并且对总统本人负责,总统没有任期方面的限制并且可以连选连任,总统还同时是军队总司令。可见,在他那里总统应掌握十分强大的权力。这是因为在汉密尔顿看来,"手段必须与目的相称",这是一个简单而普遍的公理。他认为如果把"最重要的国民利益的管理事务交付给一个政府,而又不敢把适当而有效的权力交付给它"②,这样的做法无疑是十分荒谬的。

第五节　康德的政治思想

伊曼努尔·康德(1724—1804 年),18 世纪德国著名的哲学家和思想家,德国古典哲学的奠基人,在近代西方哲学领域具有广泛的影响,被认为是继苏格拉底、柏拉图、亚里士多德之后西方最具影响力的思想家之一。其代表作有《纯粹理性批判》《实践理性批判》《判断力批判》等,康德正是以上述作品构建了"批判哲学"体系,开启了 18 世纪德国古典哲学之先河。除此之外,康德还有《世界公民观点之下的普遍历史观念》《永久和平论》《法的形而上学原理》等政治哲学和法律哲学方面的著作。

康德 1724 年出生于东普鲁士哥尼斯堡的一个工匠家庭,16 岁时进入哥尼斯堡大学,在毕业之后曾短暂工作过一段时间,之后复归学术。康德 32 岁时获得了博士学位,同年开始在哥尼斯堡大学任教,此后 40 余年,一直留在该大学进行着教学和著书立说方面的工作,在 62 岁高龄时担任了哥尼斯堡大学校长。康德一生的生活都简单而规律,当地的妇人甚至以康德每天散步的时间来安排作息,康德"哥尼斯堡的时钟"的雅号正是由此而来。

恩格斯曾把由康德引发的哲学领域的革命与同时期的法国在政治方面发生的大革命相提并论,康德在哲学思想领域的地位由此可见一斑。康德

---

① 汉密尔顿,杰伊,麦迪逊.联邦党人文集[M].程逢如,在汉,舒逊,译.北京:商务印书馆,1980:392.
② 同①117.

的哲学体系涉及许多方面,政治和法律是其重要组成部分。康德从道德角度对自由进行了深刻阐发,并以自由为依据构建了以权利和法治二元一体为基本架构的政治哲学理论体系,在此基础上康德对永久和平与共和思想进行了论述。

一、道德与自由

道德在康德的政治哲学体系里占据着重要的地位,而自由又与道德有着密切的关系。康德更多地从道德的角度来定义自由,反过来有关自由的概念又可以帮助理解有关道德的法则。

康德曾言,唯有"头顶上的星空"和"心中的道德准则"令他感到深深的震撼与敬畏。与这两者相对应的,康德认为"自然"和"自由"是人类进行理性立法的两大目标。"自然"与"头顶上的星空"两者的对应关系是显而易见的,那么"自由"是如何与"心中的道德准则"相对应的呢？康德认为,合乎道德的意志是自由的意志,而一个人如果依据着自由意志为自己立下的实践法则行动的时候,他就是一个自由的人。

在道德领域,康德认为人们的行为需要遵守三条基本的道德律令。第一,人们的行为需要遵守普遍律。具体来说,人们赖以行动的意志,其构成准则应该具有普遍性,应当能够"用作普遍立法的原则"。第二,人是目的而不应当是手段。"在任何时候都不应该把自己和他人仅仅当作工具,而应该永远看作自身就是目的。"[1]第三,意志自律。也即每个人实际上都是在服从自己的意志。康德认为,个人意志具有"自由"的特征,能够"自觉自断",这种自由与道德是紧密联系在一起的。意志愈自由,道德愈发展,人们越能按照道德法则去行动,就越自由。因为"自由",个人可以实现意志自律,因为每个人的意志自律,又实现了一种理想的模式:每个人既不去约束别人,同时也排除了外界对自身的制约,每个人成为自身的主人。

康德在论述自由时,强调自由应该服从理性法则,行为自由并不意味着无须承担道德责任。实际上恰恰相反,自由不代表任性,倘若肆意妄为而无所顾忌,这样的人不仅不是自由的,而且与禽兽也没有什么分别了。康德认为在自然状态下,人与人之间处于毫无限制而彼此侵犯的状态,这正是因为人们的"自由"缺乏必要的约束,反而阻止了真正的自由的实现。人们在理

① 康德.道德形而上学原理[M].苗力田,译.上海:上海人民出版社,2005:53.

性的指引之下,订立契约建立国家,实际上就是通过对每个人的自由加上一定限制的方式,达到使一个人的意志选择的自由与其他任何人的自由能够同时并存的目的。在这种状态下,每个人自由达到了合理的最大限度。简而言之,真正的自由并非毫无限制,而是服从理性法则与道德要求的。

二、法律学说

康德在法律领域同样做出了巨大贡献,主要体现在他对法律与道德关系的探讨、对权利概念和内容的阐述以及对权利和法律体系的分类上。康德的法律学说更确切地讲是法哲学理论或法理学理论,并不涉及具体法律条文的制定、公布和执行等。其重点主要集中在对法律原则、法律本质、法律与道德的关系以及法律基础概念的阐述上。

首先,康德探讨了法律与道德之间的关系。他认为,法律与道德分别涉及人的外在自由和内在自由。外在自由指的是人们在进行行动时,对外部的各种条件进行考虑和权衡之后再做出行为。政治和法律是较为典型的外部条件,与人们的外在自由密切相关。内在自由指的是一个人依据内心自由意志的指引,依靠自身的理性所做出的符合道德原则的行为,内在自由是真正的自由。一个人如果能够遵循理性原则的指引,同时依据自由的意志做出行为,则该行为必定同时也是符合道德的。能够实现这种内心自律,对自然性进行一定的克制是人与其他动物的重要区别所在。然而人不可能做到每时每刻都接受理性的指导,当道德的自律作用在某些时刻失去对人的约束时,法律的他律作用就体现出来了。法律依靠外在的强制性对可能构成侵犯他人自由的行为予以约束,从而与道德的作用相辅相成。

其次,康德对权利进行了十分深刻的论述。他认为可以把权利理解为"一些条件",根据这些条件,"外在地要这样去行动:你的意志的自由行使,根据一条普遍法则能够和所有其他人的自由并存"[①]。在这里,康德把权利与自由意志进行了联系,但重点显然不在这里。他所强调的"这些条件"更接近现代法律学说中"义务"的概念。权利的"普遍法则"意味着在正常情况下,每个人对权利的行使都不能对其他人的权利构成侵犯,这是对个人权利边界的界定。相应地,倘若有人对其他人的正当权利构成了侵犯,那么其行为绝对不属于他个体正当的权利范畴。而若他人由此对该侵犯行为人予以

---

① 康德.法的形而上学原理:权利的科学[M].沈叔平,译.北京,商务印书馆,1991:41.

惩罚性回应，则被视为正当。在权利的内容上，康德认为应该包括自由、平等和独立。自由意味着每个人都享有宪法规定的自由；平等意味着构成文明社会的每一个成员都具有相同的地位，不存在地位凌驾于他人之上的特殊成员；独立性强调的是社会中的每个人都不受其他任何人专横意志的强制，在政治上处于相互独立的状态。康德对权利内容的论述，是对法国大革命中宣扬的自由和平等精神的德国式表达，其中对独立精神的阐述，则是康德在前人基础上做出的新的理论贡献。

最后，康德对权利和法律体系进行了分类。康德把权利分为两种：天赋的权利和获得的权利。其中天赋的权利是自然的权利，也即在自然的状态下无须通过公开的法律进行公布每个人原本就享有的权利；获得的权利则是人们在组成"文明的联合体"之后，通过法律规定而享有的权利，这一权利依赖法律而存在，依靠国家和法治进行保障。康德认为前者属于私人权利，后者属于公共权利。对应于这两种权利，康德把法律分为私法和公法两种类型。其中私法调节的是个人与个人之间的关系，是一种"不需要向外公布的法律体系"；而公法调节的则是个人与国家、个人与社会之间的关系，公法需要由国家制定并面向社会公开发布。康德对公法和私法的划分具有一定的开创性，其分类依据与现代法律体系中的分类标准十分接近。但也应注意到，并不能把这种划分与现代法律体系中的公法和私法的划分完全等同起来。因为康德在这里讲的私法规定的是自然权利，私法本身无须公布，甚至也不是人为制定的，更接近前人关于自然法的论述。而在现在社会中，无论是调节平等地位的个人与个人之间关系的私法，还是调节个人与社会和国家之间关系的公法，都是需要由立法机关制定并向社会公布的成文法。

三、永久和平论

永久和平论在康德的理论体系中占据着重要位置，包含着康德对人类社会前进方向的设想及其政体思想。在《永久和平论》中，康德回顾了人类社会的发展历程，在此基础上指明了人类社会前进的方向——建立联盟并实现永久和平。康德认为在人类进入文明社会之前，人们处于一种野蛮和无目的的状态，这种状态下个体的自由无法得到保证，其自然禀赋更无法得到充分发挥，这是一种灾难性的状态。人们出于趋利避害的本能，想要结束这种灾难性的状态，最终的结果是人们开始建立国家和各项法律制度等从而进入文明社会，包括通过对自由进行一定的限制，从而实现了最大程度的自由和公共安全。康德将上述"公民—国家"的逻辑进行了延伸,构建了关于"国家—联盟"的永久和平理论。他认为国家的出现使得人们在一定的区域内实现了公共安全,也即达到了小范围的和平,但这种和平并不是普遍而持久的。国家出现之后,国与国之间的状态,类似于之前存在的个人与个人的状态,同样是一种野蛮和没有目的的灾难状态。这不利于各个国家自然禀赋的充分发挥,那么如何在更大范围内实现普遍而永久的和平呢?康德给出的答案是建立"和平联盟"。

从逻辑上来讲,类似于人类在此之前所组建的"个人的国家",和平联盟近似于"国家的国家"。但康德认为和平联盟也只是在逻辑上接近"国家的国家",在实践上和平联盟没有必要获得一种更高层级的"国家权力"。组建和平联盟的目的只是更好地保障各加盟国的自由,实现更加普遍而永久的和平,实现国家层面的"公共安全"。

在这里可以把康德的和平联盟与但丁的"世界帝国"理论做一个简单的对比:两者的共通之处在于都是为了实现更大范围和更为持久的和平这一目的,但两者理论的差异同样也是明显的。

第一,世界帝国与和平联盟的理论逻辑不同。但丁的逻辑是,因为君主的个人私利与国家的公利并不统一,君主为扩大个人私利而发动战争破坏和平,解决的办法就是建立一个世界性的帝国。在这种情况下再无国外之国、利外之利,君主的个人私利与国家公利就统一起来了,和平的目的也就随之实现。康德的逻辑则是,建立和平联盟乃是为了摆脱国与国之间的混乱无序的野蛮状态,由各个国家自愿组成和平联盟,从而实现公共安全以及为国家自然禀赋的发挥提供更好的条件,这一逻辑与但丁通过统一君主个人私利与国家公利的逻辑显然是存在差异的。

第二,世界帝国与和平联盟的组成单位不同。根据但丁的理论,世界帝国建立之后,在整个世界范围内只存在一个君主,其他所有人都是他的臣民,显而易见,构成世界帝国的单位就是公民个人。和平联盟的组成单位则不然,和平联盟是由一个个独立的主权国家构成的。

第三,世界帝国与和平联盟的组织整体与构成单位之间的关系不同。在世界帝国中,单位与整体之间的关系就是个人与国家之间的关系,所不同的只是这个国家异常庞大,国家对个人显然拥有更多的权力。而在和平联盟中,各个国家主权独立,不存在超越国家之上的更高层次的力量,因而和平联盟更多是发挥一种协调作用,其强制性相比于国家之于个人而言要小得多。

第四，世界帝国与和平联盟的建立基础存在差异。世界帝国是一种君主制类型的庞大国家，而康德的和平联盟则强调了组成单位——国家。康德认为，在君主制下，战争会成为最不假思索的事情，而人民更加热爱和平。为了确保和平的持久和广泛，参加和平联盟的国家，其制度必须是共和的。但康德又补充道，即便从形式上是君主制的国家，只要确立了法治与分权的原则，那么实际上也是共和政体，这也是康德的共和政体被人们称为"普鲁士王国的共和政体"的原因所在。

第六节　洪堡的政治思想

威廉·冯·洪堡（1767—1835 年），近代德国著名政治思想家、教育家和外交家。洪堡 1767 年出生于德国波茨坦的一个贵族家庭，在很早的时候就受到了洛克和卢梭等人政治思想的影响，除此之外，康德的思想也对他影响很大。在结束大学的学习之后，洪堡进入国家司法部门任职，这期间他受到了短暂的法官教育并且获得了一些外交方面的工作经验，为他后来出任普鲁士驻罗马的外交官打好了基础。除在外交领域多次担任公使、代办等职外，洪堡在教育领域也有突出的贡献，他十分重视教育的作用，甚至将其看作是人的根本目的，他在任内不仅提出了一系列教育改革主张，还着手创建了普鲁士文理中学和柏林大学。

洪堡在政治思想领域的主要理论贡献在于对自由的推崇和对政府职能的讨论上。事实上，洪堡成功地把 17 世纪以来西方的自由主义传统与德国的政治思想进行了融合。作为德国自由主义传统的开创者，他对自由主义进行了德国式的有力阐释。通过对公民个人和国家关系的探讨，洪堡明确指出了政府职能的范围。他所著的《论国家的作用》一书具有十分广泛的影响，被誉为"德国自由主义的《大宪章》"。除此之外，他的《关于国家政治结构的思想》等作品也具有一定的影响。

一、个性自由理论

在洪堡的理论中，个性自由有着极其重要的地位。他认为个人具有十分崇高的价值，个性自由对整个人类的发展也具有十分积极的意义。不仅如此，洪堡还把个性自由的原则上升到国家最高原则的地位，将其视作政治的基础。他对有关个性自由的具体内涵进行了阐述：

> 真正的理智并不希望人处于别的其他状况，它只希望给
> 人带来这样的状况：不仅每一个单一的人享受着从他自身按
> 照其固有特征发展自己的、最不受束缚的自由，而且在其中，
> 身体的本质不会从人的手中接受其他的形态，每一个人都根
> 据他的需要和他的喜好，自己随心所欲地赋予它一种形态，
> 这样做时仅仅受到他的力量和他的权利局限的限制①。

洪堡讨论了个人自由与公共自由之间的关系。他认为两者之间此消彼长，是一种相互对立的关系。这是因为个人自由涉及的是个人生活领域内的事情，而公共自由涉及的是公共生活领域内的事情，个人生活与公共生活之间存在着巨大的差别，也正是这种差别决定了个人自由与公共自由之间的对立关系。具体来说，当公共自由增加的时候，个人自由就会减少，当公共自由减少的时候，个人自由就会增加。基于这种思路，洪堡考察了古代国家和近代国家之间的差别。洪堡发现，古代国家更注重发展人本身的力量和教育，近代国家关心人的福利和财产；古代国家注重美德，近代国家注重个人的幸福。虽然洪堡承认古代国家在人的体力、智力和精神等方面做出的贡献，但从维护个性自由的角度出发，洪堡认为古代国家的危害高于近代国家。特别是古代国家追求整体主义以及对共同生活的安排对个性自由造成了侵犯，而这种个性自由又恰恰是构成人最本质的东西之一。

通过上述关于个人自由与公共自由、古代国家与近代国家之间的讨论，我们可以看出洪堡对个性自由极度推崇，并且时刻提防来自公共生活或者国家权力对个人生活和个性自由的侵犯，哪怕这种对公共生活的有意安排和国家权力的行使在客观上能够对个人的智力、体力和精神发挥一定的积极作用。洪堡指出："为了关心公民的安全，国家必须禁止或限制仅仅涉及行为者的、其后果是侵害他人权利的行为，这就是未经他人同意和违背他人意愿贬损他们的自由或损害他们的财富，或者担心很有可能导致这种结果的行为。在考虑这样一种可能性时，一方面必须注意令人担心的损害的大小，同时又要注意通过某一防范性法律产生的对自由限制的重要性。"②

---

① 洪堡.论国家的作用[M].林荣远,冯兴元,译.北京:中国社会科学出版社,1998:35.
② 同①121.

二、国家作用范围

理解了洪堡对个人自由的极度推崇及其对国家权力干预自由的高度警惕之后，再来看洪堡有关国家作用范围的讨论就不难理解了。他毫不避讳地指出，国家的存在是一种"必要的痛苦"，"我们不是要通过摆脱国家享有自由，而是要在国家中享有自由"[①]。

洪堡认为国家目的的最高原则是"既防范外敌又防范内部冲突，维护安全必须是国家的目的，必须是它发挥作用的领域"[②]。所以，无论是为了对外的还是对内的目的，国家的存在是必要的。但是为了避免国家对个性自由造成严重威胁甚至侵犯，确保公民可以在国家内自由、独立地进行生活，洪堡认为有必要对国家活动的限度进行规定。实际上，在洪堡的观念中，这也是政治制度存在的目的。

洪堡从国家必须发挥作用的领域和应当禁止涉足或少涉足的领域来讨论国家作用的范围。首先是国家必须发挥作用的领域。洪堡认为保障安全应当是国家唯一的目的，而且这一职责也只能由国家来提供，因为只有国家权力才具备对付违法事件的能力，国家应该打击那些妨碍个人的力量发挥或者能力展示的行为，以充分保障个性自由，维护安全。其次是国家权力应该禁止涉足或尽可能少涉足的领域。洪堡认为除去安全之外的其他社会公共事务，国家都不应该进行过多干预，这些领域包括教育、宗教、艺术、风俗、道德、习惯等，甚至对公民的物质福利，国家也不应该关心。洪堡直言："国家不要对公民正面的福利做任何关照，除了保障他们对付自身和对付外敌所需要的安全外，不要再向前迈出一步；国家不得为了其他别的最终目的而限制他们的自由。"[③]

作为政治思想家，洪堡最大的贡献在于开创了德国近代的自由主义传统，他将西方的自由主义原则与德国的政治思想做了恰到好处的融合，推动了自由主义思想在封建传统仍然十分浓厚、资产阶级力量仍然较为软弱的德国扎下根来。他的自由主义思想在整个19世纪仍被人反复引用和提及，对20世纪的自由主义思潮也影响深远。洪堡关于国家作用范围的论述，围绕着保护安全和防止侵犯个性自由两方面展开，一句"国家是一种必要的痛

① 洪堡.论国家的作用[M].林荣远，冯兴元，译.北京：中国社会科学出版社，1998：19.
② 同①60.
③ 同①54.

苦"是对洪堡关于国家作用范围理论的高度概括。从现代国家的发展需要来看,洪堡将国家权力的范围仅仅界定在维护安全领域未必妥当,但是这一理论所体现出的有限政府主张以及防止国家权力对私人生活和个性自由的侵犯的思想放在今天仍然有重要意义。

本章小结

本章介绍了18世纪法国、美国、德国最有代表性的政治思想家的政治思想,包括法国的孟德斯鸠和卢梭、美国的杰斐逊和汉密尔顿、德国的康德和洪堡。

孟德斯鸠采用社会与文化学和历史学的方法,考察了法与历史、风俗、文化、地理等其他社会事物之间的关系,提出了"法的精神"的概念。在政体理论方面,孟德斯鸠反对专制,主张法治。而孟德斯鸠最为人所知的还是他的分权与制衡理论。在洛克提出的分权理论的基础上,孟德斯鸠对其加以改进,重新划分权力的类别,将其分为立法、行政和司法三大权力。他还提出了以权力来限制和制约权力的思想,为有效防范权力的滥用提供了一种十分切实可行的思路。卢梭论述了人类不平等的起源,倡导平等思想,他采用社会契约理论来论述国家的起源,推崇人民主权。但是他的理论也存在一定的缺陷,主要体现在对法治、分权和代议制原则的摒弃。

杰斐逊和汉密尔顿是美国独立之初著名的政治家和政治思想家。杰斐逊丰富了自然权利的内涵,并首次将其写入了正式的官方文件,意义重大。作为一名政治家,务实是其政治理论的一个突出特点,这一点是他与一些纯粹的政治理论家或思想家的重要区别所在。他倡导人民主权原则,重视民主在国家制度中的作用。杰斐逊还坚持多数原则和代议制,主张分权与制衡,这些为民主原则的有效落实提供了重要的保障。汉密尔顿持性恶论观点,并且认为民众是"强大的野兽",所以他对"民主"持提防态度。汉密尔顿同样主张分权制衡原则,除立法、行政和司法之间的互相制约外,汉密尔顿还强调针对立法机关的内部和外部制衡,提出限权宪法主张,并提议将违宪审查权交给最高法院。

德国的康德探讨了道德与自由、道德与法律之间的关系,指出意志愈自由,则道德愈发展,道德与法律分别对应人的内在自由与外在自由。康德还指明了人类社会的前进方向——建立和平联盟并实现永久和平。洪堡的贡献在对个性自由的阐述和对国家作用范围的界定，其推动了自由主义思想在封建传统仍然十分浓厚、资产阶级力量仍然较为软弱的德国扎下根来，认为"国家是一种必要的痛苦"，因而应该将国家的权力和作用限定在尽可能小的范围内。

思考题

1.孟德斯鸠的政体思想的主要内容是什么？

2.孟德斯鸠的分权理论的主要内容是什么？

3.卢梭的社会契约论的主要内容是什么？

4.卢梭的人民主权学说的主要内容是什么？

5.在自然权利方面，杰斐逊做出了哪些理论贡献？

6.汉密尔顿的分权制衡理论的主要内容是什么？

7.康德的永久和平论的主要内容是什么？

8.洪堡关于国家的作用范围有怎样的论述？

第十一章　19 世纪西方的政治思想
（1800—1899 年）

----

　　19 世纪主要西方国家的社会政治状况存在一定差异:德国在世纪之初还是一个政治上分裂、经济上落后的国家;法国则刚刚经历了大革命,旧秩序被彻底摧毁而新的秩序和权威尚未建立,因而政局颇为动荡;对英国来说,19 世纪则是自由资本主义发展的鼎盛时期,工业革命于 19 世纪三四十年代全面完成,生产力得到空前解放。不过从总体上讲,各国的社会政治状况也存在一个共同的特点,那就是资本主义的强势崛起与旧势力的日渐衰落。伴随着资本主义的发展,资本主义的弊端日渐显露,阶级矛盾日趋尖锐,为回应这一系列的矛盾与问题,政治思想分为两大阵营:一是社会主义阵营,一是资本主义阵营。前者包括了空想社会主义、无政府主义和科学社会主义等,他们洞察资本主义的种种弊端和危机,或倡导改革或倡导阶级斗争,以期建立一个新的理想社会;后者包括了实证主义、自由主义和功利主义等学派,他们的一个共同特点是主张在现有的政治制度上进行改良、反对暴力革命。本章将选取代表性人物,介绍这一时期的政治思想。

第一节　黑格尔的政治思想

　　黑格尔(1770—1831 年),全名格奥尔格·威廉·弗里德里希·黑格尔,德国著名哲学家和政治思想家、德国古典唯心哲学的集大成者,著有《精神现象学》《逻辑学》《哲学全书》等书。其中 1821 年出版的《法哲学原理》一书是其代表作,书中系统地阐述了黑格尔的政治哲学思想。他的政治思想是德国国家哲学和法哲学最系统、最丰富和最完整的表现。

　　黑格尔 1770 年 8 月 27 日出生于斯图加特市的一个税务官家庭。黑格尔自小便对古典哲学有着浓厚的兴趣，18岁时进入图宾根神学院学习哲学和神学。青年时期的黑格尔深受启蒙思想和法国大革命的影响，推崇理性、崇尚自由、主张人权，在《精神现象学》中他赞美法国大革命是一次"壮丽的日出"。1818年到1831年，黑格尔担任柏林大学的哲学教授，这也是黑格尔创作的高峰期。相比于青年时期，黑格尔此时的思想已经发生了一些变化，逐渐走向保守。他在主张改革与进步的同时，极力论证普鲁士专制君主制度的合理性，赞美普鲁士王国，当然这一点与他渴望借助强大的王权实现德意志民族与国家的统一有一定关联。

在黑格尔的理论中，"绝对观念"这一概念占有基础性的地位，这是其整个哲学体系的逻辑起点。黑格尔认为，绝对观念是宇宙的本体，主宰着世间万事万物的发展变化。绝对观念本身也处于运动和发展之中，大致包含三个阶段：逻辑阶段、自然阶段和精神阶段。精神阶段又可以划分为更细的主观精神、客观精神和绝对精神三个阶段。在客观精神阶段，绝对观念表现为自由意志，而自由意志同样也经历了不同的发展阶段，分别是抽象法、道德和伦理三个阶段。自由在抽象法阶段是潜在层次的，到了道德阶段是主观的，只有到了伦理阶段才实现了主客观的统一，自由意志才得到最充分、最完满的体现。黑格尔将伦理阶段分为家庭、市民社会和国家三个环节，基于此黑格尔集中阐述了他的政治思想。

一、市民社会与国家

黑格尔从发生学的角度，探讨了市民社会和国家的起源，并采用辩证法的方式论证了这种发展的合理性。

在市民社会和国家的起源上，黑格尔的观点和亚里士多德十分接近，他认为无论是市民社会还是国家，都源于个人和家庭的联合、扩大和分化。首先是独立的个人组成家庭，而后由于人们彼此间的相互需要，进一步由家庭发展成为市民社会。在黑格尔的眼中，市民社会虽然是比家庭更高一级的发展阶段，但是也蕴含了很多的矛盾，包括个人与他人的矛盾、普遍利益与特殊利益的矛盾、个人与社会的矛盾等。在市民社会中的人们都在努力达成个人的目的，追求着个人私利，这样造成的结果就是市民社会最终成了"个人私利的战场"，一个"一切人反对一切人的战场"。

黑格尔将市民社会分为三个环节：第一是"需要的体系"。这也是市民社会得以形成的一个重要原因。原本独立的个人由于相互需要而进行联合,由于"劳动"和"需要"的存在,每个人在追寻个人利益、达成个人目的的过程中,也同时满足了其他人的需要。第二是司法体系。法律的存在规定和维系了各种财产和契约关系,具有重要意义的财产权利和人格权利赖此能够得到有效的保护。第三是警察和同业公会。它们存在的主要目的在于预防社会危险和保护民众的生命财产,更抽象和概括地讲,是把每个人的特殊利益作为公共利益进行关心和保护。黑格尔认为,无论是家庭阶段还是市民社会阶段都是片面的和不完满的。尤其是在市民社会阶段,家庭之间的联合与分化固然带来了许多便利,满足了个体的诸多"需要",但是也使得市民社会成为一个私利的战场,并蕴含了重重的矛盾。更重要的是,市民社会本身无法对这些矛盾进行调和与统一,最终只有发展到了更高的阶段——国家,这些问题才能够得到解决。

黑格尔从辩证法的角度,对"家庭—市民社会—国家"这种发展变化进行解释。按照黑格尔辩证法的观点,事物都是按照"肯定、否定、否定之否定"三个阶段发展变化的。家庭处于第一阶段,这是一种低级形式的统一状态,内部矛盾尚未爆发。到了市民社会这个阶段,是对肯定之否定,也就是到了发展的第二个阶段。在这个阶段上,前一阶段的统一性被破坏,事物内部的矛盾也开始爆发出来。而市民社会可以被看作是伦理精神向更高层次的国家阶段发展的一个中介,也只有到了国家阶段,第二阶段的矛盾才能得到调和,统一的状态才再次出现。

黑格尔认为国家哲学的一个基本问题是揭示国家的本质,也即揭示国家之所以成为国家的核心所在。构成国家本质的东西一定是"必要的且必然的",否则就不能算作是国家的本质。比如黑格尔认为,政体形式就不能算作是国家本质,他说:"整个国家权力如何存在于一个最高结合点上,其方式和形式应算作国家现实的一个属于偶然情况的部分。掌权者是一个人还是数个人,这个人或是这些人是生来就处于这种尊严地位,还是选举而成,对一群人能够成国家这一必然的东西来说是毫不相干的。"①作为客观唯心主义者,黑格尔并未从历史现象的角度对国家的本质进行探究,他将国家同思想、精神等同起来,在他的理论中国家指的并不是现实中存在的国家,而是指的一种理念,一种伦理精神的体现。

黑格尔认为"国家政权力量"是国家的本质所在,是将其与市民社会区

---

① 黑格尔.黑格尔政治著作选[M].薛华,译.北京:商务印书馆,1981:29-30.

分开来的东西。他认为一群人想要形成一个国家，一种高于市民社会的权威是必不可少的。国家政权力量对内具有最高权威，对外可以形成共同防御的力量或者发动战争。也正是由于国家政权力量具有高于市民社会的权威，才可以对市民社会中的种种矛盾进行调节，从而保证社会在整体上的协调和统一。在一群人形成国家之后，整个民族会形成一种"民族精神"，民族精神对全民族的意向和活动发挥指导作用，进一步将整个民族凝聚起来，形成一个政治国家。

在黑格尔看来，国家是普遍利益与个人利益相结合的产物。相比之下，黑格尔更加强调普遍利益的价值，他认为普遍意志构成了国家的基础，国家的目的在于保障普遍利益。在强调普遍利益的同时，黑格尔并未完全否定特殊利益。他认为普遍利益中包含了特殊利益，这种普遍利益与特殊利益的统一构成了国家的稳定性，是现代国家的基本原则。

除了前述探讨的国家起源问题，在个人与国家的关系上，黑格尔与亚里士多德也表现出了较大的相似性。亚里士多德曾说，城邦之外，非神即兽，一个人必须处在城邦之中才能实现他的意义和价值。黑格尔也同样认为，成为国家成员是个人的最高义务，个人的自由、权利乃至生命的目的和意义也只有在国家中才能够存在和实现，不存在从单一的自我意识出发脱离国家的自由和权利。同时，国家之于个人具有绝对的权力。不同于康德认为的个人是目的而不是手段，在黑格尔这里，国家是目的而不是手段。总体来讲，黑格尔的理论中表现出了极大的国家主义色彩。

二、民族主义与战争思想

黑格尔认为，在国际社会中，每个国家都是一个自在的、完全独立的个体，国家与国家之间处于一种国际秩序的自然状态下，不存在超越国家之上的权力主体。每个国家都应当得到其他国家的承认，同时也应该承认其他的国家，每个国家在各自的主权范围之内行使各自的特殊意志，处于独立自主的状态，这一原则不应被逾越。"独立自主是一个民族最基本的自由和最高的荣誉"①，而作为国家成员，维护国家的独立自主地位乃是义不容辞的责任。

黑格尔认为，世界历史就是国家发展的历史，在每一个阶段都有一个国

---

① 黑格尔.法哲学原理[M].范扬，张企泰，译.北京：商务印书馆，1982：339.

家和民族作为世界精神的担当者,这个民族就是统治民族,其他民族则应当处于从属地位。黑格尔主张君主立宪政体,希望建立统一的德意志君主立宪制国家,并将之视为国家的理想样板。

黑格尔提出了统治民族的概念,在此基础上,他指出新的统治民族代替旧的统治民族的方式是战争。黑格尔承认在国际社会中,虽然国际法具有一定的意义,但在更多时候国际争端只能通过战争的方式来解决。而且他认为战争并不是一种绝对的恶,战争不仅可以防止内部的骚乱,巩固国家政权,还具有更崇高的意义,即战争有助于防止一个民族由于长久的和平生活和闭关自守而堕落腐化,由此有助于各国民族的伦理健康。从这个角度出发,黑格尔论证了战争的必然性和应然性。

黑格尔反对康德关于永久和平的观点,认为那只适合作为一种理想的状态提出,永久和平本身并不具有现实性。应当注意的一点是,黑格尔反对的只是康德关于永久和平的观点而不是和平本身,他说:“战争本身被规定为一种应该消逝的东西,和平的可能性应在战争中予以保存。”①

总的来说,国家主义是黑格尔在政治思想领域的一个突出特点,这与马基雅维利显示出了很大的相似性。黑格尔首次对市民社会与国家进行了划分,探讨了两者之间的本质区别。他强调国家政权力量是国家的本质所在,这与主权概念具有相通之处,两者都是对内具有至上权威,对外具有发动战争的能力。马基雅维利的权力政治观同样将权力放在了重要的地位上,并指出国家的本质就是权力,推崇国家至上。联系两人生活的时代背景与个人愿望,马基雅维利渴望改变意大利分崩离析的状况,而黑格尔则迫切渴望早日实现德意志民族的统一,这样一来也就不难理解两位政治思想家对权力和国家力量的推崇了。

第二节　空想社会主义

空想社会主义的出现标志着社会主义的诞生,其代表人物是圣西门、傅立叶和欧文。恩格斯高度评价三人的贡献:“虽然这三个人的学说含有十分虚幻和空想的性质,但他们终究是属于一切时代最伟大的智士之列的,他们

---

① 黑格尔.法哲学原理[M].范扬,张企泰,译.北京:商务印书馆,1982:350.

天才地预示了我们现在已经科学地证明了其正确性的无数真理。"①

一、圣西门及其思想主张

克劳德·昂利·圣西门（1760—1825年），19世纪著名的空想社会主义思想家。1760年，圣西门出生于法国巴黎一个旧式贵族家庭，其父亲是伯爵，母亲也出身名门望族。圣西门17岁时参军，后参加过北美独立战争和法国大革命。早期的圣西门积极宣传自由和平等思想，对革命持积极态度。法国大革命之后，原有秩序被摧毁，新建立起来的资本主义制度并未实现革命前宣扬的自由和平等，仍然充斥着压迫和奴役。在圣西门看来，革命的结果不过是采用了新的压迫代替了旧的压迫而已，再加上革命期间暴力横行，这让圣西门对革命的态度逐渐冷淡。到之后圣西门开始宣言自己的理想社会制度之时，已经完全对革命持反对态度，转而希求以和平的方式实现社会的变革。圣西门的代表作有《一个日内瓦居民给当代人的信》《19世纪科学著作导论》《论欧洲社会的改组》《论财产和法制》《实业家问答》《新基督教》等。

圣西门以一个人生命中的不同阶段来比喻社会整体的前进和发展。他认为，正如一个人会经历儿童期、少年期和成年期一样，社会也在不断地向前进步和发展，愈来愈走向成熟和完善。他将人类社会的发展分为五个阶段，分别是原始社会阶段、奴隶社会阶段、中世纪的神学和封建社会阶段、对神学和封建社会进行破坏的阶段以及未来的"实业制度"阶段。在圣西门的理论中，自己所处的时代只是一个带有过渡性质的阶段，未来的方向一定是"实业制度"。

圣西门对革命之后建立的社会制度进行了尖锐的批判。他认为大革命之后只是压迫与剥削的形式和主体发生了改变，而更为重要的"政权的本性"并没有发生变化。他把社会上的人分为两大类：第一类是劳动者，如雇佣工人和农民等；第二类是游手好闲者，如封建贵族和僧侣等。两类人在社会中的作用截然相反，劳动者从事真正的生产工作，为社会创造了财富；而游手好闲者并不从事生产活动，本身并不为社会创造财富，他们是劳动者的寄生阶级。实际上，游手好闲者就是新的压迫阶级，他们剥削和奴役了广大

---

① 恩格斯.《德国农民战争》1870年第二版序言的补充[M]//马克思,恩格斯.马克思恩格斯文集:第二卷.中共中央马克思恩格斯列宁斯大林著作编译局,编译.北京:人民出版社,2009:218.

劳动者。在现实生活中,广大劳动者创造了财富,却依然过着艰辛的生活,整日挣扎在失业和贫困的边缘;而游手好闲者却可以坐享其成,过着富裕甚至是荒淫无耻的生活。圣西门认为此时社会的主要矛盾就是劳动者与游手好闲者的矛盾。

圣西门认为,为了克服上述矛盾,社会制度必将发生改变,建立实业制度社会将是历史的发展方向。在他理想中,实业制度社会将是这样的一种社会:所有人都平等地参与劳动,不存在有特权的阶层,寄生阶级将被彻底地消灭,社会中最受尊重的是从事最有益劳动的那部分人;所有的人都将被按照最有利于生产的方式组织起来,为整个社会创造财富;政治也将完全被经济所容纳,变成关于生产的科学,也就是说政治权力的对象不再是对人的统治,而是对物的管理和生产秩序的领导,国家机关的主要职能就是组织社会进行生产;除此之外,艺术、科学、宗教等都将以生产为中心,为帮助劳动者创造社会财富发挥作用。

总体上讲,圣西门已经观察到了当时资本主义的种种弊端,并且提出了十分具有启发意义的社会制度设想。不过其政治思想还存在一定的缺陷:一方面,圣西门对资本主义弊端的思考还不够深刻,比如将法国大革命前后的社会简单地划分为劳动者和游手好闲者两个阶层,不足以解释复杂的社会政治生活的变迁。他对劳动者虽充满赞美,却并未认识到无产阶级在推动历史进程过程中的主体性地位。另一方面,他寄希望于资产阶级中的开明之士来主动建设实业制度,甚至幻想靠国王的一道敕令就达成社会改革的目的,这些注定了他的这些设想只能停留在幻想中。

二、傅立叶及其思想主张

弗朗斯瓦·马利·沙利·傅立叶(1772—1837年),19世纪初期杰出的空想社会主义思想家,其代表作有《全世界和谐》《四种运动的理论》《宇宙统一论》《经济和协作的新世界》和《论商业》等,其中《全世界和谐》是傅立叶第一次公开提出空想社会主义思想的著作,《经济和协作的新世界》则是其最高理论成就,除此之外于傅立叶去世后出版的《论商业》也成就非凡,受到恩格斯的高度认可。

傅立叶出生于法国贝占桑的一个富商家庭,从小家境优渥,其本人也勤奋好学。中学毕业之后傅立叶开始经商,这为他了解当时商业的种种黑幕以及资本主义经济的运作模式提供了宝贵的一手资料,也为他日后对资本主义弊端的揭露和批判打下了基础。在大革命中，傅立叶的资产被洗劫一空，此后多年，傅立叶一直生活在艰难的处境之中。26岁前后，傅立叶成为一名空想社会主义者，此后毕生都在为自己的主张宣传，还曾建立起小型的协作社试验，不过都以失败告终。

相比于圣西门，傅立叶对资本主义制度进行了更为深刻和全面的批判。他认为，在资本主义制度之下，由于极端的、赤裸裸的利己主义，个人利益与集体利益严重对立，每个人都陷入与所有人的战争之中；资本主义雇佣制度是"复活的奴隶制"，"贫困随着生产发展的程度而增长"，雇佣工人愈劳动就愈贫穷，受益的只是那些寄生阶级；相比于革命之前，革命之后建立的资本主义制度是一种更加完善的、表面看起来更为温和的集体奴役，虽在形式上不似过往那样野蛮，但实际上却奴役更甚；资本主义工厂成为"温和的监狱"和"贫困的温床"，广大劳动者已沦落至奴隶般的处境；在这样"文明"的制度之下，贫困由富裕产生，换句话说，"为了要有富翁，所以要有贫民"，整个社会是一个黑白颠倒的社会，不啻为社会地狱。此外，傅立叶还从政治理论和道德价值的角度对资本主义制度发起批判。他指出资产阶级启蒙思想家们在革命之前高喊自然权利的口号，倡导自由、平等、博爱等思想，宣扬会建立一个人人平等而幸福的社会，但在革命之后实际情况却并不是这样。革命之前的种种许诺非但没有得到兑现，普通人民的处境甚至变得更加艰难。他将那些资产阶级启蒙思想家宣扬的自然权利和天赋人权的说法称为"骗人的鬼话"，他甚至对整个人类文明提出质疑："文明是欺骗的王国，而道德则是它的工具。"[①]

针对现实社会中的种种弊端，和圣西门主张建立实业制度社会相类似，傅立叶也提出了自己关于理想社会的主张。傅立叶认为理想的社会制度应该是协作制度，协作制度的基本组成单位是法郎吉，这是一种集体联合的生产和消费协作社，也是一个生活社群。每个法郎吉有特定的占地面积和人员规模，里面的公共设施一应俱全，傅立叶甚至为法郎吉制订了详细的生产分配计划和成员生活计划。在傅立叶所设想的理想社会中，国家政权不再存在，不同的法郎吉之间是平等友好的关系，相互协作、互通有无。不过在这个理想社会中，私有制并没有被废除，法郎吉的分配方式中会考虑劳动、资本和才能三个方面的因素，其中劳动占有 5/12 的权重，资本占比 5/12，才

---

① 傅立叶.傅立叶选集:第三卷[M].汪耀三,庞龙,冀甫,译.北京:商务印书馆,1982:228.

能占比 2/12。傅立叶希望通过综合考虑多种分配方式,实现不同阶级之间的融合,从而建成更加和谐的理想世界。

傅立叶虽然对现实的资本主义制度提出了尖锐的批判,并精心设计了自己的理想社会制度——协作制度,但是他并没有把理想社会与现实社会完全对立,这从他的协作社会理论中并没有完全废除私有制便可以看出。他的法郎吉社会甚至是以股份公司的形式来进行的。和圣西门一样,傅立叶反对通过暴力革命的方式达成自己建设理想社会的目标,而是希望资产阶级中的上层开明人士支持自己的做法。他穷尽毕生宣传自己的学说,并苦心积虑地组织理想社会的试验,最终都以失败告终,这固然具有十分强烈的悲剧性,甚至带有几分的悲壮,但叹息与敬佩之余,也应该看到其失败根源是由其理论学说的空想性质,以及对资产阶级抱有不切实际的幻想等因素造成的,因而从很大程度上来说,其失败和悲剧乃是一种必然。

三、欧文及其思想主张

罗伯特·欧文(1771—1858 年),19 世纪英国著名社会主义实践家和思想家,其代表作有《新道德世界书》《人类思想和实践中的革命或走向理性社会》等。

同圣西门和傅立叶类似,欧文对现实制度的种种弊端有着深刻的洞察,但难能可贵的是他对这些弊端的根源进行了深入的分析。欧文认为,资本主义各种弊端的三大祸害根源分别是私有制、宗教和婚姻形式。在这其中,欧文又认为私有制的危害最为根本。他指出:“私有财产是贫困的唯一根源,由于贫困在全世界引起了各种无法计算的罪行和灾难。它在原则上是那样的不合乎正义,如同它在实践上不合乎理性一样”[①],罪恶的资本主义经济制度正是建立在对私有财产的绝对保护基础上。由于私有财产制度的确立,所有的人都变得利欲熏心,利己主义和商业精神被光明正大、堂而皇之地奉为圭臬。在历史上,由私有制引发的战争、掠夺和杀戮数不胜数,总结起来一句话,私有制使正常人成为魔鬼,使社会成为地狱。此外,欧文从劳动价值论的角度出发,结合自身的工厂管理实践,试图揭示工人劳动、工人报酬和利润之间的关系。他得出结论,工人有权享有自己全部的劳动产品而资本家无权占有。这样从理论的角度,欧文揭示了资本家对广大劳动工

---

① 欧文.欧文选集:第二卷[M].柯象峰,何光来,秦果显,译.北京:商务印书馆,1981:13.

人的剥削和压迫,阐明了两大阶级之间根本对立的关系。除了对资本主义经济制度的反思和批判,欧文还对资本主义的政治制度发起进攻。欧文指出,"一切政府至今仍然是使用暴力和欺骗的政府,为了领导创造财富和培养人的性格的工作,要有仁慈、明智和善心而不使用个人奖惩办法的政府。为了使当今一代和以后世世代代的幸福而迅速地改造社会的工作,已经成为刻不容缓的事情"①。他认为资本主义的政治制度旨在维护少数人的特权利益,从本质上讲,政府只是这些少数坏人手中的统治工具而已,只要政府的这一根本性质不改变,无论是共和政体还是贵族政体抑或君主政体都不可能真正地带给民众幸福。

欧文在对现实社会进行批判的基础上,给出了自己设想的替代方案——劳动公社。在欧文的设想中,劳动公社是一种集生产消费功能于一体的社会组织,劳动公社将成为社会的基本组成细胞。在劳动公社内部,实现共产主义制度,人人各尽其能并按需分配。在经济上,劳动公社实行生产资料公有制,废除私有制之后也就不再存在资本家与工人的区别,所有人共同参与劳动,劳动所得归公社总库,然后再按需分配给社员个人;在政治上,劳动公社实行共和制度,公社由全体社员进行民主管理,最高权力归全体社员大会,常设领导机构为由全体社员选举产生的总理事会和各种专门委员会。在劳动公社内部,政府、军队、警察、法庭、监狱等所有旧式的国家机器将全部不复存在,所有的特权阶层都被消灭。除年长的公社成员享有较高的社会地位外,在其他方面所有公社成员权利平等。针对现实的资本主义社会中另外的两个祸害根源——婚姻和宗教,欧文强调在劳动公社中所有成员拥有婚姻和宗教信仰自由。

欧文关于劳动公社设想着眼于小处,公社的核心功能就是生产和消费。他力图化繁为简,使人们过上一种简单朴素但却幸福的生活。另一方面,欧文又绝不只是满足于建立一个小小的乌托邦世界,他认为在未来的理想社会里,社会应该由几十上百乃至上千个劳动公社联合而成。这是一种理性的国家形式,生产力可以得到最大限度的发展,同时也最大限度地为每个人的幸福生活服务。在这样的社会之中,人人各尽其能,各取所需,物质财富极大丰富,没有剥削,没有压迫,人人幸福而自由地生活。

作为一名思想家同时还是实践家,欧文大胆地把自己的理论推向实践,

---

① 欧文.欧文选集:第二卷[M].柯象峰,何光来,秦果显,译.北京:商务印书馆,1981:61-62.

试图以实际行动证明自己理论的有效性进而推动整个社会的变革。他先后在英国的新拉纳克、美国的印第安纳等地进行"新和谐公社"的试验,不过这些试验最终都以失败告终。

同圣西门和傅立叶等空想社会主义思想家一样,欧文也反对采用暴力革命的方式来进行社会变革。他主张以温和改良的方式,比如按照合作社的原则对当下的资本主义社会进行改造,对以宪章运动为代表的无产阶级政治运动,他持反对态度。与此同时,欧文十分重视教育的作用,他认为可以通过教育手段助力人类社会的过渡。但如同前面的空想社会主义思想家一样,欧文未能认识到阶级革命和阶级斗争的重要作用,幻想通过赢得国王、总统等各国政要对劳动公社制度的支持,采用和平的方式实现社会变革,这注定是不可能实现的。

对于这一点,恩格斯的评价十分贴切:"我们已经看到,空想主义者之所以是空想主义者,正是因为在资本主义生产还很不发达的时代,他们只能是这样。他们不得不从头脑中构想出新社会的要素,因为这些要素在旧社会本身中还没有普遍地明显地表达出来;他们只能求助于理性来构想自己的新建筑的基本特征,因为他们还不能求助于同时代的历史。"[1]

第三节　无政府主义

无政府主义在发展初期,经蒲鲁东、巴枯宁和克鲁泡特金等人的不断阐发、宣扬与修正,一度获得了巨大影响。第一国际成立之初,蒲鲁东主义分子甚至曾经把持了第一国际巴黎支部,给第一国际造成了巨大的威胁,之后在马克思和恩格斯坚持不懈的批判和斗争之下,蒲鲁东主义分子夺取第一国际领导权的行动才最终失败。巴黎公社之后,蒲鲁东主义对无产阶级政治运动的影响逐渐消失。

一、蒲鲁东及其思想主张

蒲鲁东(1809—1865 年),全名皮埃尔-约瑟夫·蒲鲁东,法国人,19 世纪小资产阶级社会主义的代表人物,无政府主义的创始人之一,他自称无政

---

① 恩格斯.反杜林论[M]//马克思,恩格斯.马克思恩格斯文集:第九卷.中共中央马克思恩格斯列宁斯大林著作编译局,编译.北京:人民出版社,2009:282.

府主义者第一人。其著作有《什么是财产》（或译《什么是所有权》）、《贫困的哲学》、《19世纪革命的总观念》和《论革命中和教会中的公平》等。

蒲鲁东1809年出生于法国贝桑松的一个小生产者家庭，中学辍学后曾做过旅店服务员、印刷工人等工作，成年后的大部分时间在巴黎度过。1840年，蒲鲁东发表了他的第一部理论著作《什么是财产》。在这本书中，蒲鲁东针对所有权起源的几种学说，包括天赋权利说、占用权利说以及劳动起源说逐一进行了批驳，最后得出了一个令人印象深刻的观点：所有权就是盗窃，这部著作使得蒲鲁东渐负盛名。1844年，蒲鲁东与马克思相遇于"革命者的圣地"巴黎，马克思曾试图帮助蒲鲁东接受科学共产主义的观点，但并未成功。1846年，蒲鲁东作《贫困的哲学》，继续宣传自己的经济理论和唯心史观。在该书中，蒲鲁东明确表达了反对共产主义、反对无产阶级政治运动的反动观点。随后，马克思作《哲学的贫困》一书，针锋相对地对蒲鲁东的错误观点进行批判。1848年欧洲革命期间，蒲鲁东当选为国民制宪会议议员，在此期间他通过自己主编的报纸大肆宣扬《什么是财产》中的无政府主义思想，相关主张得到广泛传播，蒲鲁东也正是由于这段时期的相关工作赢得了革命家的美誉。不过，很快革命走向失败，蒲鲁东因触怒当局两度获罪，一度流亡国外。

蒲鲁东认为，"独立""平等""自由"是人类普遍理性的最高要求，而无政府主义主张实际上是按照这些要求进行逻辑推演的必然结果。首先，政府与国家的存在违背平等的价值。蒲鲁东认为，人与人之间本身就具有平等的地位，良好的社会秩序可以通过人与人之间的互助实现，但是政府和国家的出现会打破这种局面。非法政府自不必说，而哪怕是合法政府同样是有害的，这是因为即便是按照所谓的民主程序选举产生的政府，其权威也会渐渐落在行政官僚的手中，这些人依仗手中的权力可以对普通民众施加肉体上的威胁，以此换取权威与服从，这无疑是对平等价值的严重背离和破坏。而最好的状态就是无政府的，无政府状态意味着没有国家元首，没有主人，没有权威，人与人才可能实现真正的平等。其次，政府与国家的存在违背自由的价值。蒲鲁东主张个人拥有绝对的自由，任何政权的存在都将与个人的自由相抵触，在这一点上，资产阶级政权和共产主义政权并不会有什么差别，所有的国家、政府、政权、制度、权威都会对个人的绝对自由造成严重威胁。从本质上讲，国家自身就是反革命的，它只会成为暴政工具的堡垒，所以最好的状态应当是无政府的状态。

蒲鲁东既不认同资本主义社会,也不认同共产主义社会,他试图提出第三种社会模式。对资本主义社会,蒲鲁东提出了有名的"所有权就是盗窃"的观点,他认为那些资产阶级宣称拥有的所有权,无非是靠着强权或者诡计得来的。蒲鲁东对资产阶级官僚国家机器极端仇视,并认为所谓的资产阶级民主极度虚伪,资本主义的私有制也违背了平等原则,造成了社会的贫富分化并成为无数罪恶的根源。对共产主义社会,他认为共产主义社会走向了资本主义社会的另一个极端,共产主义号召完全消灭私有制,但是一个人若没有任何财产便无法独立。在政治方面,无论是无产阶级专政还是资产阶级专政,只要建立了国家,便会对个人的绝对自由造成威胁。他同时认为,共产主义制度是一种以强制、压迫和奴役为特征的制度。在共产主义制度下,共产主义社会本身成为一切财物、人身甚至是个人意志的"所有人",人们被迫失去独立思考的能力,只能消极地服从。"人抛弃了他的个性、自发性、天才、情感,以后就不得不在公共'法律'的权威和严格性面前低首下心地日趋灭亡。"①人们自身的生命、才干等一切能力成了国家的财产,国家为了所谓的公共利益可以对他的这些所有物进行任意的使用。从这个角度出发,蒲鲁东将共产主义制度与奴隶制度相联系。他还举例说,在古代无论是柏拉图设计的共产主义共和国还是斯巴达立法家来库古建立的共产制实际上都是以奴隶制度为基础的。除此之外,蒲鲁东还从其他方面对共产主义制度进行攻击,比如他认为共产主义制度下的平等实际上同样蕴含着诸多的不平等:在共产主义制度下,实际上是强者不得不为弱者工作,勤奋之人不得不为懒惰之人工作,聪明之人不得不为蠢蛋工作,这样的社会运行逻辑显然是不平等而荒谬的。蒲鲁东认为最好的模式是将私有制与公有制进行结合之后形成的真正自由的社会。从经济上来讲,这个自由社会以"个人领有"为基础,实际上是以普遍化的小私有制来代替资本主义私有制,用小生产来代替社会化大生产;从政治上来讲,这个社会无政府但有法律,相互平等的人之间通过互助形成良好的社会秩序。在目标的实现方式上,蒲鲁东主张改良,反对阶级斗争,反对罢工,反对暴力革命。

对蒲鲁东的无政府主义思想,马克思和恩格斯做了深刻的批判。马克思认为,蒲鲁东的政治思想充满自我矛盾,在反对私有的同时保留占有,在否定私有权的同时又要求私有权的普遍化,而把所有权说成是盗窃其前提

---

① 蒲鲁东.什么是所有权[M].孙署冰,译.北京:商务印书馆,1982:272.

恰恰是对所有权的承认,在妄想没有政府的情况下又想保持法律与秩序。恩格斯则认为,蒲鲁东在试图以一种使社会后退的办法来实现社会的进步,解决当下的问题。对此,恩格斯不无嘲讽地称,蒲鲁东的构想要真能实现,世界是要灭亡的。

二、巴枯宁及其思想主张

巴枯宁(1814—1876年),全名米哈伊尔·亚历山大罗维奇·巴枯宁,俄国人,无政府主义的重要代表人物,职业革命家,主要著作有《革命问答》《上帝与国家》《国家制度和无政府状态》等。

1814年,巴枯宁出生于俄国特维尔省诺新托尔若克县的一个贵族家庭。1833年,巴枯宁从彼得堡炮兵学校毕业,但他对传统的贵族军旅生涯并不感兴趣。1836—1840年间,巴枯宁于莫斯科大学进行哲学研究。1843年,巴枯宁开始游历欧洲各地,先后结识了马克思、恩格斯和蒲鲁东等人,在受到蒲鲁东思想的深刻影响之后,他开始转向无政府主义,并从此走上职业革命家道路。1849年,巴枯宁因参与革命被捕,两年后遭引渡回国并被定罪和流放,1861年逃离流放地并继续坚持革命。第一国际成立之初,巴枯宁尝试夺取领导权,被马克思和恩格斯合力击败,最终第一国际将其开除。1876年,巴枯宁病逝于瑞士伯尔尼。

巴枯宁政治思想的核心内容有两点:对自由的推崇和对国家的批判。

首先是对自由的推崇。巴枯宁认为,"自由,这是人支配自己本身和按照自己的观点和信念来行动的权利"。人的自由权利与生俱来,无须得到任何人的批准,而且这种自由是绝对的、充分的和无条件的,人们有勤奋的自由亦有懒惰的自由,有道德的自由甚至也有不道德的自由。总而言之,在巴枯宁看来,自由除受到自然界和社会不可改变的规律的约束之外,不受其他任何政治、思想、人文、科学方面的限制。巴枯宁把人类历史从过去到将来划分为三个阶段四个时期:三个阶段分别是兽性阶段、人性阶段和自由阶段,四个时期分别是原始人和野蛮人时期、奴隶制时期、经济剥削时期、自由时期。原始人和野蛮人时期以及奴隶制时期对应的是人的兽性阶段,中世纪神权统治的历史是人从兽性向人性过渡的历史,属于人的理性的光辉逐渐开始闪耀,而中世纪以后到当下的历史处于人性阶段,但这一阶段也并不完美,特权阶层在经济上的剥削是这一时期的一大特征。只有到了自由时期,人类的兽性才得到完全的消除,人性得到充分的体现。整个人类的历史是人类社会从兽性向人性过渡和发展的历史。

其次是对国家的批判。确切地说巴枯宁反对以国家为代表的一系列权威、权力、政治等,在他看来,这些都是对个人绝对自由的威胁。巴枯宁认为国家是"权力和监护原则的历史组织",为了某种宗教或者个人,或者部分阶级的特权而对人民群众的利益造成损害。国家对人民进行监护的目的就是从他们身上获取利益,正如牧羊人从羊群身上获取羊毛那般。无论是君主国、民主国还是红色共和国,只要有国家的存在,就意味着军事和官僚集权制度的存在。他们必定为着自己的或者特定阶级的利益而无可避免地对人民进行压迫,正是被压迫的大多数人所从事的沉重的工作,使得社会上部分人可以无所事事却享受了诸多特权,这些是一切统治的基础。不同的政体形式下,只是剥削的名义和利益群体不一样,共和国也不过是把打人民的棍棒称之为人民的棍棒罢了,人民所受的痛苦不会有丝毫减少。由于国家总是以剥削和奴役部分人作为统治的基础,而且国家总是趋向于粗暴、掠夺和征服,并否定臣民的个人利益和公民权利,所以国家本身就是对"人性"的否定,是世界人民实现自由、平等和正义的阻碍。只有彻底消灭了国家,实现彻彻底底的无政府主义,人民才有可能实现真正的解放和自由。总之,巴枯宁的无政府主义思想十分极端,"否认一切立法,一切强权,一切有特权的、特许的、官方的、法律的影响"①。

与蒲鲁东及空想社会主义者不同,作为职业革命家的巴枯宁主张采用暴力革命。他对一切反抗国家的暴力行动都大加颂扬,并把"反抗"称为一种神圣的天性,认为通过反抗可以消除根深蒂固的服从惯性,从而有助于人们从被奴役的状态下解放出来最终获取自由。不过巴枯宁本人的理论著作并不系统,甚至有诸多自相矛盾的地方,他的追随者克鲁泡特金完成了对无政府主义思想的理论深化与系统总结。

三、克鲁泡特金及其思想主张

彼得·阿列克谢耶维奇·克鲁泡特金(1842—1921年),俄国人,无政府主义理论家。在蒲鲁东和巴枯宁阐明的无政府主义的基本立场和主张基础上,克鲁泡特金对无政府主义进行了理论深化,使之成为一个系统的理论体系。如果说蒲鲁东是无政府主义的开宗立派之人,那克鲁泡特金就是无政

---

① 巴枯宁.上帝与国家[M].朴英,译.上海:华东师范大学出版社,2005:30.

府主义思想的集大成者。其著作有《面包与自由》《一个反抗者的话》《互助论》等，其中《互助论》是他阐述无政府主义思想的经典著作。

克鲁泡特金出身贵族，很早就阅读了大量的启蒙哲学著作，拥有较好的理论素养。1872年克鲁泡特金赴西欧旅行期间，接触到第一国际和巴枯宁的无政府主义思想，最终克鲁泡特金成为一名坚定的无政府主义者，并成为继巴枯宁之后无政府主义的领军人物。

克鲁泡特金是一名相对纯粹的理论家，他成功地弥补了蒲鲁东和巴枯宁等早期无政府主义者在理论连贯性和深刻性方面的不足，显示出作为一名专业学者的理论素养。正是由于他的相关工作，无政府主义才从单纯的革命意识形态转变为一门严肃的学术思想，对马克思和恩格斯的科学社会主义思想构成了挑战。科学社会主义的追随者们随后对这种错误的无政府主义思想进行了全面而严厉的批判。

克鲁泡特金无政府主义理论的一大特色，是将达尔文的进化论思想与无政府主义的相关论点进行了巧妙的结合。正是因为吸收了自然科学发展的最新理论成果，克鲁泡特金才信誓旦旦地宣称，自己的理论是建立在科学基础之上的自由共产主义，并坚信这一方案优于其他所有的社会主义方案。其主要观点是：生物是进化而来的。在历史的长河中，有的种群得以生存和延续下来，有的种群则被淘汰，其中的关键是互助精神。在生物群之间存在的是竞争，但在内部存在的是互助，互助使得种群得以生存和延续，并在发展的过程中得到进化。同样作为一个生物群的人类，正是凭借着最优秀的互助精神成了最强的生物。但是国家、政治权力、军队和战争对人类的互助精神进行了镇压和摧残，而且越接近现代，国家越强大，人类本能中的互助精神就越被压抑和摧残：在中世纪时期，存在着大大小小成百上千的行会，或称"同盟会"，或称"兄弟会"，或称"友谊会"等。这些行会成员是在共同的看法之下联合起来的，他们互帮互助，修建宏伟高大的建筑，尽情地施展自己的才能，追求着自由的新生活。一切都表明在自由的联合之下，通过人们的互帮互助而非经由国家的有力组织，人们的生活取得了巨大的成功。近代国家兴起之后，吞没了一切社会职能，个人主义逐渐盛行，人们相互之间的互助精神被极大地削弱，所有的一切与他人"无关"，国家担负了更多的"义务"。原有的村民会议、裁判所和独立行政权全部被取缔，代之以相应的国家权力。行会组织也在国家的发展中失去了财产和自由，最终走入了历史之中。

克鲁泡特金认为,世界上所有的财富属于所有人创造的公共财产,按照当时的生产力发展情况,这些财富足以使人类整体上都过上富足的生活。然后现实的情况显然并非如此,究其原因,克鲁泡特金认为在既有的资本主义制度下,财富被集中在了少数人的手里,加之互助精神的缺失,占人口大多数的劳动者无法享有自己创造的财富,他们被迫用自己的工资购买自己生产出来的财富。要改变现状重新唤醒人们的互助精神,就应该尝试建立一切财产归公有的无政府的共产主义社会。同时,他还找出一些生活中的具体例子如公共交通、桥梁、实验室和图书馆,来证明共产主义已经在各个方面兴起和发展起来,建立全面的、自由的共产主义社会绝非是在痴人说梦。

总的来说,克鲁泡特金将达尔文的进化论引入无政府主义的理论,并借助互助精神构建了系统的无政府主义理论,将其从单纯的革命意识形态转变为严肃的学术思想,体现出了一定的学术功底与理论水平。但是他的理论绝非如他宣称的那样完美,其中不乏巴枯宁式的偏见。比如对国家的极端仇视和反对,否认政治国家在推动人类社会向前发展过程中的历史作用等,他倡导自由共产主义者仅需依靠启蒙人民唤醒人类固有的互助精神即可摧毁资本主义和国家的观点,体现出高度的唯心主义与空想特点。他对中世纪村落公社和行会充满迷恋,而其自由共产主义社会方案实际上是要通过社会的倒退来解决现有的问题,与巴枯宁的设想高度相似,在理论上荒谬,在实践上有害。

第四节　科学社会主义

科学社会主义的创始人是德国的马克思和恩格斯。在 19 世纪的社会主义各派别中,唯有马克思和恩格斯创建的社会主义理论建立在了科学的理论之上,它以马克思主义哲学和政治经济学为理论基础,主张阶级斗争,强调无产阶级革命和无产阶级专政的必要性,为指导无产阶级革命斗争提供了理论武器。科学社会主义还提出了共产主义理想,为人类社会的未来描绘了一幅理想蓝图。经过岁月的沉淀,其他各派的社会主义思想都已式微,只有科学社会主义显示出了强大的生命力。科学社会主义涉及的理论内容极其博大精深,在我国有专门的学科对其展开研究,本节只就其要点做简要介绍。

一、科学社会主义的国家观

科学社会主义有一套独特的国家观,在这里国家不再是"伦理观念的现实"或者"理性的形象和现实",在此之前萦绕在国家身上的公共性、神圣性和理性的色彩全都消失不见,科学社会主义断言:国家不过是阶级统治的工具,它从社会之中分化而来,其目的是把不同阶级之间的利益冲突控制在"秩序"的范围内。在经过无产阶级专政等过渡阶段之后,在阶级差别完全消失之时,也就到了"国家"这一制度寿终正寝的时候了,国家制度最终将归于消亡。科学社会主义之所以能够做出这样的断言,是因为科学社会主义采取了历史唯物主义的分析方法,深刻洞悉了隐藏于纷繁复杂表象之下的社会发展规律。

科学社会主义认为:"至今一切社会的历史都是阶级斗争的历史。"①人类的生存和社会的发展离不开生产力,生产力决定了相应社会阶段的生产关系和上层建筑。由于人们在生产活动中所处的地位不同,有的占有了生产资料进而控制了生产成果,有的仅仅从事不占有生产资料的生产活动且不占有生产成果。这样人们就被区分成了不同的阶级,占有生产成果的阶级对不占有的阶级进行剥削和压迫。自私有制出现之后,这种阶级与阶级之间的对立与冲突便从未停止过,只是在不同时期剥削与被剥削的阶级不同而已,最早是奴隶主阶级和奴隶阶级,后来是地主阶级与农民阶级,到了资本主义社会便是资产阶级与无产阶级。

国家是社会发展到一定阶段的产物。在国家产生之前,人类处于氏族公社制度之下,但是随着阶级冲突的日益加剧,氏族公社制度已经无法满足在经济上占统治地位的阶级维持剥削以及镇压被剥削者的需要,于是国家应运而生。恩格斯说:"确切地说,国家是社会在一定发展阶段上的产物;国家是承认:这个社会陷入了不可解决的自我矛盾,分裂为不可调和的对立面而又无力摆脱这些对立面。而为了使这些对立面,这些经济利益互相冲突的阶级,不致在无谓的斗争中把自己和社会消灭,就需要有一种表面上凌驾于社会之上的力量,这种力量应当缓和冲突,把冲突保持在'秩序'的范围以内;这种从社会中产生但又自居于社会之上并且日益同社会相异化的力量,

---

① 马克思,恩格斯.共产党宣言[M]//马克思,恩格斯.马克思恩格斯文集:第二卷.中共中央马克思恩格斯列宁斯大林著作编译局,编译.北京:人民出版社,2009:31.

就是国家。"①

国家既是从阶级冲突之中产生的,目的也是控制阶级对立的范围,其本质也就显而易见了。国家的本质是在经济上占统治地位的阶级进行阶级统治的工具,国家服务于统治阶级的意志,国家政权也始终掌握在统治阶级手中。科学社会主义看到了国家这一政治现象背后的经济色彩,阐明了"政治是经济最集中的表现"这一真理,这是科学社会主义理论的重要贡献之一。

二、阶级斗争与无产阶级专政

科学社会主义相比于空想社会主义和无政府主义的一个突出特点是坚持阶级斗争和无产阶级专政的必要性。

科学社会主义认为,在资本主义社会存在着资产阶级和无产阶级两大阶级的对立,资产阶级凭借对生产资料的占有控制了产品,对广大的无产阶级进行剥削和压迫。同时从资本主义的运作逻辑出发,资本主义社会具有无法克服的周期性经济危机,这将给人类社会带来巨大的危机甚至造成人类社会的崩溃。要想彻底消灭阶级,就必须实行生产资料的公有制,但是资产阶级绝对不会拱手让出自己的经济特权,他们必将拼死保护现有的财产关系,维持奴役与被奴役的现状。资本主义社会进行的任何改良也都不可能从实质上改变奴役与被奴役的状态,所以留给无产阶级的唯一出路便是进行阶级斗争,在任何资产阶级掌握政权的地方将其推翻。

科学社会主义认为,在推翻资产阶级统治之后,必须经历一个由无产阶级进行专政的过渡时期。这是因为只有消灭一切阶级差别、消灭旧的生产关系,与之相适应的旧的社会状态才能够被彻底消灭,人类才可能进入理想的无阶级社会,而这需要专政,而且是强有力的专政。无产阶级是私有制的天然对立者,是承担这一历史使命的不二人选。

第五节　19 世纪的资本主义

19 世纪是西方各国资本主义快速发展的时期,其中英国最为突出,到19 世纪三四十年代英国已经彻底完成了工业革命,生产力空前解放,自由资

---

① 恩格斯.家庭、私有制和国家的起源[M]//马克思,恩格斯.马克思恩格斯文集:第四卷.中共中央马克思恩格斯列宁斯大林著作编译局,编译.北京:人民出版社,2009:189.

本主义达到鼎盛；法国虽然政局动荡，但资产阶级日渐崛起，旧势力的日渐衰落也是大势所趋。整体上讲，19世纪资产阶级的身份地位与18世纪相比已经不可同日而语，在不同国家，资产阶级或者正处于明显的上升趋势，或者已经取得了国家政权。这种大背景的变化必然使得19世纪的资本主义政治思想呈现出与之前不同的面貌，一个突出的特点便是政治思想中"革命性"色彩降低，而主张维护现有统治、针对具体现象进行分析、通过各种方式实现社会改良成为这一时期政治思想的主流。这一时期资本主义的政治思想流派有实证主义、自由主义、功利主义等。

一、孔德的政治思想

奥古斯特·孔德（1798—1857年），19世纪法国著名哲学家和社会学家，实证主义的创始人。主要著作有《论实证精神》《实证哲学教程》《实证哲学体系》《实证宗教教义问答》等。

1798年，孔德出生于法国蒙皮利埃的一个税务官家庭，他的父亲是一名中级官吏。1817年，19岁的孔德成了著名空想社会主义思想家圣西门的秘书，在此后七年的时间里，两人一直保持着亲密友好的关系，圣西门之于孔德可以说亦师亦友，圣西门一度还把孔德视为自己思想的理想传人。然而造化弄人，孔德与"师傅"圣西门的思想分歧日益扩大，最终两人的关系走向决裂。从1824年起，孔德开始着手建立自己的实证主义思想体系。1848年，孔德在法国创立"实证主义哲学协会"，实证主义学派由此形成。

（一）实证主义思想体系

孔德认为，自己创立的实证主义超越了原有的唯物主义和唯心主义的范畴，是一种新的方法和思想体系。建立在这一方法和思想体系基础上的"实证科学"体系，可以为人类提供真实、可靠、有用的知识，帮助人类确立明确的信念和原则，从而解决当时由于知识混乱和信念的不确定所引发的社会问题，而这也是孔德创立实证主义的直接动因。孔德认为此前的哲学关注的重点在世界的本质到底是物质的还是精神的，由此区分出唯物主义和唯心主义两大阵营，但是这样的问题实际上以人的认知能力是不能够解决的。在孔德看来，事物的本质特性及其终极原因超乎现象之外，因此实际上是不可知的，人们在这些问题上花费时间和精力无异于是一种对智力的浪费。他提出的实证主义，就是为了纠正这一错误的研究方法。他主张从经验事实和现象出发，探索人类精神发展的一般规律。他说："真正的实证精神用对现象的不变的规律的研究来代替所谓原因（不管是近因还是第一因）；一句话，用研究怎样来代替为何。"

以人类思想认识以及知识的发展为中心线索，孔德把人类社会发展的历史划分为三个阶段：神学阶段、形而上学阶段、实证主义阶段。

首先是神学阶段，这是人类思想认识发展的最初阶段。这个阶段的一大特征是用神学思维去看待一切现象和事物，对于无法解释的现象都归因于神力和神意志的体现，当然这个阶段内部其实也是有发展变化的，依次经历了拜物教阶段、多神教阶段和一神教阶段，西欧的中世纪就属于神学阶段的一神教时期，这也是神学阶段的成熟时期。在神学阶段，宗教和神学不仅在社会思想领域占据着绝对的统治地位，在政治思想领域也不例外。这个阶段社会的政治制度是神权政治，教皇、主教或者僧侣是这个时代的领导阶层，教会权威和绝对专制是这个阶段政治制度的一大特点，人们基于对上帝权威的服从崇信教会权威以及君主权力。

其次是形而上学阶段，又叫抽象阶段。相比神学阶段，形而上学阶段是人类思想认识进一步发展的时期。这一时期人们的思想认识在一定程度上表现出对神学思维的反叛，并逐渐挣脱神学思维的束缚。人们创造出了诸多抽象的概念来代替原来虚构的有人格的神，在探索事物本质时开始更多地运用抽象思维而非神学思维，人们不再简单地将事物的现象归因于神的意志，转而开始研究事物现象背后的必然规律。这不得不说是人类思想认识发展的一大进步。不过孔德也看到了这种进步的局限性，其中重要的一点就是，在形而上学阶段，人们依然固执地想要探索事物的本质——而这在孔德看来原本就是不可知的，因而注定不会有什么结果。

形而上学阶段是比神学阶段更加进步的时期，从思想认识发展的角度上看如此，从政治制度的发展来看同样如此，民族国家和人民主权对应于这个阶段的社会政治制度。在这个阶段，契约论、自由、平等、民族独立、人民主权等理论概念在启蒙思想家那里产生并逐渐广为传播。思想领域的变化最终不可避免地要反映到政治制度层面，原有的神权统治基础瓦解，君主专制制度也难以为继，贵族政体和民主政体成为主流。孔德承认这些变化是一种政治进步的同时，也指出了其局限性。在"建设能力"上来说，这一时期是失败的，因为虽然破坏了旧的，但是却没有建立新的。权威被破坏的结果是造就了无政府主义以及其他的混乱状态，社会中出现的种种妨碍社会安定的矛盾表面上是偶然的，实则是形而上学政治的必然结果。

最后是实证主义阶段，这是人类思想认识发展的最高阶段。在实证主义阶段，人们不再探究人类本不可知的事物的本质以及现象背后的终极原因，而是通过对事实与现象的观察与推理，来认识实在的、科学的规律。正因如此，只有实证主义才能给人类提供真正的科学的知识，并为社会的改革提供指引。实证主义阶段的政治制度是实证政治，相比之前这个社会将更加团结、和谐、进步以及充满秩序。

(二)社会政治思想

作为社会学家，孔德将自己提出的实证主义与社会学进行了结合，主张建立实证阶段的政治制度，也就是社会政治或社会政体。实际上，社会才是孔德整个思想体系的中心，孔德实证主义的主张就是为更好地研究与发展社会学服务的。按照孔德对自然科学和社会科学的划分，社会学处于科学阶梯的顶端，是最重要、最复杂的科学。

对于人类社会生活的起源，孔德认为需要考虑人的个人情感与社会情感两方面因素，任何只考虑其中一个方面的做法都是不妥当的。人的个人情感的主要内容是利己主义，社会情感的主要内容是利他主义。无论是利己还是利他，都是人的社会本能和社会冲动，并各有其价值。利己主义可以为社会活动指明目的和方向，对"公共利益"和"社会情感"而言是一种必要的鼓舞和指导；而利他主义则有助于实现社会整体的团结与和谐，对社会的发展和进步具有重要意义。

从对实际生活的考察出发，孔德认为真正的社会单位是家庭。社会是按照家庭的基础和原则建立的，是家庭组织方式的扩大，这是孔德社会学思想中十分重要的一个观点。孔德把家庭与社会做了诸多类比，尤其说明了两者在"和谐"与"依从"方面的一致性：一方面，在家庭中，家庭成员的个人情感与社会情感在以"爱"为基础的调节下达到和谐的状态；而在社会中，人的利己和利他行为同时存在，人们在自觉或不自觉的情况下相互合作，既是在为达成各自的目的服务，同时也在为社会的整体利益做出贡献。另一方面，在家庭之中存在着两性之间和长幼之间的"依从"关系，体现出一种对"爱和亲切结合的绝对权威"的服从。在社会里这种对权威的服从关系同样存在，也即对政治权威的服从，更通俗地讲就是统治与被统治的关系。

孔德尤其重视社会之中政府的作用，认为政府对联系社会的各种力量、维系社会整体的团结、避免社会的解体发挥着重要作用。他从"人的本能"的角度出发，解释了政府的起源、政府存在的必要性和可能性：一方面，人们天然地具有过群体生活的本能,因此便要求建立社会;但另一方面,除具有社会情感之外,人还具有个人情感,即利己主义。如果没有一个强有力的权威对个人情感进行适当的压制,对社会的各种力量进行调节,那么社会整体团结与和谐便不可能达成,公共利益的实现也就无从谈起。所以政治上的服从关系如同家庭之中的依从关系一样,是不可避免的。幸运的是人类恰恰又具有服从的本能,而且这种"服从的本能比我们一般想象的要强烈得多",他们愿意把领导责任委托给贤明的领导者,这样政府的存在也就成为理所当然的事情了。为树立政府的绝对权威,孔德否定启蒙运动以来一直广为传播的"权利"观念,他认为这种观念不过是形而上学阶段的思想家们为对抗神权统治而虚构出来的概念。当神权统治结束之后,"权利"理论也就完成了历史使命,到了退出时代舞台的时候,否则便会成为实现社会稳定和团结的阻碍。

孔德认为,为了更好地实现社会的团结与和谐,社会中的两种力量与两个阶级要进行充分的合作。两种力量分别是财富的力量和群众的力量,两个阶级则是资产阶级和无产阶级,资产阶级和无产阶级应该分担不同的社会职能、相互合作。具体来讲,资产阶级应掌握立法权和军权,无产阶级则掌握行政权发号施令,但从根本上来讲由无产阶级产生的行政官员需要受到资产阶级立法者的节制。在无产阶级"依从"资产阶级的情况下,两个阶级、两种力量各司其职、各尽其能,最终保证社会团结与和谐目标的实现。

二、斯宾塞的政治思想

赫伯特·斯宾塞(1820—1903年),19世纪英国著名哲学家、社会学家和政治思想家,社会进化论和社会有机体论的奠基人。

1820年,斯宾塞出生于英国德比郡,他的父亲是一名中学教师。斯宾塞自幼涉猎广泛,阅读和学习包括自然科学和社会科学在内的各方面内容,幼年的斯宾塞虽然没有进入学校接受教育,但是在跟随父亲学习的过程中,他依然显示出了很高的天分并取得了显著的进步。斯宾塞的一生,除了做过短暂的铁路技术员、杂志编辑等工作外,一生大部分的时间都投入了写作。在他22岁的时候,开始为杂志撰稿,此后陆续出版了《论政府的适当范围》《社会静力学》《社会学原理》等著作,大量的作品产出使他赢得了英国知识分子的爱戴。在去世前一年,斯宾塞还曾获得诺贝尔文学奖提名。

在社会学和政治学领域,斯宾塞宣扬社会进化论和社会有机体论,倡导社会平衡思想以及社会成员同等自由权利理论，反对一切阶级斗争及暴力革命。他的社会和政治思想得到了资产阶级思想家们的极大称赞。由于在学术上的巨大成就，他被誉为英国维多利亚时代的亚里士多德。

（一）生物社会学思想

斯宾塞是生物社会学的创始人，这也是他最为人所知的学术成就之一。生物社会学主要包含两个方面的理论，分别是社会有机体论和社会进化论，两种理论之间密切关联。实际上，关于社会有机体论和社会进化论的理论渊源可以追溯到古典时期，比如亚里士多德就曾以"灵魂"和"肉体"为喻，来比拟上层阶级和下层阶级。被称为19世纪自然科学三大发现之一的生物进化论形成于斯宾塞生活的年代，斯宾塞结合这一生物学最新理论成果，从生物学的角度对社会的发展演化规律进行研究，系统地提出了生物社会学理论。

社会有机体论是生物社会学理论的第一个重要内容，其主要观点是把社会看成是一个像生物一样的有机整体，各个部分既具有一定的独立性又彼此密切关联，各个部分、子系统之间相互配合协调一致地运行，服务于大的社会有机体。斯宾塞认为社会有机体和生物有机体在构成系统上表现出极大的相似性，比如：第一，生物有机体具有营养系统而社会有机体具有保持系统。社会保持系统的职能由劳动者承担，其形式是各种各样的产业组织，他们生产各种各样的产品以满足社会的需要，为社会的运转提供物质基础。第二，生物有机体具有循环系统而社会具有分配系统。社会分配系统的职能由商人阶级承担，他们通过商业贸易、交换运输等活动将生产出来的产品运送到社会的各个部分。第三，生物有机体具有神经系统而社会具有调节系统。社会调节系统的职能由国家和政府等管理组织承担，他们负责指挥、协调和控制社会系统、各阶层的生产交换分配等活动。

社会有机体论的核心内容是把社会看成一个生物有机体般的存在，突出各系统、各阶层之间相互协调配合的重要性，同时该理论也为社会进化论做好了理论铺垫。

社会进化论认为，正如生物在生存竞争中不断进化一样，社会有机体也处在进化之中，服从生物界由简单到复杂、由低级到高级的进化规律。而且生物界中优胜劣汰适者生存的进化规律对于社会而言同样适用。从这两点出发斯宾塞陈述了自己的社会进化论：第一，人类社会的发展史就是社会有机体的进化史。在人类相继经历了家庭制度、政治制度、宗教制度和产业制度阶段,产业制度阶段也就是当时的资本主义社会形态,这样的制度顺序是从简单到复杂、从低级到高级的。第二,生存竞争是生物界的自然规律,社会同样需要遵循这一规律。斯宾塞反对国家救济,认为这一举措违背了物竞天择适者生存的自然规律。他不遗余力地为"社会苦难"的合理性进行辩解,认为其可以帮助人们获得"文明生活所需要的能力"。从对人类整体利益的角度讲,"社会苦难"更增强了人类的适应性,因而是有益的。

(二)平衡与同等自由理论

在斯宾塞的理论体系中,"平衡"与"同等自由"是两个十分重要的概念。从这两个概念出发,斯宾塞论述了个人的社会政治思想。

斯宾塞认为,无论是生物有机体还是社会有机体都遵循平衡原则。这一原则是宇宙的基本规律,平衡导致和谐,社会平衡导致社会和谐。斯宾塞再次运用了类比生物学的方法来解释平衡原则。他认为生物体总共遵循四种形式的平衡,包括功能平衡、机械力平衡、自身与环境以及自身与天敌之间的平衡。这些平衡的实现保证了生物有机体自身功能的协调,保证了他们可以在生物圈中正常生存繁衍。类似的,社会有机体也需要达到平衡的状态。在社会有机体内部,各政治力量、各社会阶级需要找到相互妥协的途径,这是社会有序运转的重要保证。相对应的,阶级斗争和暴力革命则是需要尽力避免的事情,因为它们会导致对平衡与和谐的破坏。

斯宾塞继而又论述了"同等自由"法则的重要性。他认为"同等自由"法则有两个方面的重要意义:对于个人而言,同等自由意味着在不侵犯他人自由权利的条件下,每个人都拥有最大限度的自由。这使得每个人在生存竞争中都可以充分地使用自身的才能去追求个人的幸福;对于社会而言,同等自由是实现社会平衡的先决条件。基于同等自由理论,每个人在追求个人幸福的同时不能侵犯他人的正当权利,需要兼顾利己和利他两种情感倾向,这样做是社会均衡最终得以实现的前提。斯宾塞从同等自由概念出发,论述了政府的正当范围。在他看来政府并不是管得越多越好,相反地,大包大揽的政府是低级社会的特征,在高级社会中政府的权力应该被限定在最低的程度上,也即只要能够保证个人的同等自由权利,维护社会的正常生活即可。在同等自由权利的大前提下,每个人都"自由"地在社会中进行着生存竞争并受到"优胜劣汰"规律的支配,国家不应该对自然竞争的结果做任何干预,否则便是对自然规律的违背,不利于人类社会整体的进化。而且这种干预也超越了政府职能的正当范围,是一种越权行为。

三、贡斯当的政治思想

邦雅曼·贡斯当(1767—1830年),19世纪法国著名政治思想家、政治活动家,同时也是法国自由派的领袖。贡斯当在政治学和政治思想领域的代表作是《适用于所有代议制政府的政治原则》和《古代人的自由与现代人的自由之比较》,除此之外还有《征服的精神和僭主政治及其与欧洲文明的关系》《再论征服的精神和僭主政治》等理论著作。

1767年,贡斯当出生于瑞士洛桑的一个法裔贵族家庭,从15岁开始先后求学于埃尔兰根大学和爱丁堡大学,在此期间他接受了系统而正规的教育并受到一些启蒙思想家的影响。21岁时,贡斯当已经开始在德国担任官职,这个时期法国发生了大革命,政治和社会领域发生巨大变革。机缘巧合之下,贡斯当来到法国并取得法国公民身份,他先后经历了法兰西第一共和国、法兰西第一帝国、波旁王朝复辟等多个时期,亲身经历或参与了诸多重大政治事件。实际上贡斯当后半生的政治活动和政治主张大多都与法国的政治和社会现实有着密切联系。1830年7月,贡斯当参与了推翻波旁王朝的七月革命,在生命的最后时间里亲眼看到了波旁王朝的覆灭。11月,贡斯当去世,法国为之举行国葬。

在政治思想领域,贡斯当的主要贡献有:第一,区分了政治自由和个人自由两种类型的自由,阐释了两种自由在不同时期的地位和价值。第二,从两种自由的角度出发,贡斯当反思了法国大革命中出现的诸多暴行,并从理论上剖析了这些现象的原因,最后指出人民主权也应该受到个人自由的约束。第三,贡斯当在孟德斯鸠三权分立的基础上,结合英国的君主立宪制度和法国的社会现实,提出了五权分立学说,主张建立立宪君主制政体。以下将结合这三个方面,对贡斯当的政治思想进行简要介绍。

(一)政治自由与个人自由

作为法国自由派的领袖人物,在自由问题上,贡斯当有着非常独到的见解。贡斯当认为,自由分为两种,分别是政治自由与个人自由。政治自由主要涉及的是公民在公共生活领域的参政议政、制定法律、参与司法活动等方面的权利;个人自由主要涉及的是公民在私人生活领域的私有财产、出版结社、思想言论以及宗教信仰等方面的权利,个人自由着重强调个人之于国家的独立性。

贡斯当指出,在人类历史社会的不同时期两种自由均同时存在,但不同时期社会对两种自由的侧重点是不一样的。古代社会侧重政治自由,现代社会侧重个人自由。在古代的城邦或者共和国里,民众往往拥有广泛的议事和决策权利,而且由于疆域和人数有限,民主的形式也都是直接民主。古代社会的民众虽然享有广泛的政治自由,但是享有的个人自由却较为有限。彼时公共领域和私人领域界限不清,个人与国家(城邦)高度融合,个人独立性受限。国家(城邦)不仅可以在道德规范、宗教信仰等问题上对民众进行干预,甚至在财产问题上也不例外。到了现代社会,国家疆域辽阔、人口众多,个人与国家之间的关系开始疏远,直接民主形式已不再适应现实政治的需要。现代社会中公共领域与私人领域的界限更加清晰明确,民众依然享有政治自由,不过开始采用间接民主的方式。在私人生活领域,人们越来越看重个人自由,看重个人之于国家的独立性,希望自己可以更多地在不受政府干预的情况下按照个人喜好施展自身才能、追求个人幸福。贡斯当认为,现代社会中个人自由的地位和价值高于政治自由,个人自由是目的,政治自由是手段,政治自由为保障个人自由的实现而服务。

(二)主权有限思想

自布丹提出主权学说以来,前后涌现出一大批杰出的政治思想家不断丰富和扩展了主权理论。针对"主权"概念一个基本的共识是主权具有绝对性和至上性,对外拥有决定战争与和平的权力,对内则是最高权力,可以号令一切。这些思想家关于主权争论的焦点往往在于谁是主权者和主权者人数的多寡这个问题上。而贡斯当认为问题的关键并不在此,而在于主权的范围问题,他认为主权范围不是无限的,否则个人自由就无法得到保障。

法国大革命期间,出现了雅各宾派的专政现象。在其当政期间既不是封建统治也不是神权统治,甚至号称是真正的人民主权,但是依然造成了巨大的危害和未曾想象到的暴政,整个社会一度处于极度恐怖的状态之下。贡斯当认为一个重要的原因是人们混淆了政治自由和个人自由的概念,错误地以为自由指的就是政治自由。就这样,在人民主权的名义之下,国家权力几乎没有了边界,个人自由毫无保障,甚至生命权也会被任意剥夺。

贡斯当说:"如果你确信人民主权不受限制,你等于是随意创造并向人类社会抛出了一个本身过度庞大的权力,不管它落到什么人手里,它必定构成一项罪恶。"①他认为卢梭理论中的人民主权理论创造了一个抽象、完美、具有至上权力的权威和人格。但一旦进入实践，这样抽象的权威和人格是由实实在在的人或组织来承担的，这样原本在理论上完美的人格在现实中就必定不复存在了，其结果必然导致专政和对个人自由的侵犯。人类生活中不光有公共的和集体的事务，同时还有个人的和独立的内容，在这些领域人们的自由不应受到任何社会权力的干预。综上，无论是任何名义、任何形式的主权都必定是一个相对和有限的存在。

（三）五权分立学说

贡斯当认同孟德斯鸠分权学说的价值，但同时他也认为三权分立学说存在着一定的弊端：三权或者相互掣肘导致政府运转低效甚至失灵，或者一家独大走向专制和暴政。为此贡斯当重新设计了国家权力的划分方式，提出了五权分立学说。

贡斯当五权分立学说中的权力类型分别是君权、行政权、经常代表权、公共意见权和司法权。可以看到"五权"中行政权和司法权是孟德斯鸠"三权"分立中的两权，而经常代表权和公共意见权的实质还是立法权的范畴，其职能也正是由世袭制议院和选举制议院来承担的，所以在这些方面和孟德斯鸠的理论差异有限。最具特色的还是有关君权的内容。在贡斯当看来君权具有超然和中立的特点，它在其他四项权力之上，但是并不直接掌握其他四项权力，在其他几种权力发生混淆和越位的时候，君权可以起到良好的协调作用，从而维持整个国家的平衡。同时需要注意的是，君权虽然高于其他各项权力，但这仅仅是为了协调之需要，避免出现三权分立状态下各项权力相互掣肘的情况，所以这里的君权并不具有专制性，是一种立宪君主制。

在立法权方面，贡斯当主张采取英国式的两院制，其中上院成员由君主提名的贵族担任议员，下院由具有一定财产和文化修养的人通过民主选举的方式担任议员，其中关于财产资格的限制尤其重要。贡斯当认为这些人有能力也有动机更好地关心正义、秩序等内容，更有助于国家的繁荣昌盛。贡斯当的这些主张得到了当时资产阶级的热烈欢迎。

---

① 贡斯当.古代人的自由与现代人的自由：贡斯当政治论文选[M].阎克文，刘满贵，译.上海：上海人民出版社，2005：78.

四、托克维尔的政治思想

托克维尔(1805—1859年),全名夏尔·阿列克西·德·托克维尔,19世纪法国著名政治思想家、政治家、历史学家,同时也是政治社会学的奠基人,代表作有《论美国的民主》和《旧制度与大革命》等。

1805年,托克维尔出生于法国巴黎的一个贵族家庭。由于受到法国大革命的冲击,其家族多数成员被送上断头台,其父母侥幸躲过一劫但也在身体和精神方面遭遇重创。16岁时,托克维尔进入梅茨皇家学校学习,毕业后学习法律专业并曾担任了一段时间的助理法官。1831年4月,托克维尔赴美展开为期9个月的考察,这次考察成了他人生道路的一个转折点。考察结束后托克维尔辞去法官职务开始专心著述,并于1835年出版了《论美国的民主》(上卷),这部书给托克维尔带来了巨大的声誉。5年之后,下卷出版。在《论美国的民主》中,托克维尔系统阐述了个人的政治思想和政治社会学思想。在1848年二月革命之后,托克维尔担任过制宪议会议员、新宪法起草委员会委员、国民议会议员、外交部部长等政治职务。1851年政变之后,托克维尔退出政坛专心著述,1856年出版《旧制度与大革命》,短短三年后病逝。

(一)民主的必然性

民主是托克维尔政治思想的一个重要内容,是其理论著述中多次提到的概念。尽管托克维尔并没有为民主下一个严格的定义,甚至在不同的使用场合,托克维尔所表达出的民主的含义也不尽相同,但这并不影响他对民主理论的贡献。甚至可以说正是托克维尔在各种场合下对民主概念的广泛表述,极大地丰富了民主的内涵,借由民主这一概念,托克维尔系统论述了自己的政治思想,描绘了他心目中理想社会的模样。

在托克维尔的论述中可以看到民主大致有以下两方面的含义:一是政治平等。托克维尔认为民主与平等两者密切关联,一个政治特权横行的社会绝对不可能是一个民主的社会,反之,平等愈发展则民主愈进步。由于"平等的逐渐发展是事所必至,天意使然。这种发展具有的主要特征是:它是普遍的和持久的,它每时每刻都能摆脱人力的阻挠,所有的事和所有的人都在帮助它前进"[①],这就决定了民主的趋势也将是必然而不可阻挡的。二

---

① 托克维尔.论美国的民主:上卷[M].董国良,译.北京:商务印书馆:7.

是多数人掌权。在这一点上，民主的含义十分接近卢梭所说的人民主权，主要指的是国家的政体形式应该是民主制而非君主制或贵族制。民主制下，每个人的权利都平等，其自由受到国家法制保障。经由普选这一政治行为和过程，民众将权力委托给执政者。而执政者对权力的行使将受到人民的监督，在其滥用权力时，人民将收回权力。以往贵族或者君主个人的权威将不再具有合法性，在民主与法制的保障之下，国家最大限度地避免暴政和专制。

托克维尔认为在推翻神权统治和封建统治之后，民主的步伐不会停下来，民主的力量将日益强大。对美国社会的考察使托克维尔发现，在资本主义社会里民主制度显示出了旺盛的生命力。他预言人类社会将沿着民主的道路持续前进，他描述了理想的民主国家的模样，"即使民主社会将不如贵族社会那样富丽堂皇，但苦难不会太多。在民主社会，享乐将不会过分，而福利将大为普及……国家将不会那么光辉和荣耀，而且可能不那么强大，但大多数公民将得到更大的幸福"[①]。

（二）民主的局限性

在论述民主制度优越性的同时，托克维尔根据对法国大革命的反思也指出了民主制度可能的缺陷，深刻分析了民主与专制之间的关系。根据他的推演，民主的局限性一旦开始发挥作用，最终反而可能促使专制制度再次出现。托克维尔推演的逻辑起点在于民主制度两个方面的局限性。

一是宏观层次的政治制度。在政治制度方面，"民主"所隐含的一个巨大风险是"多数的暴政"。如前所述，托克维尔认为理想的民主政体形式应该是多数人掌权，这本身并不存在什么问题，但关键在于掌权的多数人究竟拥有多大的权威以及其权力的边界如何。在他看来，如果一项权威至高无上，那么无论是把这个权威叫作国王、贵族政府、民主政府，其区别并不大，最终结果都是"给暴政播下了种子"。民主社会中每个人身份平等，任何个人面对多数的力量都会显得势单力薄，如果由多数人的意见产生的公共权威至高无上，那么便极有可能导致多数人对少数人的暴政。实际上，法国大革命中出现的雅各宾派专政现象就是这一理论的现实明证。从这个角度来讲，托克维尔提到的"多数的暴政"问题与贡斯当所讲的主权范围有限理论是相通的，都在强调问题的关键不在主权者的人数而在权力的范围。

---

① 托克维尔.论美国的民主:上卷[M].董国良,译.北京:商务印书馆:11.

二是微观层次的个人生活方面。个人主义的极端发展是"民主"隐含的第二个风险。托克维尔注意到,随着民主的发展,个人主义也在发展。在他看来个人主义是一种只顾自己而又心安理得的情感。每个人在个人主义的指引之下,在民主对"个人自由"的保障之下,心安理得地去追求个人的最大幸福。这种观念造成的一大问题是加重了人与人之间的隔离,这种隔离对民主无益,对专制却大为有利。托克维尔评价大革命之前的专制制度乃是"夺走了公民身上一切共同的情感,一切相互的需求,一切和睦相处的必要,一切共同行动的机会,专制制度用一堵墙把人们禁闭在私人生活中。人们原本就倾向于自顾自:专制制度现在使他们彼此孤立;人们原本就彼此凛若秋霜:专制制度现在将他们冻结成冰"[①],醉心追求个人私利的人们倘若完全不再关心公共利益,那实际上是自动让出了自己的政治权利,新的专制的产生将无可避免。

(三)民主与自由

民主与自由两者同时存在于托克维尔的信念之中,但两者的关系却并不总是协调一致的。托克维尔认为,一方面两者可以相辅相成、相互促进,另一方面两者时而也会走到彼此的对立面,民主也可能结出毁灭自由的恶果。只有在完全自由和绝对平等的条件下,民主与自由才会完美地融合在一起,达到最理想的社会状态。

托克维尔论述了自由对民主的促进作用,也正是在这个过程中,托克维尔提到了两者在部分情况下可能会发生冲突。在托克维尔看来,自由之于民主至少有两方面的重要价值,一个是促进民主的实现,另一个是有利于克服民主的局限性。在促进民主的实现方面,托克维尔以美国社会为例,美国的地方上拥有较高的自由,乡镇自治程度往往较高,这与法国中央对地方生活的干涉形成了鲜明的对比。他认为正是地方上的这种自由,培育了公民的自治意识、兼顾个人利益与公共利益的意识等,从而在整体上促进了民主观念的深入人心。在克服民主的局限性方面,托克维尔指出结社自由、言论和新闻出版自由将有利于抵抗"多数的暴政"。结社自由增强了个体面对国家时的力量,使其不再完全势单力孤,言论和新闻出版自由则使个人在遭受国家力量的迫害时,有能力向社会全体乃至全人类发出呼吁,从而最大可能地减少暴政的发生。

---

① 托克维尔.旧制度与大革命[M].冯棠,译.北京:商务印书馆,1992:35.

实际上，当自由开始体现在克服民主局限性方面的价值时，就是民主与自由发生冲突的时候。尽管如此，托克维尔依然认为两者在深层次上必定是统一与协调的。当人人都有完全的自由之时，谁也不能拥有压制他人的特权，平等也就是自然而然的事情了；反过来绝对的平等也会带来完全的自由，两者可以在终极层次上达到完美的结合。

五、边沁的政治思想

杰里米·边沁（1748—1832 年），英国法学家和政治思想家，西方功利主义学派的创始人。

边沁 1748 年出生于英国伦敦一个富裕的中产阶级家庭，父亲是一名律师。边沁自小聪颖，有"神童"之美誉，八岁便能用希腊文和拉丁文创作简单的诗歌，十二岁的时候，边沁已经进入牛津大学学习。受到父亲的影响，边沁曾在毕业后短暂地做过律师的工作，但他对这一职业并没有太大的兴趣，相反，他更热衷法学理论、道德伦理这些问题。于是凭借父亲留下的丰厚家底，边沁得以不用过多地考虑生计问题，全身心地投入对这些问题的研究上。边沁在理论研究领域取得了巨大的成就，拥有众多追随者，借由门徒们的翻译，他的思想还传播到英国以外的国家如法国等。凭借其学术影响，边沁在 1792 年还被当时的法国革命政府选为法国荣誉公民。晚年的边沁主要从事有关选举制度、司法制度改革的宣传，他关于选举的诸多主张还影响到了后来的宪章运动。

边沁的著作有《政府片论》《道德与立法原理导论》《赏罚原理》等，其中《道德与立法原理导论》是边沁在政治思想领域最重要的一部著作。在该书中，边沁系统阐述了自己的功利主义思想主张。他以功利主义学说为基础，对以往的自然法理论和社会契约理论进行反思和批判，转而以一种全新的角度来思考和论述政府的合理起源，以"最大多数人的最大幸福"原则作为衡量国家法律和制度好坏的标准。他的立法和改革思想同样基于功利主义思想。

（一）功利主义思想

功利主义是边沁政治思想的核心内容。边沁认为"苦"与"乐"是人类生活的主宰，人们采取一切行动的原理从根本的动机上讲不过是在趋"乐"避"苦"。对于个人来说，不论是个人幸福的增加还是痛苦的减少，其方向都是一致的，也即谋求个人利益最大化，这是个体层面的功利主义。

边沁没有笼统地讲苦与乐,而是对其进行了细致的分析。他对快乐与痛苦进行了十分详细的分类,其中快乐有 14 种,痛苦有 12 种。快乐有感官的快乐、获得和拥有财富的快乐、技能的快乐、和睦的快乐、荣誉的快乐、权力的快乐、虔诚的快乐、仁慈的快乐、恶行的快乐、记忆的快乐、想象的快乐、期望的快乐、交结的快乐、善行的快乐;痛苦则有感官的痛苦、贫穷的痛苦、笨拙的痛苦、仇恨的痛苦、耻辱的痛苦、虔诚的痛苦、仁慈的痛苦、恶行的痛苦、记忆的痛苦、想象的痛苦、期望的痛苦、交结的痛苦。

边沁强调这些不同种类的快乐与快乐、痛苦与痛苦之间没有质的不同,只有量的差别。这些快乐和痛苦在其强弱、持续的时间、距离当下的远近、确定性的程度等方面存在着不同,这些方面的特性决定了快乐和痛苦的量。当然边沁并没有也不可能给出确切地计算一个人幸福和快乐总和的公式。边沁只是意在说明,在分类和考虑相关特性的基础上,人的快乐和痛苦是可以分类和计算的,这是功利主义思想的基础。边沁认为每个人每时每刻都在根据功利的原则计算着个人的快乐与痛苦,作为自身行为决策的依据。

理解了个体层面的功利主义后,再讨论社会层面的功利主义也就水到渠成了。边沁认为"社会"只是一个虚构的概念,单纯地谈论社会或者社会利益会显得过于抽象,消解这一抽象性的最好办法就是将社会重新还原为个人,因为从实际情况来讲,构成社会的正是一个又一个的个体。这样,关于社会层面的功利主义的问题就又回归到个体层面了。他认为倘使团体中的每个人都根据功利主义的原则实现了个体利益的最大化,那么社会整体的利益也就达到了最大化,追求"最大多数人的最大幸福"就是社会层面的功利主义。

(二)功利主义的政府理论

在 17、18 世纪,政治思想家们往往以自然法学说和社会契约论来解释国家和政府的起源。边沁对这种传统的解释方式进行了批判,他从功利主义的角度出发,对政府的起源及目的问题进行了重新思考与阐发。

边沁认为无论是自然法学说还是社会契约论都存在着一定的问题,造成其解释力不足。首先是自然法学说。边沁认为自然法既然称为"法",便应当是主权者意志的反映。那么自然法又反映了哪位主权者的意志呢?很显然这个对应于自然法的主权者并不能够被找到,以往的政治思想家把自然法的产生归结于自然或理性,但两者同样是抽象的概念,并不是主权者,也不能发号施令。自然法在现实中没有任何形式对应,自始至终缥缈不定难以捉摸,由自然法引申出的自然权利当然也是不存在的。其次是社会契约论。边沁承认社会契约论在革命时期的进步作用,但是这并不能从根本上改变其虚构的性质,社会契约论只是一种猜测和逻辑幻想,是资产阶级借以发起革命的工具而已。资产阶级的统治既已确立,那么也就到了抛弃这个虚构的工具转而采用更为现实和科学的理论的时候了。

边沁从功利主义的角度出发解释国家和政府的起源。他认为被统治者服从的习惯是国家和政府产生的最现实和最根本的原因。被统治者之所以服从一个人或一批人的统治,是因为他们认识到"服从"的利益更多,而"不服从"的祸害更大。只要这种一部分人服从另一部分人(或个人)的习惯确立并稳定下来,那么便可以认为一种新的政治状态出现了,国家和政府就此产生。除此之外,国家和政府起源的另一个原因是人们要求建立国家,因为国家和政府意味着安全和秩序,失去了这两点,每个人的生命和财产都无法得到保证,追求个人的幸福也无从谈起。于是从功利的角度出发,人们便要求建立国家。

同样从功利主义的角度,边沁论述了政府的目的即通过采用各种奖惩方式来谋求社会利益的最大化,追求"最大多数人的最大幸福"。由于单纯地讲社会利益的最大化显得过于抽象,边沁将其具体分为生存、安全、富裕、平等四个方面。其中维持生存的目的是首要的,任何政体形式的政府如果不能实现维持生存这一目的,那么整个统治赖以存在的基础就会发生动摇,其他三个方面的目的也便无从谈起。安全(包括生命安全与财产安全两方面)和富裕与个人生命和财产紧密相关,平等与个人的社会身份、政治地位相关,政府在这三个方面的成效是评价一个政府好坏的主要标准。总体上,边沁认为政府在这些方面的目的上实现得越完全,社会整体利益也就越大。

(三)改革主张

改革往往是与对当下制度的批判联系在一起的。边沁首先强调了对现有制度进行自由批判的重要性,他认为没有批判就不能发现问题,不发现制度的问题就无法得到改进,"社会利益"进一步增大的可能性便被扼杀了。无论批判的理由充足不充足,对现有制度都将是有利的。倘使批判的理由不充分,那么并不会对建立在良好基础上的制度造成伤害,反而有可能使制度的合理性更加广为传播和深入人心;而如果是批判理由充足,将使制度获得改正的机会,因此民众的正确做法是将"严格的服从"与"自由的批判"结合起来。

边沁认为从功利主义的角度出发,民主政体才是最理想的政体。君主制下的君主、贵族制下的贵族,都会想方设法地维护和发展自己的利益,与他们的个人私利相比,"全民的幸福"势必将处于次要地位。即便是如英国的君主立宪制政体,仍然有君主制和贵族制的因素存在,这将成为政府谋求"最大多数人的最大幸福"的阻碍。而在民主政体之下,权力得到相对平均的分配,立法权由民众选举产生的议会掌握,政府的权力也直接或间接地受到全体民众的监督,权力不再为维护少数人的利益服务,因而"全民的幸福"将处于首要的地位、成为根本的原则,从而"社会利益"能更好地实现最大化。

边沁在英国政治制度方面的改革主张正是沿着增加民主制因素、减小君主制和贵族制因素这条思路进行的。边沁主张:议会实行一院制,取消原来的贵族院也即上院,由下院掌握完全的立法权。议会应当向民众负责,根据选民的利益左右政府而非相反。议员不能担任行政官职,其在议会的任期被缩减为一年,一年之后根据民意改选。为了更好地扩大民主制的因素,边沁提出实行普选制度,并降低选民门槛——凡成年识字民众,无论男女均有选举资格。这一主张对英国后来的选举改革有重要影响。

作为法学家,边沁在法律制度方面也提出了改革建议。在立法原则上,边沁主张以增加"最大多数人的最大幸福"这一功利主义原则代替原来注重惯例、习惯、历史的立法原则。在边沁看来,法律本身就是一项惩罚、一种祸害,其目的是避免更大的祸害。立法者的工作就是对法律的祸害和现实可能的祸害进行权衡比较,从而制定出更加符合社会需要的、更加有利于社会整体利益的法律。在法律形式上,边沁认为成文法要优于判例法和习惯法。以往的法律在形式上过于古老而不完善,不仅在理解上增加了人们认识的难度,在实际应用中也容易造成不公正现象;相比之下,成文法可以较好地克服上述缺点。在编纂法典方面,边沁一直兴趣浓厚,他甚至自己还草拟过宪法、刑法和民法等成文法。在司法方面,边沁希望可以通过改革简化程序、提高效率,他还曾设计过一种"圆形监狱",以提升监管效率。

除政治和法律方面,边沁的改革主张还涉及教育、经济、卫生等诸多方面,在此不一一赘述。总体来说,他的这些主张反映了当时英国社会的进步要求。

六、密尔的政治思想

约翰·斯图亚特·密尔(1806—1873年),或译约翰·穆勒,英国政治思想家、经济学家，自由主义思想的集大成者，是继边沁之后功利主义学派的代表人物。

1806年5月20日，密尔出生于英国伦敦的一个官员家庭。他的父亲詹姆斯·密尔（史称老密尔）除官员的身份之外，还是有名的历史学家和哲学家。从密尔的幼年时期起，詹姆斯·密尔就对其施以严格的教育，令其学习希腊文、代数、几何等知识，阅读希腊经典著作等。密尔也认为，自己所以能够成才的一个重要原因，要归功于父亲在自己人生成长初期对自己的训练。除父亲外，密尔的思想还受到了孔德、圣西门、洪堡、托克维尔尤其是边沁等思想家的影响。密尔不只是单纯的理论家，实际上，他还拥有非常丰富的实际的政治经验。他在东印度公司任职达35年之久，晚年还进入议会，成为一名下院的议员。在职期间，密尔倡导改革，积极扩大劳动阶级的选举权；在推行妇女选举权和参政权方面，密尔也有十分积极的贡献。

密尔的一生在政治、经济、哲学、宗教等领域均取得了巨大的成就，在政治思想领域的著作有《论自由》《代议制政府》《功利主义》《妇女的屈从地位》等。

（一）对功利主义的修正

由于父亲是边沁的朋友，密尔在很早的时候就接触到了边沁的功利主义学说。密尔继承并修正了这一理论，事实上他是正式用"功利主义"一词来概括边沁理论学说的第一人。他对传统功利主义的修正主要体现在以下几个方面。

首先，快乐既有量的差别也有质的区分，人们应该追求更高级的快乐而非沉湎于低级的快乐当中。在边沁的功利主义学说中，虽然将快乐与痛苦各自进行了分类，但并不认为不同种类的快乐与痛苦之间存在质的差别。密尔不同意这种观点，他认为快乐是分等级的，既有高级的快乐，又有低级的快乐。理性的快乐是高级的，感官的快乐是低级的。一个拥有知识教养的人会倾向于选择高级的快乐，按密尔的话说：基于他们的自尊心，他们甚至会宁愿选择做一位不满足的苏格拉底，也不会选择做一头满足的猪。

其次，功利主义不纯粹是利己主义，同时也要考虑社会利益，社会利益的最大化才是功利主义最根本的标准。在边沁的功利主义学说中，社会利益不过是个人利益的总和，所以只要个人按照功利主义的原则追求个人利益的最大化，最终也就实现了"最大多数人的最大幸福"。密尔指出了问题所在：个人利益有时可能与社会利益发生冲突，此时如果损害个人的幸福，但同时增加了整个社会的幸福,这种情况也符合社会利益的最大化,也应当符合功利主义的行为原则。密尔在此处对功利主义的修正,既增强了功利主义理论的解释力,同时也完善了功利主义的道德基础,即倡导人们同时关注个人利益和社会利益,避免功利主义沦为赤裸裸的利己主义。

最后,密尔调和了"美德"与功利主义之间的冲突。在西方政治思想界,人们对"美德"这一概念可谓情有独钟,这种情感的渊源可以追溯到苏格拉底时期,一句"美德即知识"足以彰显"美德"在政治思想领域的重要地位。在边沁的功利主义学说中,追求最大幸福是个人和社会的终极目的,利己主义被认为是理所当然的事情,反对功利主义的人认为这与对"美德"的追求形成了冲突。密尔在维护功利主义根本原则的基础上,通过分析幸福的来源,调和了两者之间的矛盾。密尔认为幸福的来源是多种多样的,权力、金钱和名望可以带来幸福,美德同样可以。换句话说美德与权力、金钱、名望一样,也可以是人们追求幸福的手段,因而对美德的追捧不仅不是对功利原则的背离,反而恰恰是对功利原则的践行。

密尔的理论保留了边沁功利主义的核心部分,强调追求"最大多数人的最大幸福"是最根本的道德原则和人类的终极目的。他对传统功利主义的修正不只是纯粹的学术思辨,无论是指出快乐与快乐之间有质的不同,还是指出功利主义不等于纯粹的利己主义,抑或是强调美德与功利主义的内在统一与协调,其目的都是在完善功利主义的道德基础,使其能够具有更强的解释力,更具公共性和普遍扩展性。显然密尔对功利主义的修正,极大地提升了该理论的生命力。

(二)论自由

密尔是 19 世纪自由主义的集大成者,在个人自由方面,他做出了最精辟、最全面、最系统的论述,《论自由》是他在这一方面的代表作。在《论自由》中,密尔继承了自洛克以来的自由主义传统,并在此基础上又有所发展。他提出了政治自由、经济自由和社会自由三种自由,其中社会自由的提出是密尔在自由主义领域最重要的贡献之一。

密尔注意到,容易对人们的自由生活造成干预的不只有国家和政府,还有社会。社会上占多数的舆论、得势的意见或者习惯与风俗对个人的自由同样会产生危害。尽管这种威胁与伤害并不以法律的惩罚为强力后盾,其作用方式往往只是通过公共舆论产生的压力,但也正是这个原因使得社会对个人自由的威胁更为隐秘和容易为人忽略。如果社会对个人的生活可以任意进行干预,且从不用考虑正当性的问题,那社会将可能成为一个新的暴君。这种社会的暴虐显然是不应该被允许的,因此探讨社会自由的关键就在于明确社会与个人之间的权利界限,即"群(社会)己(个人)权界"。

为明晰社会与个人之间的权利界限,密尔提出了两条原则:"第一,个人的行动只要不涉及自身以外其他人的利害,个人就不必向社会负责交代","第二,关于对他人利益有害的行动,个人则应当负责交代,并且还应当承受或是社会的或是法律的惩罚"[①]。从密尔提出的这两条原则不难看出,划分社会与个人之间的权利界限之关键、社会是否可以采取行动之关键、社会行动是否有失正当之关键,全在个人是否对他人造成伤害。密尔认为这一点是个人与社会之间、私域与公域的分界线所在。个人若不越界,则社会无权干预。

在政治自由与经济自由方面,密尔主要的观点是反对国家和政府的干预,推行放任主义。密尔从功利主义出发,认为每个人是自己利益的最佳保护者。鼓励个人自由,从个体上讲有利于丰富个人实践、提升个人智力和道德水平,从整体上讲也有利于社会创新精神的保持从而有利于社会的进步。因此无论政府是否比个人更适合去处理一些属于个人领域的事务,政府都应该让位于个人去处理。值得一提的是,在坚持传统的自由放任主义之外,密尔也对其有一定的修正。他指出在某些情况下,国家可以为了实现"伟大的善"或"伟大的利益"而对私人领域做出强制干涉,比如强迫人民完成义务教育、通过济贫法救济穷人等。

(三)代议制理论

代议制理论是密尔政治思想的重要内容,他结合功利主义和自由主义思想,对这一理论进行了全面而深刻的论述。在该理论中,密尔提出了评判政府好坏的标准、理想的政府形式、代议制的适用条件、代议制可能存在的弊端和避免这些弊端的方案设计等内容。

首先,密尔从功利主义的角度出发,提出只有"社会利益的总和"才是评判政府好坏的唯一标准。密尔进一步解释道,"社会利益的总和"主要体现在两个方面:一是"社会普遍的精神上的进步";二是政府对现有道德、智力等资源进行有效配置以服务于社会公共事务的程度。如果政府在这两个方面表现良好,那么就可以认为社会利益的总和得到了扩大,这样的政府就是

---

① 密尔.论自由[M].程崇华,译.北京:商务印书馆,1959:102.

好的政府,反之就是坏的政府。

其次,密尔提出代议制政府是最理想的政府形式。密尔认为代议制政府可以更好地达到好政府的两个标准,即促进社会普遍的精神上的进步和充分利用各项资源服务公共事务。密尔认为,基于时代的发展进步,国家的疆域和人口都空前扩大,直接民主制度显然并不现实。在代议制下,每个公民至少在部分时候会被要求参与政府事务,甚至是直接担任一定的政府职务。这样可以保持公民对公共事务和集体利益的热情,避免公民只关注于私人生活和个人私利。另外,公民在参与公共事务的过程中,其智力和道德都会得到锻炼与提升,这对"社会普遍的精神上的进步"有显而易见的促进作用。由于社会中每个人而不只是部分人的积极性得到了调动,社会的发展与繁荣也将是更加容易实现的事情。代议制下,民众不仅拥有直接的对最终主权行使的发言权,还可以通过代议程序选出代议团体对政府形成控制,这样可以在更大程度上避免政府滥用资源维护少数人利益的情况。综上,代议制度可以较好地实现社会利益总和的最大化,是最理想的政府形式。

再次,密尔指出实行代议制需要一定的条件,包括人民要对代议制度有充分的认知与热爱、愿意为维护这一制度进行斗争、需要具备适应这一制度的综合素质(包括履职意志和能力等)、具备大局意识和整体意识。否则,代议制度便很难顺利运行。

最后,密尔讨论了代议制度的弊端以及可能的解决方案。密尔认为代议制度面临两个方面的危险:"代议团体以及控制该团体的民意在智力上偏低的危险"和"由同一阶级的人构成多数实行阶级立法的危险"[1]。针对第一个危险,密尔认为可以通过优化官僚制进行弥补。行政官僚经过严格的选拔与训练之后,拥有专业的技术能力,即便出现代议团体和民意在智力上普遍偏低的情况,这些行政官僚也可以在一定程度上保证行政效能。同时,代议团体对行政官员可以起到监督和控制作用,避免或减少腐败行为的发生。密尔的这一思想已经有政治行政二分理论的萌芽。针对第二个危险,密尔认为最重要的是要做好议会内部阶级力量的平衡。不同于以往政治思想家注重平民和贵族之间的权力平衡,密尔认为更关键的是做好劳工阶级和雇主阶级之间的平衡。他注意到简单的一人一票制下,劳工阶级必定占据绝

---

① 密尔.代议制政府[M].汪瑄,译.北京:商务印书馆,1982:101.

对多数。因此他提议改革选举制度，其主要主张有：扩大选举权范围，女性也应该拥有选举权；根据受教育程度和财产经济状况给予不同的选举资格，极差者可以取消其选举资格，反之则可以给予两票和更多的选举权。密尔希望通过选举制度的改革维持议会内部阶级力量的平衡，从而避免议会被单一的阶级掌握沦为阶级统治的工具。

本章小结

本章主要讲述了 19 世纪西方的政治思想，主要涉及德国、法国和英国三个国家的政治思想家及其政治思想。19 世纪是名人辈出、政治思想蓬勃发展的一个世纪，但限于篇幅本章只介绍了部分有代表性的政治思想家。

黑格尔的政治思想是德国国家哲学和法哲学最系统、最丰富和最完整的表现。他从发生学的角度探讨了国家的起源，认为人类社会先后经历了"家庭—市民社会—国家"这三个阶段。黑格尔认为国家的本质是国家政权力量，在他这里，国家被伦理化、抽象化和神圣化，国家之于个人具有绝对权力。同时其国家主义理论中包含了一些激进的民族主义和战争思想，容易被政治野心家所利用。

空想社会主义的代表人物是圣西门、傅立叶和欧文，他们都对当时资本主义社会的弊端有深刻的认识，提出了建立理想的社会主义社会的主张，但让人惋惜的是三人都未能意识到阶级斗争和革命的重要性，而是寄希望于资本主义自身的改良，这反映出三人思想的空想和虚幻性质。无政府主义的代表人物有蒲鲁东、巴枯宁和克鲁泡特金，他们从自由、平等和独立等观念出发，对国家和政府进行反对，其中克鲁泡特金的无政府主义理论最具学术性和系统性，其本人是无政府主义的集大成者。

马克思和恩格斯是科学社会主义的创始人。科学社会主义建立在马克思主义哲学和政治经济学的基础之上，是最具科学性的社会主义。科学社会主义主张阶级斗争、坚持无产阶级专政，这是与空想社会主义和无政府主义的突出不同。另外，科学社会主义为人们描绘了共产主义社会的理想蓝图。

孔德是实证主义的开创者，对事物的本质特性和终极原因，持不可知论的观点。他主张抛弃对事物根本特定和终极原因的研究，用研究"怎样"来代替"为何"。他认为自己的这一套方法体系可以为社会的进步提供真正的、可靠的知识。在社会政治思想方面,孔德重视两种力量和两个阶级的作用,主张社会团结与和谐。

斯宾塞提出了社会有机体论和社会进化论,从生物学的角度探讨社会的运行机制和演化规律,在社会政治思想方面,他提出了平衡原则和同等自由原则。

贡斯当和托克维尔的主要贡献在对自由和民主的提倡方面。贡斯当区分了两种自由并提出了五权分立学说;托克维尔论证了民主的必然性,同时对民主的局限性也有论述。

边沁和密尔属于功利主义学派,两人对功利主义的产生和发展起到了巨大的推动作用。他们的政治思想与功利主义理论联系紧密,两人都认为谋求"最大多数人的最大幸福"是政府的职责所在,也是评判政府好坏的标准。根据功利主义的原则,密尔认为代议制是最理想的政府形式。

思考题

1.黑格尔是如何论述市民社会和国家的起源的?

2.19世纪空想社会主义的主要代表人物及其主张有哪些?

3.19世纪无政府主义的主要代表人物及其主张有哪些?

4.科学社会主义的主要内容是什么?

5.实证主义的主要主张是什么?

6.斯宾塞的生物社会学的主要观点是什么?

7.贡斯当对自由进行了怎样的区分?

8.贡斯当五权分立学说的主要内容是什么?

9.托克维尔是如何论述民主的必然性的?

10.托克维尔认为民主的局限性是什么?

11.功利主义学派的代表人物及其主张有哪些?

参考文献

----

[1]刘泽华.中国政治思想史:先秦卷[M].杭州:浙江人民出版社,1996.

[2]王杰,顾建军.先秦时期神权政治思想的演变[J].中国哲学史,2008(2):95-101.

[3]蒋重跃.韩非子的政治思想[M].北京:北京师范大学出版社,2000.

[4]谢祥皓.孟子思想研究[M].济南:山东大学出版社,1986.

[5]张师伟.黄老道家无为而治思想及其治理智慧[J].南京师大学报(社会科学版),2015(3):20-29.

[6]黄玉顺.董仲舒思想系统的结构性还原:《天人三策》的政治哲学解读[J].四川大学学报(哲学社会科学版),2020(5):39-50.

[7]华友根.董仲舒思想研究[M].上海:上海社会科学院出版社,1992.

[8]周桂钿.董仲舒政治哲学的核心:大一统论[J].中国哲学史,2007(4):36-43.

[9]高鸿钧.先秦和秦朝法治的现代省思[J].中国法学,2003(5):165-176.

[10]王燕.董仲舒政治思想对汉朝的影响探析[J].兰台世界,2013(12):95-96.

[11]李建中,高华平.玄学与魏晋社会[M].石家庄:河北人民出版社,2003.

[12]张荣明.魏晋南北朝时期的思想格局和发展趋势[J].史学月刊,2010(10):34-41.

[13]袁刚,景晶.文中子"三教可一"观及"中道"思想论说[J].学术界,2017(7):201-216,327.

[14]吴文治.韩愈资料汇编[M].北京:中华书局,1983.

[15]李峻岫.试论韩愈的道统说及其孟学思想[J].孔子研究,2004(6):77-86.

[16]渠敬东.中国传统社会的双轨治理体系封建与郡县之辨[J].社会,2016,36(2):1-31.

[17]孙昌武.柳宗元传论[M].北京:人民文学出版社,1982.

[18]于海平.柳宗元民本思想述论[J].东南文化,2004(4):43-46.

[19]冯辉,齐书深.中国古代分封制与郡县制之争[J].学习与探索,2001(3):126-130.

[20]邓广铭.北宋政治改革家:王安石[M].北京:人民出版社,1997.

[21]葛金芳,金强.近二十年来王安石变法研究述评[J].中国史研究动态,2000(10):11-20.

[22]宋若涛.论南宋理学家陈亮的"明"思想[J].河南大学学报(社会科学版),2004(4):118-122.

[23]赵敏,胡国钧.陈亮研究论文集[M].杭州:杭州大学出版社,1994.

[24]朱军.元代理学影响下的正统论[J].西北大学学报(哲学社会科学版),2016,46(3):41-45.

[25]宋志明.论宋明理学的成因和变迁[J].吉林大学社会科学学报,2009,49(6):86-91,156.

[26]李治安.元初华夷正统观念的演进与汉族文人仕蒙[J].学术月刊,2007(4):34-139.

[27]董平.王阳明哲学的实践本质:以"知行合一"为中心[J].烟台大学学报(哲学社会科学版),2013,26(1):14-20.

[28]许苏民.论李贽思想的历史地位和历史命运[J].福建论坛(人文社会科学版),2006(4):63-71.

[29]叶建.顾炎武"寓封建之意于郡县之中"思想浅析[J].中州学刊,2007(1):204-207.

[30]周可真.顾炎武哲学思想研究[M].北京:当代中国出版社,1999.

[31]管林,钟贤培,陈新璋.龚自珍研究[M].北京:人民文学出版社,1984.

[32]邹潇,林景荣.梭伦立法论[J].北方论丛,2005(5):146-149.

[33]陈桂生.孔子"启发"艺术与苏格拉底"产婆术"比较[J].华东师范大学学报(教育科学版),2001(1):7-13

[34]柏拉图.理想国[M].郭斌和,张竹明,译.北京:商务印书馆,1986.

[35]陈恢钦.柏拉图理想主义政治思想的基本特征[J].北京大学学报(哲学社会科学版),1999(6):116-122.

[36]陈斯一.亚里士多德论家庭与城邦[J].北京大学学报（哲学社会科学版），2017,54(3):93-99.

[37]亚里士多德.政治学[M].吴寿彭,译.北京:商务印书馆,1981.

[38]西塞罗.国家篇 法律篇[M].沈叔平,苏力,译.北京:商务印书馆,1999.

[39]夏洞奇."上帝之城"与"地上之城":奥古斯丁思想中的两分倾向[J].现代哲学,2005(3):125-135.

[40]阿奎那.阿奎那政治著作选[M].马清槐,译.北京:商务印书馆,2009.

[41]但丁.论世界帝国[M].朱虹,译.北京:商务印书馆,2009.

[42]刘训练.马基雅维利的国家理性论[J].学海,2013(3):156-163.

[43]马基雅维利.君主论·李维史论[M].潘汉典,薛军,译.长春:吉林出版集团有限责任公司,2010.

[44]姜守明.路德"因信称义"说之于民族国家的意义[J].世界历史,2009(6):49-59,160.

[45]郑红.布丹的主权理论与近代西方绝对主义国家观[J].浙江学刊,2005(4):64-69.

[46]布丹.主权论[M].李卫海,钱俊文,译.北京:北京大学出版社,2008.

[47]苏力.从契约理论到社会契约理论:一种国家学说的知识考古学[J].中国社会科学,1996(3):79-103.

[48]霍布斯.利维坦[M].黎思复,黎廷弼,译.北京:商务印书馆,2010.

[49]蒋永甫.财产权与有限政府:洛克政治哲学的内在逻辑[J].武汉大学学报（哲学社会科学版），2008(2):232-236.

[50]洛克.政府论:下篇[M].叶启芳,瞿菊农,译.北京:商务印书馆,2010.

[51]宋全成.论孟德斯鸠与卢梭国家权力理论之分野[J].山东大学学报（哲学社会科学版），2003(1):60-64.

[52]孟德斯鸠.论法的精神:上册[M].张雁深,译.北京:商务印书馆,1997.

[53]卢梭.论人类不平等的起源和基础[M].李常山,译.北京:商务印书馆,1962.

[54]康德.法的形而上学原理:权利的科学[M].沈叔平,译.北京:商务印书馆,1991.

[55]洪堡.论国家的作用[M].林荣远,冯兴元,译.北京:中国社会科学出版社,1998.

[56]黑格尔.法哲学原理[M].范杨,张企泰,译.北京:商务印书馆,1982.

[57]圣西门.圣西门选集:第一卷[M].王燕生,徐仲年,徐基恩,等译.北京:商务印书馆,1979.

[58]克鲁泡特金.互助论[M].李平沤,译.北京:商务印书馆,1982.

[59]马克思,恩格斯.马克思恩格斯文集:第二卷[M].中共中央马克思恩格斯列宁斯大林著作编译局,编译.北京:人民出版社,2009.

[60]韩伟华.从三权分立到中立权:贡斯当分权制衡理论探微[J].学海,2012(3):79-87.

[61]托克维尔.论美国的民主:上、下[M].董果良,译.北京:商务印书馆,1988.

[62]密尔.代议制政府[M].汪瑄,译.北京:商务印书馆,1982.